U0868765

京津冀协同发展背景下河北省经济与环境协调发展研究

杨　涛　张　慈　孙凤芹　著

哈尔滨工程大学出版社
Harbin Engineering University Press

内容简介

本书由浅入深、清晰地阐述了京津冀协同发展背景下河北省经济与环境协调发展研究。首先，对国内外关于经济与环境协调发展的现状以及涉及的相关概念和理论进行概述；其次，通过对京津冀协调发展的概括，对河北省经济、资源、环境发展进行综合评价，找出河北省在发展过程中存在的环境问题，并阐述了河北省自然资源与经济环境的互动作用；再次，选取了三个典型区域，即河北省、北京市、天津市来分析区域经济发展与环境资源协调情况，构建经济与环境系统评价指标体系，对河北省经济与环境协调发展水平进行评价；最后，对国内外经济与环境协调发展的做法及经验进行总结，并提出相关建议。

本书适用于经济专业教学，也可作为管理相关专业学生的参考书。

图书在版编目(CIP)数据

京津冀协同发展背景下河北省经济与环境协调发展研究 / 杨涛，张慈，孙凤芹著. — 哈尔滨：哈尔滨工程大学出版社，2022.4

ISBN 978-7-5661-3499-8

Ⅰ. ①京… Ⅱ. ①杨… ②张… ③孙… Ⅲ. ①环境保护-关系-经济发展-研究-河北 Ⅳ. ①F127.22

中国版本图书馆 CIP 数据核字(2022)第 075283 号

京津冀协同发展背景下河北省经济与环境协调发展研究
JINGJINJI XIETONG FAZHAN BEIJING XIA HEBEI SHENG JINGJI YU HUANJING XIETIAO FAZHAN YANJIU

选题策划 刘凯元
责任编辑 张 彦 王雨石
封面设计 李海波

出版发行 哈尔滨工程大学出版社
社　　址 哈尔滨市南岗区南通大街 145 号
邮政编码 150001
发行电话 0451-82519328
传　　真 0451-82519699
经　　销 新华书店
印　　刷 北京中石油彩色印刷有限责任公司
开　　本 787 mm×1 092 mm 1/16
印　　张 11.25
字　　数 269 千字
版　　次 2022 年 4 月第 1 版
印　　次 2022 年 4 月第 1 次印刷
定　　价 55.00 元
http://www.hrbeupress.com
E-mail:heupress@hrbeu.edu.cn

前　言

党的十九大报告指出，过去五年中国的“经济建设取得重大成就。经济保持中高速增长，在世界主要国家中名列前茅，国内生产总值从五十四万亿元增长到八十万亿元，稳居世界第二，对世界经济增长贡献率超过百分之三十。供给侧结构性改革深入推进，经济结构不断优化，数字经济等新兴产业蓬勃发展，高铁、公路、桥梁、港口、机场等基础设施建设快速推进。农业现代化稳步推进，粮食生产能力达到一万二千亿斤。城镇化率年均提高一点二个百分点，八千多万农业转移人口成为城镇居民。区域发展协调性增强，‘一带一路’建设、京津冀协同发展、长江经济带发展成效显著。创新驱动发展战略大力实施，创新型国家建设成果丰硕，天宫、蛟龙、天眼、悟空、墨子、大飞机等重大科技成果相继问世。南海岛礁建设积极推进。开放型经济新体制逐步健全，对外贸易、对外投资、外汇储备稳居世界前列”。但是，我们在追求经济高速发展的同时也给我们赖以生存和发展的环境带来了伤害，忽视了自然资源的合理开发和生态环境的保护，因此，如何实现经济与环境协调发展是摆在我们面前急需解决的问题。

“十四五”时期是我国全面建成小康社会、实现第一个百年奋斗目标之后，乘势而上开启全面建设社会主义现代化国家新征程、向第二个百年奋斗目标进军的第一个五年，我国即将进入新发展阶段。在新阶段，党的十九大提出了新目标：加快生态文明体制改革，建设美丽中国。人与自然是生命共同体，人类必须尊重自然、顺应自然、保护自然。人类只有遵循自然规律才能有效防止在开发利用自然上走弯路，人类对大自然的伤害最终会伤及人类自身，这是无法抗拒的规律。十九大报告提出，建设生态文明是中华民族永续发展的千年大计。其中明确表示，要建设的现代化是人与自然和谐共生的现代化，既要创造更多物质财富和精神财富以满足人民日益增长的美好生活需要，也要提供更多优质生态产品以满足人民日益增长的优美生态环境需要。必须坚持节约优先、保护优先、自然恢复为主的方针，形成节约资源和保护环境的空间格局、产业结构、生产方式、生活方式，还自然以宁静、和谐、美丽。

如今，我国经济已由高速增长阶段转向高质量发展阶段，强调经济与环境协调发展，以质量取代速度。社会主要矛盾也已经转化为人民日益增长的美好生活需要和不平衡不充分的发展之间的矛盾，此时，人均国内生产总值达到 1 万美元，城镇化率超过 60%，中等收入群体超过 4 亿人，人民对美好生活的要求相应地不断提高。但是，我国发展不平衡不充分问题仍然突出，创新能力不适应高质量发展要求，农业基础还不稳固，城乡区域发展和收入分配差距较大，生态环保任重道远，民生保障存在短板，社会治理还有弱项。

河北省作为京津冀经济圈的重要组成部分，随着京津冀协同发展战略的提出，经济地位不断提高，经济社会发展潜力巨大。但是，河北省目前在全国大气和水污染以及生态环境与经济发展矛盾方面的地区排名靠后。长期以来的资源能源依赖型经济导致资源的高投入、高消耗、高污染、低效益，以及环京津的经济靠后和多个城市出现污染。随着工业污染企业由京津向河北迁入，河北省面临着更为严峻的环境保护与经济发展双重压力。这不仅影响了河北省经济的可持续发展，而且导致河北省资源环境与经济的矛盾日益严峻，严重地制约了整个河北省和谐社会的构建，还直接关系到京津冀区域的整体发展，也正是生态环境问题促使京津冀区域协同发展提升为国家战略。《京津冀协同发展规划纲要》将生态环保作为三个率先突破之一，共建京津冀世界级城市群生态体系，作为生态环境支撑区的河北省任重道远。因此，全面分析河北省经济与环境发展中存在的问题，推进河北省经济与环境协调发展，是关系到新时代、新发展阶段我国能否实现新目标，能否建成美丽中国、实现中国高质量发展的重要命题。

本书主要包括导论和四个章节内容：导论，主要对国内外关于经济与环境协调发展的研究现状进行概括和述评，并介绍研究方法，同时对本书涉及的相关概念和理论做详细的讲解；第一章，通过对京津冀协调发展的概括以及发展情况的说明，为接下来的研究做铺垫，之后主要对河北省经济、资源、环境发展进行一个综合评价，找出河北省在发展过程中存在的环境问题；第二章，分别从土地资源利用、水电资源开发、矿产资源开发、旅游资源开发四个方面分析河北省自然资源与经济环境的相互作用，第三章，选取了河北省、北京市、天津市三个典型区域来分析区域经济发展与环境资源协调情况，运用统计学分析方法和计量模型手段，构建经济与环境系统评价指标体系，对河北省经济与环境协调发展水平进行评价；第四章，对国内外经济与环境协调发展的做法及经验做详细梳理并总结概括出关键措施，在吸取国内外先进做法的基础上，创造性地从整体出发，提出促进河北省资源环境与经济协调发展的六条对策建议。本书在京津冀协同发展的大背景下，结合新时代对社会经济的发展要求、社会的要求、人民的需求等，站在政府角度，探究从根本上促进河北省资源环境与经济协调发展的对策建议，因此本研究对政府决策具有重要的现实指导意义。

在本书的撰写过程中，导论由孙凤琴、王凯悦撰写；第一章、第二章由杨涛、崔丹丹、王梦琦撰写；第三章、第四章由张慈、魏洁、吴倩撰写。感谢各位为本书撰写所付出的辛苦。由于著者水平有限，书中难免有疏漏和不当之处，请广大专家学者批评指正。

著　者
2022 年 1 月

目　录

导　论

第一节　选题背景和研究意义

一、选题背景

中华人民共和国自 1949 年成立以来,经济与环境的关系大致分为三个阶段:中华人民共和国成立至改革开放之前经济与环境的初级协调阶段;改革开放至 2012 年经济与环境协调发展的历史转折阶段;2013 年至今经济与环境协调发展的良性互动阶段。

中华人民共和国成立后,由于当时特殊的历史条件以及迫切渴望发展经济的愿望,中国选择了走内向型发展的道路,优先发展重工业。这种经济发展道路和工业发展模式的选择,使中国在基础比较薄弱的情况下快速建立起比较完善的工业体系,并且取得了较快的经济增长。但由于这种经济增长是以高投入为基础、以大量资源消耗为代价的,是一种粗放式的经济增长方式,因此在经济发展过程中,环境和资源基础受到了比较严重的破坏。在中华人民共和国成立初期,生产力水平与科技水平非常落后,经济发展的速度相对较慢,对于自然环境的开放力度较小,环境污染物的排放强度处于较低的水平。中国的环境基础虽然受到一定程度的破坏,但工业生产的规模还相对较小,从整体上看,经济活动排放的污染物还没有超过自然环境的吸收能力,因此,经济与环境的矛盾并不十分突出。

但改革开放到 2012 年,中国经济呈现高速发展的态势,国内生产总值由 1978 年的 3 678.7 亿元激增到 2012 年的 540 367.4 亿元,增长了 145.89 倍。而此刻的经济模式以粗放式发展模式为主,环境加速恶化,自然资源遭受了不可恢复的开采、破坏,生态环境在一次次的破坏中走向了不可恢复的道路。在此阶段,众多的社会经济学家批评中国是先污染后治理,依靠破坏地球生态环境取得经济发展,不顾生态环境的平衡。但就实际发展情况而言,这一阶段应该是"边污染边治理、边治理边污染",中国对于污染性企业制定一系列排污标准,但是由于监管控制机制不严密,企业做"表面功夫",因此环境污染治理并未达到理想的目标。

在以牺牲环境为代价的背后是一系列环境污染事件的爆发,2007 年发生太湖蓝藻事件;2009 年,陕西省、湖南省、福建省、广东省发生"血铅事件",以京津冀为代表的地区在冬春季节连续爆发严重雾霾;2010 年,湖南省嘉禾县、湖南省郴州市、河南省济源市等地又相继爆出"血铅超标"事件;等等。这一系列环境污染事件带来的巨大社会影响都在提醒人们,保护生态环境刻不容缓,必须要协调经济与环境之间的关系,必须要放弃原来的粗放式的经济发展模式,给环境减压。中国作为一个人口大国、经济强国,如此大规模的、快速的经济增长会对中国的环境质量乃至全球的环境带来什么样的影响?这一问题引起国内外学者的广泛关注,也成为中国政府以及国际社会普遍重视的问题。学者和政策决策者们提出的比较一致的意见是:中国必须走可持续发展的道路。作为一个超级大国,中国能不能走上一条绿色发展的新道路,不仅对中国本身的发展至关重要,而且将对世界未来的发展产生深远的影响。我国长期的“高投入、高消耗、高污染”的发展模式不仅削弱了生态环境功能,违背了自然规律,而且直接形成了经济增长的环境资源代价过大的严峻局面,并逐渐成为制约未来经济、阻碍社会可持续发展的重要因素。因此,研究经济增长与环境之间的相互关系以及如何实现经济与环境的协调发展是有非常重大意义的。

在2012年之后,我国进入了经济与环境协调发展期,国家高度重视环境污染的治理,严防严控生态环境破坏事件再次发生。2012年11月,党的十八大把生态文明建设纳入中国特色社会主义事业“五位一体”总布局。保护生态环境就是保护生产力,改善生态环境就是发展生产力。此外,绿水青山就是金山银山,成为这一时期各地全面推进生态环境保护与经济社会协调发展的指导性理念。同年,党的十八届三中全会通过《中共中央关于全面深化改革若干重大问题的决定》,要求划定生态保护红线,实施主体功能区制度,建立国土空间开发保护制度,严格按照主体功能区定位推动发展;建立资源环境承载能力监测预警机制,对水土资源、环境容量和海洋资源超载区域实行限制性措施,并对限制开发区域和生态脆弱的国家扶贫开发工作重点县取消地区生产总值考核。2015年,党的十八届五中全会进一步提出贯彻绿色发展理念的要求。为贯彻落实上述要求,2016年,《“十三五”生态环境保护规划》将“坚持绿色发展、标本兼治”列为首要原则,提出要处理好发展和保护的关系,协同推进新型工业化、城镇化、信息化、农业现代化与绿色化,加强生态环境保护与稳增长、调结构、惠民生、防风险相结合,推进供给侧结构性改革,推动形成绿色生产和绿色生活方式,从源头预防生态破坏和环境污染,并将“强化源头防控,夯实绿色发展基础”作为规划的第一项重要任务。

党的十九大会议上明确提出,中国特色社会主义进入新时代,我国社会的主要矛盾转变为人民日益增长的美好生活需要和不平衡不充分的发展之间的矛盾,我国要正确认识和把握这一变化,制定正确的路线方针,有效地促进各种社会矛盾的解决。因此新时代的中国必须坚持建设资源节约型和环境友好型社会,推动生态环境与经济的协调发展,要以生态空间管控引导绿色发展格局构建,以生态环境约束推进供给侧结构性改革,以保护生态环境促进绿色产业的发展,并依据不同主体功能区定位推行差异化的环境经济政策。党的一系列政策的出台和实施表明中国坚定协调经济与环境的决心,也为高污染企业敲响警钟。

2013年,京津冀三地晋升为国家主体功能区,承担起我国经济增长第三极的重任,成为我国经济社会可持续发展的新动力,京津冀区域发展迈入了新的历史阶段。京津冀协同发展作为党中央、国务院在新的历史条件下提出的重大国家战略,以创新区域发展体制、优化区域发展布局、通过区域协同发展打造中国经济增长的新引擎为目的,对深入实施国家区域发展总战略、全面建成小康社会、实现中华民族伟大复兴的中国梦具有重要的现实意义和深远的历史意义。2014 年 2 月 26 日,北京市召开座谈会,会议强调实现京津冀协同发展是一项重大国家战略,并对三地协作提出了七项具体要求,为京津冀经济社会发展指明了方向。教育部 2015 年工作会议上将“研究制定推动京津冀教育协同发展的实施意见”列为工作重点之一,这意味着今后一段时期内“探索省际教育协作改革试点,建立跨地区教育协作机制”将成为教育领域发展的新方向。2015 年 4 月 30 日,《京津冀协同发展规划纲要》(简称《纲要》)审议通过,京津冀三地具体功能定位随之明确:北京市为全国政治中心、文化中心、国际交往中心和科技创新中心;天津市为全国先进制造研发基地、北方国际航运核心区、金融创新运营示范区和改革先行示范区;河北省为全国现代商贸物流重要基地、产业转型升级试验区、新型城镇化与城乡统筹示范区、京津冀生态环境支撑区。《纲要》针对河北省“三区一基地”城市功能定位的明确规定,表明了中央政府对于河北寄予的厚望,且河北地区城市功能定位的实现与否,直接关系到京津两地城市功能定位的发挥,此举标志着作为国家重大发展战略的京津冀协同发展进入了实质性推进阶段。

但作为与珠三角和长三角国家战略地位相匹敌的京津冀,其发展模式却与前两者截然不同,珠三角和长三角依靠第三产业的发展实现经济长期可持续的发展,而京津冀地区的经济发展模式给绿色协调的环境建设埋下诸多隐患。近年来,京津冀地区的经济发展较为迅速,但是该地区由于没有充分处理好空间发展和可持续发展的关系等问题,正日益面临着生态环境持续恶化、城镇体系发展失衡、区域与城乡发展差距不断扩大等突出问题。

京津对河北省各城市的经济影响是一个具有复杂性的多层次系统工程,河北省应根据自身优势,借力京津发展,进而产生经济互动。河北省是京津地区重要的水源地和农产品的供应基地,同时也是京津地区主要的生态防护屏障。但是长期以来农村生产经营方式粗放、环境基础建设投入不足、农村环境污染防治任务繁重,与农村经济发展极度不协调。河北省经济发展方式简单粗放,可以说河北省是环绕京津、渤海的经济大省,但绝不是经济强省,究其根本在于河北省经济结构粗放。河北省是一个典型的资源型省份,以煤炭、石油化工、钢铁等为主,导致了服务业在长期的发展中落后于工业的发展。经济的增长主要依靠大量的物质资源的投入来拉动,经济进入了高投入、低产出、高消耗、低效益的困境。这种简单、低技术含量的粗放型的经济发展方式是和循环经济的发展规律相违背的,并且是以环境污染作为代价的,在生产总值提高的同时,环境也受到了不可逆转的损害。改革开放以来,河北省处于经济快速发展时期,2000—2016 年全省生产总值由 5 044 亿元增加到 21 816 亿元,成为名副其实的经济大省。但是不能不看到为经济高速增长付出的巨大资源与环境代价,资源利用效率偏低,产业结构不合理,经济增长方式粗放,是导致环境问题的根本原因。具体表现在以下几方面。

1. 经济发展方式简单粗放,资源利用率低

河北省的产业主要以初级产品加工、原材料、能源为主,产业体系主要建立在资源型工业基础上,重工业所占比重偏大,占据主导位置的仍然是高排放、高消耗的行业。在工业增

加值中占比一直在50% 左右的仍然是建材、钢铁、石化三大资源型产业。由此我们可以看出,河北省经济得以维持现在的高增长主要是靠高耗物、高耗能和对环境的损害获得的。

2. 产业结构不合理,结构性污染十分突出

河北省的纺织业、食品加工业、化工原料制造业、造纸及纸制品业等这些产业还占一定比例,而这些产业几乎全是资源依赖性强、对环境产生很大污染的产业,结构性污染十分严重。河北省污染物排放量大是由落后的生产治污工艺和偏重的产业结构造成的,这给治理污染带来巨大压力。产业集群结构趋于一致,三大产业布局亟待改善,城市与城市之间重复建设十分严重,例如钢铁产业是河北省的优势产业,导致几乎所有城市都布局有钢铁企业。虽然河北省钢铁企业执行的大气污染物排放特别限值均严于我国其他地区,但是由于产业分布不合理,因此难以削减区域污染物排放总量,进而限制了生态环境质量的改善。

自然环境是人类生存和发展的必要资源,对社会进步起着重要的推动作用,而且自然环境的好坏直接影响着经济发展的速度。然而,在经济快速增长的过程中,自然环境却遭到了严重的破坏。河北省位于华北东部,东临渤海,南接河南,西以太行山为邻接山西省,北邻内蒙古自治区、辽宁省,河北省整体地势西北高东南低,以温带大陆性气候为主。河北省处于生态脆弱地区,再加上近几年经济粗放式增长带来的压力,导致河北省近几年的环境状况堪忧,河北省作为中国的工业大省,工业废物的排放对环境的影响极为恶劣。河北省粉尘、烟尘、氨氮、二氧化硫的排放量大,严重超过了河北省的环境承载力,各大城市主要污染物超标现象严重,大气污染、水污染、工业固体废弃物污染成为制约河北省环境可持续性发展的主要因素。

对于河北省来说,在京津冀协同发展中,如何形成与京津发展节奏相一致的经济与环境协调发展关系是当前颇为紧迫的问题。从战略角度来讲,这也应当是河北省在京津冀协同发展大战略下的区域经济发展中的重大战略问题。

二、研究意义

本书主要研究了京津冀协同发展背景下河北省产业结构的优化问题,具有理论与现实意义,具体表现为:

1. 从理论角度看

自 2014 年京津冀协同发展战略提出以来,三地的经济建设和生态建设均发生一定的变化,本书在已有的对于京津冀协同发展的初期研究基础上,通过对近 5 年的最新发展情况建立模型进行数据分析,研究如何深化河北省在京津冀协同发展情况下的战略发展,实现与京津地区的深度转接融合。同时根据河北省的产业结构、生产方式、生产模式等已有的理论研究,本书着重于研究河北省在京津冀协同发展过程中实现经济与生态环境的协调发展,贯彻经济建设与生态文明建设协同发展的战略方针。

2. 从现实角度来看

基于京津冀协同发展的战略背景,针对河北省当前面临的经济与环境发展的问题,提出以下针对性的建议:(1)调整结构,发挥京津冀一体化经济的优势;(2)建立生态环境与资

源的可持续利用约束机制；(3)加强国内区域圈交流，积极推进国际生态合作；(4)加强政府支持力度，建立、完善相关政策机制；(5)加快沿海经济发展，带动全省经济开发、开放；(6)加强环保宣传，提高全民参与意识。

作为京津冀经济圈的重要组成部分，河北省经济社会的发展潜力巨大。当前，全省经济—环境系统协调发展度在不断良性演化的过程中，生态环境滞后的现象开始显现，今后要更加重视环境治理与建设，避免环境质量的继续下降。省内各市协调发展度相对均衡，有利于经济、环境政策的统一制定与实施。应通过进一步改善经济结构、转变生产方式、加强技术创新、提高生产效率，加大环境整治力度，使河北省经济—环境系统向着良性耦合协调、共同提升的可持续方向发展。

2020年，中共中央提出的进一步加快落实区域发展战略中提出，要深入推进京津冀协同发展。本书以京津冀协同发展为背景，研究如何进一步促进河北省经济与环境的协调发展，如何进一步把绿水青山转化为金山银山，如何强化产业向河北地区的有序转移和优化配置。京津冀协同发展，河北省是短板，不解决好发展的问题，生态问题也难以妥善解决。生态修复须三地协同、共建共享，在绿色产业布局上加大考虑，深入推进公共服务均等化，让生产、生活、生态“三生”共赢。

第二节　国内外研究现状

一、国外社会经济与生态环境研究历史与进展

国外在社会经济与生态环境关系方面的研究开始较早，国外对于环境与经济发展的研究集中在如何综合考虑生态环境因素来制定相应的经济发展路径，从而实现经济与环境的协调发展。

20世纪五六十年代，国外就开始了对资源环境与经济协调发展的定性研究与分析。1966年，美国学者肯尼斯·E. 鲍尔丁发表了《未来飞船地球之经济学》，此理论运用了系统论的思想分析了经济发展与资源环境之间的关系。1972年，波托克协会、罗马俱乐部和麻省理工学院的学者们共同提出了增长极限说，他们强调有限的自然资源和日益恶化的生态环境最后会制约与限制人类社会经济的无限增长，只有实现经济与环境协调发展才是明智的出路。1992年，联合国环境与发展大会通过的《地球宪章》以及《21世纪议程》都强调生态环境可持续发展的重要性，以及要注重经济发展与环境保护和资源的综合利用之间的协调性。

从定性的角度分析了资源环境与经济发展之间的关系后，国外学者逐渐从定量的角度对生态环境和经济发展进行研究。1968年，Daly借鉴已有的投入产出模型来分析环境与经济发展之间的相关问题。20世纪70年代，Clark通过建立动态数学模型来研究资源生产力可以更新的问题。1992年，Ress等人提出生态足迹指数来评估可持续发展程度。1993年，

联合国统计局推出综合环境经济核算体系(SEEA)来研究环境与经济之间的相互关系。之后,世界经济论坛等推出了环境可持续指数(ESI)来评估可持续发展状况。ESI包括5个核心部分、20个关键指标以及68个变量集。1998年,日本科学家为了解决生态与经济之间的耦合问题提出了资源环境账户体系的理论框架。2001年,Prescott - Allen 通过借鉴1995年世界保护同盟等提出的"可持续性晴雨表"评价指标体系,首次对全世界180多个国家的可持续发展状况进行了分析。

从20世纪70年代开始,一些经济学家借助经济增长理论模型来探讨经济与环境协调发展条件问题。根据模型的特点和性质,这些研究可以大致分为两大类:新古典增长模型和内生增长模型。在新古典增长模型中又包含带有环境因素的新古典增长模型和内生增长模型两类。

Dsgupta、Heal、Solow 和 Stiglitz 等元老级环境经济学家运用新古典增长模型对自然资源的最优开采、利用路径进行了分析。如 Dsgupta 和 Heal 使用 CES 生产函数,不可再生资源以原材料的形式进入生产函数来研究经济增长问题,提出当不可再生资源提供的生产原料不是生产的必要投入,就会促进经济的持续发展。Stiglitz 的模型考虑了人口增长因素,说明了技术进步是经济持续增长的动力。Baumol 进一步完善了 Stiglitz 的研究,指出自然资源的经济存量不断增长会维持经济持续增长。

进入20世纪80年代中后期,以 Romer、Lucas 等为代表的内生经济增长模型的研究者出现。伴随着内生经济增长理论的发展,一些经济学家开始将环境或污染引入内生经济增长模型中,试图回答在自然资源和环境的约束下,经济与环境可协调发展的条件问题。Aghion 和 Howitt 等将环境污染和有限的不可再生资源引入新熊彼特模型中来分析环境与经济可协调发展的条件问题,强调技术进步在经济与环境协调发展中的重要性。

迈入21世纪,一些经济学家在已有研究基础上进一步研究并解释经济与环境可协调发展条件的问题,其主要代表为 William A. Brock 和 M. Scott Taylor。William A. Brock 和 M. Scott Taylor 基于由 Grossman 和 Krueger 提出并由 Copeland 和 Taylor 所定义的经济增长对环境的规模 、结构和技术产生的效应,提出经济和环境之间关系的模型,分别利用新古典增长模型和内生经济增长模型建立四个模型:一是建立在 Solow 模型上的绿色 Solow 模型;二是建立在 Nacy Stokey 模型上的强化减排模型;三是源头与末端模型;四是以内生增长模型为框架的诱发创新和幼儿园规则模型。

二、国内社会经济与生态环境研究历史与进展

我国在社会经济与生态环境关系方面的研究开始较晚。1978年,我国首篇环境经济学论文《应当迅速开展环境经济学的研究》发表,自此至20世纪80年代,关于社会经济与生态环境的协调发展问题逐渐受到重视,研究的学者也逐渐增多。通过查阅专家学者的相关论文及著作可知,目前我国主要进行了以下3个方面的研究:一是对于社会经济和生态环境协调发展程度的定量分析,通过建立协调发展的评价指标体系,并利用协调度模型来计算协调发展评价值;二是运用各种实证分析方法验证 EKC 曲线的存在,并基于 EKC 曲线研究

经济与环境的协调发展状况；三是在考虑生态环境因素的前提下，开展经济发展路径研究。

在经济与环境协调发展的定量分析研究方面，2018 年，周雪娇运用熵值法和耦合协调发展度模型进行研究，测算出了 2006—2015 年中国省域的区域经济、科技创新与生态环境三者的协调发展度，并基于以上数据，剖析了 31 个省市区耦合度契合趋势的变化过程。2019 年，李虹、王娜和袁颖超以京津冀地区的相关数据为样本，选取 2004—2014 年的数据构建资源—经济—环境评价指标体系，运用主成分分析法、隶属度函数等方法构建协调度模型，测算出京津冀地区资源、经济、环境系统间的协调度。2011 年，万鲁河运用模糊分布函数得出社会经济与生态环境的综合评判指数，建立了哈大齐地区社会经济与生态环境协调发展动态模型，确立了相应协调度等级。2019 年，李雪松、龙湘雪和齐晓旭在研究系统耦合协调评价模型的基础上，构建了一个兼顾社会经济发展和生态环境，适合较广区域、较多城市的评价体系。

在运用实证分析验证 EKC 曲线并基于 EKC 曲线研究相关经济与环境协调发展状况方面，代表学者有彭水军、李瑞娥、卢宁等，他们都验证了 EKC 曲线的存在。也有不少学者在 EKC 曲线基础上进行研究并将其扩充，2001 年，徐盈之、管建伟将金融发展变量纳入 EKC 分析框架，以 1998—2007 年我国各省市的面板数据为例，运用数据进行协整检验和多元回归分析，实证分析研究了金融发展对环境质量的影响。2014 年，闫兰玲基于 EKC 曲线理论，选取杭州 1995—2012 年环境和经济数据指标，构建大气环境与经济发展库兹涅茨模型，分析所选地大气环境和经济发展的曲线特征。2011 年，王家庭、高珊珊将城市规模的变量纳入 EKC 分析框架中，根据 2003—2008 年我国的 79 个中等城市、29 个大城市和 20 个特大城市的面板数据对城市社会经济各种指标增长与环境污染状况之间的关系进行计量分析。

在考虑生态环境因素的前提下开展的经济发展路径研究，往往在生态环境基础上，部分学者将环境、经济、社会发展共同分析。2018 年，陈晓红、周宏浩和王秀采用熵值赋权法，通过细分标准对外部生态文明及内部环境、社会经济和社会数据三大子系统的协调性进行评价。2015 年，李茜运用层次分析法和主成分分析法建立生态环境、社会经济与社会发展三大子系统，定量研究生态文明水平和协调发展度的空间分布规律。2018 年，王淑佳、任亮、孔伟和唐淑慧以耦合发展度模型研究京津冀 21 世纪初期区域整体生态环境—社会经济发展—城镇化的时空变化及根源所在。

三、对现有研究的评价

从以上综述情况可以看出，国内外学者都对社会经济发展与生态环境之间的关系较为重视，并基于不同的研究视角和方法对资源环境与经济协调度之间的相互关系进行了深入研究，这些研究成果能在一定程度上解释经济发展过程中经济与环境的相互关系，并且其中很多成熟的研究成果和研究方法对今后的研究有很大的借鉴作用，为如何处理资源环境与经济之间的关系提供了理论依据，具有实践指导意义。上述研究虽然各有侧重，但是都强调了资源环境和社会经济是一个总体的系统，相互影响，只有在合适的协调度下才能相互促进。同时，国内外学者通过定量与定性的双重分析，采用不同的数理模型研究资源环境与经济发展协调度,从不同侧面反映了国家的经济与环境的耦合协调发展水平。探讨并揭示了经济与环境的内在关系,评价具体区域经济与环境协调发展的状况,从系统的角度来仿真模拟及预测区域经济与环境的协调发展,最终依据这些研究结果,来寻求经济与环境协调发展的实现条件。但是这其中的研究只是一个宏观层面的分析,没有对具体的影响因素进行深入的探讨分析。

第三节　研究方法

经济环境的协调发展受到有自己运行规律的经济与环境这两个复杂系统的双重制约。环境系统作为自然生态的一部分,具有生态滞后效应和不可预知的自然因素变化。因此,本书研究中借鉴各学科的研究方法来分析各要素之间存在的十分复杂的关系。本书采取定性分析与定量分析相结合、文献研究与实地调研相结合、规范分析与实证分析相结合,运用比较分析法、系统分析法等对河北省的经济与环境在京津冀协同发展背景下的协调发展情况进行系统的研究,具体描述如下。

一、定性分析与定量分析相结合

本书拟采用定性分析与定量分析相结合的方法对河北省的经济与环境协调问题进行研究。首先在定性分析的基础之上阐述区域经济与环境协调发展的内涵,并对其进行分析。再展开定量分析,充分使用各类有关环境质量状况和经济发展状况的统计年鉴,借助具体数据展开研究,在探讨生态环境与经济发展的理论基础上,利用相关协调度模型和统计分析方法,通过构建评价指标对河北省经济与环境之间的协调度进行测度并进行准确的描述,研究二者的协调关系,以达到尊重客观事实的目的,提高本书研究成果的客观性,由此来进一步分析河北省经济与环境协调发展存在的问题及制定对策。

二、文献研究与实地调研相结合

本书在理论方面运用文献研究法,借助图书馆、资料室或者数据库搜集整理与本书有关的大量文献资料,借鉴前人的研究成果,从而全面、系统地理解本书要用到的理论。同时查阅了众多国内外与区域协同发展、经济系统、环境系统相关的研究成果,将已有的区域协同发展、经济系统与环境系统间协调发展的文献进行分类整理,分析其中的关系,总结这些研究成果的特点,进而有针对性地对该领域中现有的国内外研究理论的不足进行评述和客观评价,更好地解决本书中出现的问题,了解京津冀协同发展现状。在此基础上,形成本书的分析框架以及测评体系的指标来源。并且该方法的运用也是在大量阅读的基础上,把握本书相关领域的研究前沿,来对京津冀协同发展背景下河北省经济与环境协调发展进行研究。

三、规范分析与实证分析相结合

本书研究的相关概念范畴和理论基础都是通过规范分析进行的，而京津冀协同发展背景下河北省经济与环境协调发展的研究不仅需要理论支持，更需要与实践相结合。因此本书一方面运用德尔斐专家法等构建河北省经济与环境协调发展的测评指标体系；另一方面利用京津冀协同发展背景，通过对河北省经济与环境的大量观察、调研、走访获取的丰富的数据内容，用河北省实际的经济与环境发展现状论证二者之间的协调发展情况，从而提出对策建议。

四、比较分析法

本研究采用比较分析法，将北京市、天津市和河北省的经济与环境的发展状况等进行了比较。采用横向比较法，比较各城市在京津冀协同发展背景下每个地区的发展状况。同时采用纵向比较法，选取河北省近几年的数据来分析河北省经济与环境发展状况，总结河北省近几年的发展经验，分析新形势下发展的优缺点，揭示出存在的问题，最终实现京津冀协同发展背景下河北省经济与环境协同发展的良性互动。因此，比较分析法也是本书的重点研究方法之一。

五、系统分析法

本书将京津冀协同发展作为一个有机整体系统，不仅对系统组成部分的发展情况进行深入研究，而且兼顾协同发展背景下河北省各个要素的矛盾、影响及相互作用。将研究系统视为一个动态的复杂系统和衍化过程，运用归纳总结方法和系统分析方法，从多角度进行深入全面的分析、评价与研究，推进区域协同发展，在本研究中尤为重要。

第四节　研究的重点、难点、创新点

一、重点

近五年来，在中央的协调领导下，京津冀三地在产业转移协作、生态环境治理、交通一体化、创新共同体建设、基本公共服务共建共享等方面实施了一批重点项目，推动了一批政策付诸实施，取得了明显的阶段性效果。中国社会科学院京津冀协同发展智库的研究成果显示，2014 年以来京津冀协同发展指数呈现稳步上升的趋势，而生态环境治理效果较好和公共服务差距缩小是引起这种变化的主要因素。总的看来，过去的五年，京津冀协同发展坚持先易后难、逐步推进的思路，在一些重点领域已经率先取得突破，现阶段正从那些操作性较强、实施难度较小的领域转入巩固前期成果和深入推进需要啃的硬骨头的领域，这是爬坡过坎、艰难前行的阶段。

在经济全球化和区域经济一体化的背景下,经济竞争不再是区域范围内各地区之间的内部竞争,而是由地区或区域组成一个更大的区域经济实体,在更广阔的开放式空间范围内参与的全球竞争。京津冀地区地域相连、文化相近,具有地域的完整性和人文亲缘性,是我国北方最大的都市经济区和建设创新型国家的重要支撑区域。京津冀协同发展被写入政府工作报告,使得京津冀协同发展被放到了前所未有的战略高度。伴随京津冀地区经济的快速发展,人们越来越强烈地意识到经济与环境协调发展的重要性,如何在经济发展和环境保护之间寻找平衡点,成为当前各地政府的重点工作。随着中国社会经济的不断进步,中国在取得令人瞩目的经济发展成果的同时,自然环境也遭受着越来越多的破坏。随着环境污染的日趋严峻,国家在发展经济的同时,也将越来越多的注意力放在环境保护上面,如今可持续发展已经变成我国的一项基本国策。近年来,京津冀三地经济社会发展取得了巨大成就,同时也不可避免地带来了环境污染、生态退化等问题。京津冀三地经济持续快速增长,给资源环境带来较大压力,而经济增长与环境质量的协调发展尤为重要。因此,研究三地经济与环境的协调发展,对三地经济的可持续发展具有重大意义。

二、难点

首先,本书将北京市、天津市和河北省的经济与环境的发展状况等进行比较。还用横向比较法,比较在京津冀协同发展背景下的每个地区的发展状况。同时采用纵向比较法,选取河北省近几年的数据来分析河北省经济与环境发展状况,为了得到准确的结果,需要各方面详细地比较分析,需要收集大量相关数据,研究内容和结论需要具体数据的支撑和论证,因此工作量较大,从而对数据收集人员提出了很高的要求。

其次,熟悉和掌握基本的研究方法路径,如实证研究、比较研究等,实证研究的基本路径是建立研究假设、设计研究指标、收集数量资料、进行统计分析、形成数据结论、检验研究假设。其中数据资料要注重更新和准确性,避免出现数据搜集的失误。由于影响经济发展和造成环境污染的因素有很多,因此在篇幅、精力和时间有限的条件下,只能研究主要影响因素,忽略一些混杂因素和不确定因素。同时,选读关于相关研究方法的专著和论文,学习和掌握相关研究方法,选择最优的研究方法;参与调查研究,全程掌握有关实证研究的方法,形成相应的经验。

最后,学习逻辑学和系统分析法,将京津冀协同发展作为一个有机整体系统,不仅对系统组成部分的发展情况进行深入研究,而且兼顾协同背景下河北省各个要素的矛盾、影响及相互作用。既要把京津冀作为一个研究整体,又要分析三地经济发展和环境污染因素的不同点,研究内容较为复杂。这是一个整体与部分、静态与动态不断转化的过程,需要将研究系统视为一个动态的复杂系统和衍化过程,运用归纳总结方法和系统分析方法,从多角度进行深入全面的分析、评价与研究,推进研究顺利进行。

总之,本书需要做大量的数据收集工作,主要通过比较分析得出结论,但是由于影响经济发展和造成环境污染的因素有很多,无形中增加了工作量。因此,应剔除一些混杂因素和不确定因素,着重研究中心内容,但又不能忽略重要的研究内容,避免对研究结果造成影响。另外,要根据每个章节的研究内容选择正确的研究方法,精简阐述运用的相关理论知识,在得出结果的同时,更要注意联系京津冀三地的实际情况,咨询有关专家学者,提出合理化建议。

三、创新点

(1)首先,京津冀协同发展战略的提出对改善河北省的生态环境提出了重大的要求,就目前来看,关于河北省产业结构和生态环境关系的研究文章相对较少。其次,本书在京津冀协同发展的背景下研究河北省产业结构和生态环境的协调发展,具有较强的实践意义,深入具体地探究了京津冀地区经济与环境发展的过程,解读了京津冀区域内不同城市在经济和环境两方面的优势、劣势,为各城市在京津冀协同发展进程中,正确选择地区间合作、实现可持续发展提供了重要的决策参考信息。最后,采用横向比较法,比较京津冀协同发展背景下每个地区的发展状况。同时采用纵向比较法,选取河北省近几年的数据来分析河北省经济与环境发展状况,为京津冀协同发展以及经济环境协调发展提出合理化建议。

(2)在进行京津冀三地产业结构研究时,逐步分析多个工业产业近年来的变化情况来分析其对生态环境产生的影响,并得出各产业所造成的环境污染的严重程度,这不同于以往只选择部分工业产业作为研究对象,而是丰富了研究的内容,为研究结论和建议的提出提供了大量的论据。另外,本书通过分析京津冀三地中具有代表性的城市,研究其经济发展和环境的协调关系,得出结论并提出具体建议。本书从研究视角和研究内容来说,不仅丰富了京津冀三地协调发展的相关研究内容,而且完善了工业产业结构与生态环境关系的相关研究内容。

第五节　相 关 概 念

一、有关环境的概念

1. 环境

目前,学术界对环境尚无完全统一的定义,研究者通常根据研究对象和研究目的的需要自己加以界定。一般来说,以事物为中心,其他与该事物有关系的各个因素都是该事物的环境,这里所讲的环境,是指以人类为中心或主体的,与人类生存、发展和享受有关的,生物界中有机和无机的物质、能量及其功能的总体。显然,它主要指自然的环境,是各种天然的和经过人工改造的自然因素的总称。

资源,这里主要指资源环境,是指人类可以直接从自然界获得并用于生产和生活的物质,它是自然环境的重要组成部分。联合国环境规划署(UNEP)定义:“所谓资源,是指在一定时间、地点的条件下能够产生经济价值的,以提高人类当前和将来福利的自然环境因素和条件的总称。”根据自然资源的再生性质,可将自然资源分为可再生资源(又称为可更新资源)和不可再生资源(又称为可耗竭资源)。

环境的各项因素是资源,环境的整体是资源的总和。《中华人民共和国环境保护法》将环境定义为:“环境是指影响人类生存和发展的各种天然的和经过人工改造的自然因素的总体,包括大气、水、海洋、土地、矿藏、森林、草原、野生动物、自然遗迹、人文遗迹、自然保护区、风景名胜区、城市和农村等。”我们这里所研究的环境概念是相对于人类的经济活动,即商品的生产和消费等活动而言的。所谓环境,是指人类和其他生物赖以生存的客观物质与生态系统所组成的一个整体,可分为自然环境和人工环境两大类。环境保护的基本任务,就是在生产过程中,合理开发资源和有效利用资源,避免对资源利用不合理而导致资源和环境污染,从这个意义上说,“环境污染就是资源浪费”“保护环境就是保护资源”。

资源与环境有着密切的联系,从具体的对象看,它们往往是指同一种物质,但又是两个不同的概念,好似一枚硬币的正反面。环境问题是资源开发利用的经济行为结果。环境是对人类周围的客观存在的物质而言的,而资源则是从人类利用的角度来理解自然环境因素存在的价值。资源存在于环境中,人类首先利用环境,并在此过程中改造环境和建设人为环境,这些被利用的环境,就是资源,也就是所谓的资源环境。资源与环境相互联系、相互影响,共同构成人类的生命支持系统。

总的来说,环境广义上是指人类生存的空间以及可以直接或间接对人类生活和发展产生影响的各种自然因素。通常按环境的属性,可将环境分为自然环境和人文环境。本书研究的重点主要侧重自然环境的影响。人类生活的自然环境,按环境要素又可分为大气环境、水环境、土壤环境、地质环境和生物环境等。

环境包含的能源和资源为经济发展提供必备的客观条件,所有的经济活动在开展的过程中都不可能脱离生态环境,经济发展与生态环境之间存在着互相影响的关系。一方面,环境为经济的长期发展提供充足的资源和能源,所以经济的发展受制于资源和能源,环境的好坏也直接影响着经济发展的质量。另一方面,过快的经济发展是一种透支未来的增长,如果废弃物的排放超过了环境的承载范围,则会导致环境恶化,进而影响经济发展质量。因此在未来开展经济活动的过程中,应注意规范各类经济行为,采取更有效的措施保护和进一步地改善生态环境。

环境是由自然界中各种元素组合而成的系统,与人类的联系非常密切,对人类的日常生产生活都有很大的影响。而人类活动对整个环境的影响是综合性的,而环境系统也是从各个方面反作用于人类,其效应也是综合性的。人类以自己的生存为目的来影响环境,通过自己的劳动来改造环境,把自然环境转变为新的生存环境。这种为了达到人类目的而产生的新的生存环境有可能更适合人类生存,但也有可能恶化了人类的生存环境。由于本书研究的是经济与环境协调发展,因此,本书重点阐释经济与环境之间的相互影响。经过深入研究,强调了生态环境对人类社会的重要性以及影响。

提到环境就会联想到环境质量,环境质量指的是一个国家或地区的环境的整体水平或环境中的一些要素相对于经济发展、居民生产生活的适宜程度。环境质量是人类对环境这个大系统所处的状态所做的一种评价,这种评价是基于人类的某种具体要求而形成的。环境质量一般包括两种类型,分别是自然环境质量和社会环境质量。其中自然环境质量可分为生物环境质量、土壤环境质量、化学环境质量和物理环境质量,其中生物环境质量是构成自然环境质量的最主要部分。社会环境质量可分为美学质量、经济质量以及文化质量等,由于每个国家或地区的发展程度不同,因此社会环境质量也有很大的不同。随着经济与环境之间的矛盾日益尖锐,到了20世纪中后期,人们常用环境质量的水平来判断一个国家或地区环境受污染的程度。

2. 生态环境

“生态环境”一词在日常生活中运用得十分广泛。生态环境的概念,在不同语境下的外延和内涵是不完全相同的。一般意义上的生态环境指周围的自然条件和社会条件。通常而言,生态环境总是相对于一定的中心存在物而言的,即围绕某个中心存在物的外部条件,诸如地域、空间、自然人文因素等的总和,便构成某一中心存在物的生态环境。中心存在物不同,生态环境所包含的内容也不同,由此可见,一般意义上的生态环境是个相对的、可变的概念。

生态学视野中,生态环境是生物的生存空间,是以整个生物界为中心的外部世界,包括外部空间和无生命物质。环境科学视野中的生态环境一般是指直接、间接影响人类生活和发展的各种自然因素的总体。环境保护法中通常使用的是狭义的自然生态环境概念,因为作为环境法律保护对象的生态环境要素的范围必须明确和具体,即除了影响人类的生存和发展,还要支配调节人类的行为和活动,这样才具有可操作性,以保证法律的准确实施。

经济学上的生态环境是指能对人类的生产、交换、分配各种物品以及福利的改善等人类经济活动造成影响的各种自然要素所组成的生态系统和地理空间的总称,包括各种自然资源的组成部分,以及接收经济活动中产生废弃物的地理空间。根据对生态环境在经济学中的概念描述,可以把生态环境分成两大类:一是经济投入生产要素的各种自然资源所组成的生态环境;二是经济活动排放污染物的接收容器所组成的生态环境,这类生态环境主要是指能为经济活动接收所排放的废弃物的各种单一生态环境组成部分,如各种水体(河流、江河、湖泊)、大气和土壤等,从经济角度来看,第二大类生态环境间接影响经济活动。

本书中所指的生态环境属于广义生态环境范畴,是以人类为主体的外部世界,是能够影响人类活动的各种自然界力量的总和,包括土地、水、矿产、森林、草地等资源,还包括大气生态环境、土地生态环境等天然的和人工改造过的各种自然因素。

环境与生态环境在内涵上有很大的区别。首先,环境主要突出了人类的主体性和生态环境的客体性;而生态环境则强调人类、生物和自然的一体性与协调性。其次,环境不仅包含自然要素,也包含社会要素,是在肯定人的主体性的基础之上形成的概念,具有综合性的特点;而生态环境的概念则更加侧重于自然属性,与自然生态环境的概念具有更多的一致性。

二、有关经济的概念

1. 经济发展

经济发展指的是一个国家或地区为了在整体上扩大经济发展的规模,促使社会各项基础设施不断完善、居民生活水平不断提高,以及通过经济的带动来摆脱落后状态的一种过程。经济增长与经济发展是两个不同的概念,必须厘清它们之间的区别。经济发展相对于经济增长而言,是包括质量与数量在内的经济高质量发展,而不仅是数量的增长。经济发展是一种包含社会各个方面的综合的社会化状态。经济发展不仅体现在量上的增加,还体现为产业结构不断优化,此外还包括医疗设施的增多、科学技术的进步,以及居民生活环境的改善等。经济发展不仅意味着国民经济规模的扩大,更意味着经济和社会生活水平的提高。所以,经济发展涉及的内容超过了单纯的经济增长,比经济增长更为广泛。同时,经济发展指的是一个国家或地区一方面实现了财富和经济机体的量的增加与扩张,另一方面实现了经济结构、社会结构的现代化创新。因此,经济发展并不局限于经济水平的提高,还包括社会结构持续高级化、经济发展方式不断优化、经济结构创新不断调整以及人民生活水平不断提高。

随着生产社会化、知识功能化与社会经济化,经济结构已经复杂化,GDP 增长已经不能真实反映经济增长,即使经济增长也离不开经济发展,但当今时代经济增长只有抽象的意义,用 GDP 来计算经济增长、衡量经济发展已经落后于时代的要求。经济发展是价值的发展而不是金钱的增长,是效益的发展而不是效率的增长,是全面的发展而不是片面的增长,是辩证的发展而不是线性的增长。因此,本研究认为,经济发展不仅要代表经济增长的数量,更要代表其质量,是社会进步和环境保护的综合体现。经济发展水平的提高,能够满足人们的物质和生活上的需求,但是也不能以牺牲环境为代价,既要国家综合实力提高,也要注重生态环境的保护。

2. 经济可持续发展

经济可持续发展是可持续发展概念的延伸或在经济方面的具体化。在对可持续发展定义的几个典型代表解释中,有一种是从发展的经济属性角度定义的,即“在保护自然资源的质量和其所提供服务的前提下,使经济发展的净利益增加到最大限度”。而我们所说的经济可持续发展不是对可持续发展的另一个定义,而是可持续发展的一个角度。所谓经济可持续发展就是指在一定的资源环境基础上使当代人的经济福利不断改善的同时,能保证后代人所得到的经济福利不小于当代人所享有的;或者在一定的资源环境基础上,取得尽可能大的当前收入,并能保证以后的收入不减少且持续增长。从纯经济意义上讲,它应该是在资源环境持续利用的基础上,达到国内生产净值的最大化,同时,人类社会福利随着时间的推移不断增长,至少能做到下一代与前一代持平。

3. 经济增长与经济发展的关系

(1)二者的区别

早期的经济理论认为经济增长就是经济发展,是指国民生产总值的增加。20 世纪 70 年代以后,经济理论界区分了这两个概念的内涵。1980 年出版的《新大英百科全书》将经济增长和经济发展作为两个词条,指出经济发展适用于人均收入升高的发达的经济,经济增长适用于只有糊口水平的不发达的经济,即经济发展适用于发达国家,而经济增长适用于发展中国家。经济增长是以国民生产总值表示的产量的增加或人均产量的增加。这种增长可能是由投入量的增加所导致的产业量的增加，也可能是生产效率提高的结果。所以说，经济增长总是指一定发展阶段上的数量变化，它具体反映了一个国家或地区经济发展规模在外延上的扩大。经济发展不但具有上述这些内涵，还包括产业结构、产品构成、分配结构、社会福利水平变化和生产过程中各种投入量所做贡献的相对变化等情况。同时，经济增长是可计量的客观的量，它表示劳动、资本、贸易等总数的扩大，而经济发展则描述生产技术、社会观念、经济体制、物质福利等经济发展基本因素的改变和进一步改善。

（2）二者的联系

经济增长与经济发展是紧密联系的，经济增长是经济发展的前提和基础，经济发展是经济增长的结果，但经济增长了不一定就有经济发展。如果经济增长是靠高投入、高消耗，而产出低质量、低效率，只是表现为物质消耗和劳动消耗的增加，没有向社会提供更多的产品和劳务，那么这种经济增长是低质量的，不能表现为经济发展。从社会发展角度来看，我们应该追求的是经济发展，而不是盲目地、孤立地去实现经济增长，因此必须使经济增长与经济发展协调统一。其中最重要的就是要转变经济增长方式，把经济增长的重点转到提高经济增长质量和经济效益上来。要达到这一目的，在经济发展中要实现以下几方面的转变：第一，从粗放型经营转为集约型经营，转到以提高经济效益为中心的轨道上来。因为经济效益既是衡量经济增长质量的尺度，又是衡量经济发展水平的重要依据；第二，从主要依靠外延扩大再生产转到主要以内涵扩大再生产；第三，生产要素的最优配置，从主要依靠行政手段、计划分配，转到主要依靠发挥市场机制、合理配置资源，使稀缺的资源能够最大限度地满足整个社会日益增长的物质和文化的需要；第四，从主要依靠大量投入生产要素，转到主要依靠科学技术进步、提高劳动者素质、强化科学管理、提高技术进步贡献上来。

4. 经济发展与经济可持续发展的关系

（1）二者的区别

虽然经济可持续发展的核心同经济发展一样强调收入的增长，但其本质却是十分不同的。首先，经济可持续发展是在资源和环境限定下，在不破坏它们持续利用的基础上的发展，而经济发展则没有这种限制。其次，经济可持续发展强调代际之间的平等，当代人的福利不能以牺牲后代人的福利来实现，或者当前的经济发展不能以破坏经济的持续发展为代价，而传统的经济发展没有这种限制，所以经济发展并不一定会产生经济的可持续发展。再次，由于经济可持续发展强调代际之间的平衡和自然资源与生态环境的持续利用，因此它包括了生产方式和生活方式的变革，它包含了人类在经济发展过程中对人与自然关系认识及态度的改变，它是将人类作为生态系统中的一个成员来看待，强调人与自然的协调和谐，以人的持续生存和发展作为经济发展的最大福利目标。而经济发展则将人看作自然界的对立面，将征服自然、创造尽可能多的物质财富作为目标，其结果将使人类处于非常危险的地步。最后，经济可持续发展包括了社会制度、经济制度、社会文化等方面变革的内容，它不将任何一种制度看作永恒不变的，它本身在某种程度上就是新制度即将产生或正在产生的产物，因此它是一种促进社会不断进步和变革的力量。而传统的经济发展虽然也包含一定程度的制度变革，但它是将已有的社会制度作为一种永恒不变的体制，经济发展只是完善这种体制。所以从本质上讲,经济发展只是维护已有的社会经济制度,而不是像经济可持续发展那样,促进社会制度的变革和转换。

(2)二者的联系

经济可持续发展作为对传统经济发展的扬弃,既包括了经济发展的一些主要内容,如经济总量的增长及质量的提高等,也舍弃了其中一些可能会导致生态环境破坏和资源耗竭、分配不公等破坏持续发展的内容,也可以说它是对经济发展施加了许多限制条件,将自然资源、生态环境、社会经济制度及其变革等许多内容包括在经济发展过程中,所以,它拓展和丰富了经济发展的内容。由于经济发展忽视了对自然资源和生态环境的保护,同时不注意社会制度等因素对经济发展的作用,经济发展并不一定就是经济可持续发展,但经济可持续发展却一定要建立在经济发展或经济增长的基础上。传统的经济发展在以下这些状况中已经难以持续:①其造成生态环境的严重破坏和资源的过度耗损,不能承受经济可持续发展的需要;②欠发达地区的人口增长超过了资源的承受能力;③技术进步赶不上人类对物质财富消耗的欲望,或者说人类的智力与人类自身的欲望之间存在巨大的差距;④资本积累满足不了经济持续发展的需要;⑤人类的组织方式和制度安排解决不了环境和自然资源有限与人类无限的物质欲望之间的矛盾。而经济可持续发展就是要在发展的过程中解决这些问题,所以经济可持续发展取代经济发展是一种必然趋势。

三、协同发展与协调发展

1. 协同

所谓协同,就是指协调两个或者两个以上的不同资源或者个体,协同一致地完成某一目标的过程或能力,是指元素对元素的相干能力,表现了元素在整体发展运行过程中协调与合作的性质。协同并不是新生事物,它是随人类社会的出现而出现,并随着人类社会的进步而发展的。协同不仅包括人与人之间的协作,也包括不同应用系统之间、不同数据资源之间、不同终端设备之间、不同应用情景之间、不同的地域之间等全方位的协同。就像京津冀一体化大背景下,京津冀各城市之间的协调、协作形成拉动效应,推动京津冀共同前进,对京津冀而言,协同的结果是个个获益、整体加强、共同发展。

1971 年,德国科学家哈肯提出了统一的系统协同学思想,认为自然界和人类社会的各种事物普遍存在有序、无序的现象,一定的条件下,有序和无序之间会相互转化,无序就是混沌,有序就是协同,这是一个普遍规律。协同现象在宇宙间一切领域中都普遍存在,没有协同,人类就不能生存,生产就不能发展,社会就不能前进。在任何一个系统内,若各种要素不能很好地协同,甚至互相拆台,那么这样的系统必然呈现无序状态,发挥不了整体性功能而最终瓦解。相反,若系统中各要素能很好地配合、协同,多种力量就能集聚成一个总力量,形成超越单个功能总和的新功能。

协同现象在各个领域中都是普遍存在的,协同的概念出现后,被广泛应用于学术研究。通过本书所研究的内容可知,协同是指京津冀区域内各个经济主体之间在发展过程中彼此和谐一致。但是需要强调的是,本书中的协同和协调是两个不同的概念。协调是指和谐一致，搭配得当。具体而言，协调代表一种有序、统一的状态，在此状态下系统间或系统内要素匹配存在相互促进、相互包容、相互净化的积极作用。而协同是一种状态或过程，它强调通过协调合作使得整体系统功能大于各要素功能的总和；本书所研究的协同是通过京津冀三地的协调合作使得京津冀区域的整体竞争力大于三地各自发展的总和，从而使得参与协同的各主体间的整体效应变得更强，每个参与协同的主体都能够从中获取一定的利益，最终使得各主体能够得到共同的进步发展。

2. 协调发展

自人类社会产生以来，发展就是一个永恒的主题，谋求人与天地的协调发展更是人类梦寐以求的愿望。协调论的思想在古代就已出现，当时主要是以哲学形式出现，如中国古代的“天人合一”论就包含了人地协调的思想。西方地理学家李特尔曾指出地理学综合性的主要原则为“协调、相关和相互依存”“以人为本”“物竞天择，适者生存”。这些虽没有明确提出“协调”与“协调发展”的概念，但都在一定程度上蕴含了协调理念。

在人类文明进程中，对人与自然关系的不断思考使得协调与协调发展理论不断丰富。协调发展的思想最初孕育在农业中，随工业文明的发展而逐渐形成。人类早期对“人地关系”的哲学思考，如李悝“尽地力之教”的农业经济思想就很好地体现了这一思想理念。但作为被普遍接受、并对发展战略构成重要影响的理论及其科学概念的形成，一般认为是以1987 年联合国世界环境与发展委员会在《我们共同的未来》中对可持续发展所做出的定义为标志。

可持续发展是“既满足当代人的需求又不危及后代人满足其需求的能力的发展”，其核心是人口、社会、经济、科技、环境和资源相互协调。可持续发展把协调作为发展的核心，协调既是发展的手段，又是发展的目标，还是评价发展的标准和尺度。可持续发展还把协调从满足当代人的物质欲望的协调，发展为代内公平和代际公平的协调；从物质的、静态的协调，发展为全面的、动态的协调。可持续发展还把协调扩大为整个人口、社会、经济、科技、环境和资源大系统的协调，由封闭型发展为开放型协调。协调发展理论深刻地包含在可持续发展理论之中，甚至可以认为“可持续发展就是协调发展”。

可持续发展理论自提出以来得到了全球的认可，可持续发展的思想在全世界不同社会制度、不同经济发展水平和不同历史文化背景的国家之间迅速达成共识，并成为各个国家、各个地区制定经济社会发展战略的重要依据。

中国十分重视可持续发展。1994 年，中国率先制定了《中国 21 世纪议程——中国 21 世纪人口、环境与发展白皮书》（以下简称《中国 21 世纪议程》），提出了适合中国国情的行动纲领，并在 1995 年正式把可持续发展列为国家基本战略。《中国 21 世纪议程》明确提出了促进中国经济、社会、资源和环境相互协调的可持续发展战略目标，即保持经济快速增长的同时，依靠科技进步和提高劳动者素质，不断改善发展的质量；控制环境污染；改善生态环境，保护可持续利用的资源基础，逐步建立国家可持续发展的政策体系和管理机制。

中国共产党第十六次代表大会和十六届三中全会提出的科学发展观和统筹发展思想，是现代协调与协调发展理论在中国现实背景下的最好体现。科学发展观强调“人口、社会、经济、科技、资源、环境”这个复杂的大系统的整体协调，从本质上说，就是坚持以人为本，全面、协调、可持续的发展观。其理论核心紧密地围绕着人与自然的协调发展，形成了完整而系统的发展观。

虽然协调与协调发展的思想和行动由来已久，且在我国自从可持续发展尤其是科学发展观提出以来，对于协调与协调发展的讨论日益广泛，但关于其内涵却并没有达成共识。协调的概念在我国经济发展中被明确地提出，是在第七届全国人大四次会议的政府工作报告中，报告中将“协调(发展)”定义为“按比例(发展)”。中国共产党第十六次代表大会把协调作为科学发展观的内核，强调“五个统筹”。由此可见，尽管协调定义不尽相同，但大都包含目标和过程两层含义。协调是以实现系统总体演进目标为目的，在实现总体目标过程中，各系统、各现象相互适应、相互配合的良性循环态势。协调是动态的，而不是静止不变的。

协调有三个特点：第一，协调是一个整体概念，系统内部单独的一个组成部分不能构成协调；第二，各个组成部分之间是有机联系而不是杂乱无章的；第三，协调不是“调和”或“停滞”，也不能将其简单地归结为“共性”，协调既不能取消事物的矛盾斗争，也不能取消事物之间的差异性，协调是事物对立面的统一、差异中的一致。

协调发展包含两个概念，一个是协调，另一个是发展，协调与发展两个名词在概念上大相径庭。协调是正确处理各个要素之间的关系，使各要素间配合得当，促使目标的实现，是指一种状态。发展是指系统或系统组成要素本身由简单走向复杂、由小及大、由低级迈向高级、由无序转化为有序的连续变化的过程，是事物的不断更新，既有量的变化，又有质的变化。协调这一概念反映的是系统走向优化发展展现的良性关系；发展概念则是反映时间序列上产生的变化，不能评判系统间各要素的优劣程度。当系统内要素的状态由高级复杂退化至低级简单，则称之为“负发展”；当要素处于稳定不变的状态，则称之为“零发展”。

“协调发展”这一复合概念强调的是各个系统组成要素之间以协调为准则，强调相互配合、相互积极互助，追求共同发展、良性共进发展，达到全局优化并且综合要素强劲有力的发展趋势。同时，协调发展追求的是所有要素的综合发展，这就要求各关联要素之间要搭配得当，当出现对整体综合发展有害或者不利要素时，应该及时调整，最终目的是实现系统内部的和谐统一、有序一致。

协调发展作为发展观发展的必然结果，是一种体现不同时代人类理想的、没有终极内涵的、具有层次性的动态概念。可持续发展和科学发展观代表了当代协调发展的最高理念。协调发展不仅要以人为本，尊重客观规律，而且要实现代内协调发展和代际协调发展，还要保持发展在空间(包括地理空间、产业领域等)上的协调。因此，作为系统间相互联系的协调发展，被置于可持续发展的大系统之中。从这一意义上讲，可持续发展是协调发展的最高目标，协调发展是实现可持续发展的最基本手段。根据上述的分析，可以将协调发展的概念概括为：以实现人的全面发展为总目标，在遵循客观规律的基础上，通过子系统与总系统，以及子系统相互间及其内部组成要素间的协调，使系统及其内部构成要素之间的关系不断朝着理想状态演进的过程。该定义特别强调了协调发展的下列特征：①协调发展是以人为本,尊重客观规律的综合发展;②协调发展是总系统及各组成系统、各系统内部组成要素间的多层次协调;③协调发展是基于发展所依赖的资源和环境承载能力的发展;④协调发展在时间和空间上表现为层次性、动态性及形式多样性的统一。

随着经济的不断发展、生产规模的迅速扩大,自然资源被无限制开发利用,污染物排放量急剧上升,在经济系统与环境系统两系统间形成均衡协调的发展模式变得尤为必要。总而言之,协调发展不仅仅是指某一个要素或者是某一个系统单独增长,而是追求整体发展,每个子系统在整体当中发挥各自功能,让系统与其内部组成要素配合更好,形成良性循环互动,相互作用,相互促进,产生更大的效益,向积极方向发展,实现健康长远的可持续发展和整个系统的最大效益。

四、耦合度与耦合协调度

1. 耦合

耦合最早应用于物理学,是物理学的概念,原是指多个电路元件的输入与输出之间存在紧密配合,并通过相互作用从一侧向另一侧传输能量的现象,也指多个系统之间相互作用、相互影响的现象,后来在通信工程、软件工程、机械工程等领域中均有应用。随着各种社会类问题研究的深入,越来越多的学者开始关注相关的学科研究,不断运用,将物理学、工程学概念引入社会类问题的研究,耦合就是其一,并逐步被运用到环境经济学、地理学、生物学、农学、区域经济学等诸多学科领域,为系统研究打开新视角。根据其相互作用的程度可将耦合分为良性耦合和恶性耦合两种,当两个系统之间是共同促进、协调发展时就是良性耦合状态;当两个系统之间步调不一、彼此制约时就是恶性耦合状态。

2. 耦合度

耦合度,也叫耦合性。耦合度这一概念是在耦合的基础上进一步深化而来的,是对系统间关联程度的度量,反映不同要素或系统之间相互依赖的关系,主要是指多个系统之间相互作用,研究其对对方的影响程度、相互关系的密切程度。耦合度也是度量要素或系统彼此之间影响程度的一个重要指标。系统内部不同要素之间的协同发展关系,掌握着该系统转变的方向以及变化的特征,决定着系统是否可以由无序状态转化为有序状态,而耦合度就是度量这种系统间的协同作用的指标。而度体现的是系统之间或系统内部要素之间由无序走向有序的趋势,是在系统发展过程中彼此协调发展的程度。耦合的强弱取决于模块间接口的复杂性、调用模块的方式以及通过界面传送数据的多少。模块间的耦合度是指模块之间的依赖关系,包括控制关系、调用关系、数据传递关系。模块间联系越多,其耦合性越强,同时表明其独立性越差。

运用耦合度,从空间维度上可以分析不同地区间经济与环境协调发展的差异情况,从时间维度上可以分析一个地区在同一时间段内的经济与环境的变化情况。根据一个国家或地区经济与环境耦合度的大小,可以对该地区经济与环境协调发展的水平进行判断,并发现其中存在的问题。耦合度研究的是不同变量之间的协调变化,而不考虑变量之间的因果关系。只有让系统内部要素之间达到一定效能的协同,才能使系统从无序走向有序,各要素间产生积极作用,彼此相互配合,形成良性耦合。

3. 耦合协调度

耦合协调度是一种定量指标,它是用来衡量彼此耦合的系统之间协调发展程度的大小的。耦合协调度不同于耦合度的概念,因为耦合度只能反映系统中各个要素之间的影响程度的强弱,或者是系统之间相互作用的影响程度,不能直接准确地反映出系统要素之间的关联关系。若想保持系统间可持续发展保持平稳,研究若干系统间存在的良性关系,可以借助耦合协调度来完成。相对于耦合度来说,耦合协调度的综合性比较强,一方面体现了系统之间相互配合的同步程度;另一方面体现了研究对象的整体耦合协调发展水平,反映系统由无序向有序的发展趋势。

耦合协调度是系统或系统内部各要素之间效益或整体功能的大小,反映了一定阶段或不同时期系统的协调状况。耦合协调度是衡量系统协调发展的最为重要的指标,也表示系统综合水平的高低,协调水平越高,耦合协调度越大,系统间相互作用的综合效益也就越大;相反地,协调水平越低,耦合协调度越小,系统间相互作用的综合效益越小。在现实生活当中,我们可以了解到,由于各种自然和人文因素,各系统或要素并不会都表现出相互作用、相互促进的正反馈,从而出现了不同的耦合协调状况。

由于耦合度只能反映和衡量各系统之间相互作用、联系以及相互促进的协调情况,只能表示彼此相互影响程度的强弱,不体现好坏,不能从整体上反映系统协调发展的程度,比如当经济综合发展水平和环境综合发展水平都较低时,得出的经济与环境的耦合度却很高,甚至超过一个系统发展水平高而另一个系统发展水平不高的情况,因此在判断经济与环境协调发展状况时不能单靠耦合度来判断,否则可能会产生错误的判断。而耦合协调度则体现了系统间的相互影响的同步程度,表示系统间相互影响、正向关联程度的大小,以及协调情况的利弊程度。然而经济与环境之间存在内部相互促进的关系,耦合协调度能分析经济与环境发展关系。因此本书引入耦合协调度这一概念,将经济系统与环境系统视为同等重要的系统,将经济与环境相互影响、相互促进发展的过程视为耦合协调过程。根据河北省经济与环境的实际情况,并通过相关指标来构建合理的耦合协调度模型,用此模型来分析河北省经济与环境之间相互促进的程度,促进河北省经济与环境合作协调,实现良性发展。

4. 经济与环境耦合协调发展的内涵

经济与环境的耦合协调发展是指经济系统与环境系统之间以及各系统内部要素之间能够协调发展、彼此促进。协调发展的目的就是要在生态环境的承载力之内发展经济,同时提高居民的生活水平和生活质量。

经济与环境的协调发展一方面体现为不断增长的经济数量,另一方面体现为经济发展的同时生态环境质量不断得到改善。经济与环境协调发展的含义可以从以下两方面来理解。

一是经济与环境耦合协调发展阶段。在这个阶段中,经济发展水平不断提高(虽然经济的发展可能会对环境造成一定的影响,但这种影响一定是在生态环境的承载力之内的),

同时还有不断提高的生活质量以及不断改善的生态环境。

二是经济与环境不协调发展阶段。在这个阶段中包含两种情况,一种为虽然经济发展水平不断提高,但是经济的发展超出了环境的承载力,对环境造成了损害,导致人们的生活质量不断下降;另一种为经济发展非常缓慢,难以满足人们各方面的物质文化需求,在这种情况下无论环境质量是否改善,经济与环境都是不协调的。

五、经济与环境的关系

1.经济发展与环境保护的关系

经济发展与环境保护的关系是经济学、环境科学等学科研究的一个热门课题。1992 年联合国里约环境与发展大会之后,经济与环境协调发展开始受到广泛的关注。但是在实践过程中,对两者相互作用和相互影响的关系,学术界仍然缺乏具体和定量的研究,从而影响着经济与环境协调发展的科学决策。随着经济的快速发展,经济发展与资源环境的关系问题日益成为政府、学术界和广大群众普遍关心的话题。

分析经济与环境的相互作用类型,为解决经济发展与环境保护的关系问题奠定了基础。经济与环境之间是相互作用、相互影响的,按其作用、性质可分为两类:一是正作用,指经济发展和环境发展呈现出相互促进与保障的关系;二是副作用,指经济发展与环境发展之间相互制约和阻碍。根据二者之间相互作用的强弱,可将经济与环境之间的作用关系分为弱相互作用型和强相互作用型,其中强相互作用型又可以进一步分为三类:协调型、失调型和过渡型。

2.经济与生态环境的辩证关系

唯物辩证法认为一切事物、现象和过程都有两个不同的方面,这两个方面相互关联、相互排斥,共处于一个矛盾统一体中。

在经济发展与生态环境这个大系统中,经济与环境是一对矛盾统一体,相互排斥的同时又相互促进、协调发展。具体来看经济与环境这对矛盾统一体,其中经济发展居于主导地位,为改善和提高环境质量提供物质基础和技术支持,同时生态环境是经济发展的基础,为经济的发展提供资源与物质支持。环境是人类及各种生物赖以生存的空间,环境的质量水平直接影响到人类的生活质量水平以及自然资源的存量水平。经济与生态环境之间是一种对立统一的关系,对立关系是指,经济的不断发展和消费水平的提高会向环境中排放大量的污染物,给环境带来不可逆转的危害;统一关系是指,经济的不断发展会增强一个国家或地区的综合实力和科学技术的研发水平,从而为环境质量的改善提供必要的资金和技术支持。

(1)生态环境对经济发展起基础性作用。经济发展和社会生产生活所需要的各种原料和物质资源都直接或间接地由生态系统来提供,所以说生态环境系统对经济的发展起着基础性的作用。生态系统要求在发展经济的过程中要保持经济与环境关系的稳定状态,生态环境对经济发展的速度与效益起着较大的制约作用,而经济系统则通过物质资源的高投入实现经济的不断发展。随着经济的不断发展,经济对自然资源的需求是没有尽头的,但生态系统可提供的自然资源是有限的,因此两者之间就会产生矛盾,如果经济的发展超过了生态环境的承载力,就会导致资源不断减少直至枯竭,最终会使得经济的发展受制于生态环境。

(2)经济发展对生态环境起着主导作用。经济的发展可以提高一个国家或地区的综合实力和科学技术水平,为环境质量的改善提供物质基础和技术支持,而对生态环境进行合理保护、改善生态环境质量反过来会促进经济的发展。例如,一些对动植物资源和湖泊河流保护较好的地区,环境质量就比较好,因为良好的生态环境吸引了国内国外的大量游客,从而带动了当地经济的发展以及各项基础设施的完善。但是从另一个角度看,经济的发展也会对生态环境产生一些不良的影响,因为在经济发展过程中必然会产生废弃物,并且企业如果不能将这些废弃物全部转化为资源进行重复利用,废弃物的排出就会影响环境的质量水平,并且由于生态环境的承载力是有限的,当经济发展产生的废弃物超过环境承载力时,就会产生环境污染问题,严重时会导致环境系统的崩溃,因此经济的发展一定要保持在环境承载力的范围内。

(3)生态系统具有自我调节机制,但是这个调节要控制在阈值范围内,超过阈值的经济增长会导致生态环境的失衡,严重时会导致生态危机。生态系统的平衡会随着物质能量的循环和流动以及生物个体的更新而处于时时变动的状态,不是稳定不变的。当生态系统处于动态平衡时,它能够通过自我调节保持自身的稳定性,利用自身正常的功能消除和克服外在因素对其带来的干扰。同时,由于生态系统在一定条件下所能承受的污染物排放量和提供的资源能源是有限制的,所以经济的发展不能超过这个限制,一旦超过这个限制,生态系统的自我调节功能就会失去作用,造成生态系统的崩溃,甚至发生生态危机,而生态危机一旦出现,就很难在短期内恢复到之前的水平。所以我们必须充分认识到生态环境是一个非常复杂的系统,必须正确处理经济发展与环境保护的关系,在不超过阈值的前提下,充分利用自然资源,提高能源利用效率,以维护生态系统的动态均衡和持续生产力,达到经济与生态环境系统的协调统一。

3. 环境与经济增长的关系

在人类社会发展的初期,由于生产力水平低下,人类对自然环境的破坏相对较小。进入农业文明后,人类已经能够利用自身力量去影响和改变局部地区的自然生态系统,而在创造物质财富的同时也产生了一定的环境问题。“人定胜天”的思想空前发展,鼓励着一代又一代的人去征服大自然,创造文明。18 世纪工业文明兴起之后,人类经济活动对自然环境的影响越来越大,工业“三废”污染问题日渐突出,到 19 世纪中叶已成为相当严重的社会问题。近几十年来,环境问题日趋严重,经济的蓬勃发展使废弃物充斥着全球环境,对资源需求的增加严重破坏了地球表层的生态环境。若按照目前的增长方式继续下去,不但自然环境承受不了这样的增长结果,经济也会停止增长甚至衰退,而且生命之网会在环境破坏中逐渐被撕破,生命将无法存续。而持续生存是人类作为一个物种存在的最大利益,这种利益与整个生态环境的完好程度密切相关,所以,环境的破坏必然会严重影响人类持续生存的能力,经济自然也会因此停滞或衰竭。

在不断追求经济增长过程中，若不能正确处理好经济增长与环境破坏之间的矛盾，人类就不会因为经济增长而得到更多的福利，甚至可以说，人类不仅是在追求一个永不能实现的梦想，而且是在走向这个梦想的反面，经济的持续增长、社会的永续发展将是一个永不能实现的空想。

随着社会的发展、科学技术的进步和人口的不断增长，人类对自然界的干预能力逐渐加强。同时，人类的生产活动，也可以影响自然界的状况。当人们按自然的规律办事，合理利用和改造环境，就可能使环境质量不断提高；反之，若违背客观规律，一味按照自己的意志办事，就会使环境系统出现恶性循环，环境质量不断下降。这说明经济发展对环境的变化能起主导作用，但不是决定作用。

良好的资源和环境系统可以为经济活动提供良好的环境条件，可为经济系统提供更多资源，也可容纳经济系统产生的更多废弃物，从而促进经济的发展。经济实力增强了，人们就可以拿出更多的剩余产品用于环境建设和环境治理，如建立自然保护区、对废弃物进行治理等。同时，随着经济的发展和人们生活水平的提高，以及对良好环境条件的需求越来越强，人们会主动地保护环境、改造环境，使环境质量不断提高。由此可见，资源环境和经济既有其矛盾的一面，又有其统一的一面，只要正确处理二者的关系，充分利用资源环境与经济相互促进的一面，就可以做到资源与经济二者协调发展。

4. 环境与经济可持续增长的关系

人们从对大自然的顶礼膜拜到对技术的自信和对“人定胜天”的执着，进一步到对协调发展的认知，是一个艰难的认识、实践、再认识、再实践并仍在继续的漫长过程。现代经济、社会的发展越来越依赖环境系统的支撑，没有可持续的自然环境作为保障，就不可能实现经济可持续发展。

由于环境系统固有的不确定性和不可逆性，一种环境功能一旦丧失，往往难以复原，并可能造成非常大的损失，所以可持续发展必须承认自然环境的价值。这种价值不仅体现在环境对经济系统的支撑和服务价值上，也体现在环境对生命支持系统的不可缺少的存在价值上。应当把生产中环境资源的投入和服务计入产品成本和价格中，并逐步改善国民经济核算体系，“绿化”国内生产总值。为了全面反映自然资源的价值，产品价格应完整反映三部分成本：资源开采或获取的成本；与开采、获取、使用有关的环境成本（环境净化成本和环境损害成本）；由于当代人使用了某项资源而不可能为后代人利用的效益损失，即用户成本。

产品销售价格应是这些成本加上利税及流通费用的总和，最终由消费者承担。经济可持续增长必须以自然环境为基础，同时与环境承载能力相协调。其可持续性可以通过适当的经济手段、技术措施与政府干预得以实现，目的是减少自然资源的耗竭速率，使之低于资源再生产率，同时尽可能避免废物和废能量的产生，使单位经济活动所产生的废物数量尽可能减少。在经济活动中应当全面考虑自然资源、自然环境的影响，保持环境特征的稳定性，特别要稳定大气中的温室气体排放量，防止气候变化，停止排放消耗臭氧的物质，保护臭氧层；要注意保护重要的生态系统，维持生物的多样性；必须使可更新资源的开采量小于或等于其增值量，以达到某一预定的数量规模，培育可更新资源的再生能力；在消耗不可更新资源时，应将维持资源的最低寿命期和开发替代品结合在一起；要控制排放到空气、水域和土壤中的污染物数量，不能超过吸收介质的吸收、中和及循环能力；此外，必须将经济活动可能引起的环境风险控制在最低水平，禁止使用威胁生态系统稳定性的技术。

六、经济与环境协调发展

随着经济增长速度的加快，生态环境与经济增长的相互影响作用越来越突出。发展经济学认为，经济增长的要素除了劳动力、资本、技术外，还包括生态环境，生态环境是经济增长的动力和源泉之一。所以正确处理经济增长与生态环境协调发展的关系，不但关系到人类的生存发展，也是解决生态环境问题的根本出路。因此，有必要运用经济增长理论演进观点分析生态环境与经济增长之间相互影响及协调发展的机理。

1. 经济与环境协调发展的内涵

经济与环境的协调发展，一方面是指经济的发展只有与环境的发展保持协调，才能保证经济的持续稳定发展；另一方面，是指在经济发展过程中，要正确处理好经济发展与环境保护的关系，经济与环境是可以协调发展的。

经济与环境的协调发展，是环境保护的基本要求。经济发展是衡量人类生活水平高低的标准，而生态环境的保护则是关系到人类能否生存发展的问题。因此，要想获得经济的持续发展就需要保护环境。经济与环境的协调发展，是“社会—经济—环境”系统实现良性循环的中心环节，经济与环境的协调发展，除了经济发展之外，还包括生态发展和人类自身的发展。经济与环境的协调发展要求发展经济和保护环境之间要有一个协调关系，既要保持经济适度的增长，又不能以牺牲环境和浪费资源为代价。从某种程度上说，经济增长为环境保护的投入提供了物质基础，而良好的环境又为经济的可持续发展增添了动力。

2. 中国的经济与环境协调发展

中国是一个发展中国家，经济发展带来的资源环境问题日益突出，处理好经济发展与环境保护关系问题是一项复杂、艰巨和长期的任务。其中，必须始终贯彻经济与环境的协调发展战略。工业化国家曾经走过的“先污染、后治理”的老路是失败的，中国不能再继续走这条路。事实上，牺牲环境和资源获得的经济发展是不可持续的，是有一定限度的。“举债式”的经济发展必然会阻碍经济的持续发展。但若是因此将大量的资金用于环境保护，反而会放慢经济发展的速度。如果这样，不仅会随之产生一系列的社会问题，使环境保护失去持久的经济支持能力，同时也不利于环境保护的发展。

3. 经济与生态环境协调发展特征

（1）结构稳定与功能协调

结构稳定与功能协调是指使经济系统与生态环境系统之间及两系统内各要素间按照一定数量和结构所组成的相对稳定的结构和具有相应的功能。它是两系统协调发展的最重要的体现，是判定二者是矛盾还是和谐一致的标准。经济与生态环境按照一定比例和结构共同构成一个稳定的系统，在这个稳定环境中进行经济活动、改善生态环境等。

(2)经济效益与生态效益相统一

经济效益与生态效益双赢是经济与生态环境协调发展最直接的外在表现，也是判别两者是否协调的量化指标。若为了实现经济效益而牺牲生态效益，称为不协调，生态效益指数小于经济效益指数，称为生态环境滞后经济发展。

(3)整体协调

经济与生态环境协调发展系统是一个包括人、经济、生态环境的复杂的大系统，它强调系统的整体功能和功效，表现出达到最佳整体效应状态，绝不是各要素的简单拼凑，而是各要素之间关系融洽，整体功能大于其各组成部分的功能之和。

(4)空间协调

经济与生态环境的协调研究对象包括国家间、区域间及区域内部要素，经济与生态环境的协调在不同地域空间有明显的地域性和空间差异，但空间协调是指在不同区域、不同部门间经济发展与生态环境的有机组合、和谐一致，即一个地区和国家，甚至整个地球作为一个有机的整体，经济与生态环境具有空间协调的特点。

(5)约束协调和动态协调

约束协调是指经济与生态环境两系统按照所确立的结构互相制约着发展，经济发展不能超出环境的承载能力和容量，同样生态环境不能脱离经济发展，不能为了生态环境而不发展经济。动态协调是指经济发展与生态环境组成的系统是一个需要经历时间从协调到不协调再到协调动态演化的过程。这个过程实质是一个由低级到高级、由量的积累到质的飞跃的过程，是一个周期过程。

七、环境和经济系统构成

1.资源环境系统

自然资源是指广泛存在于自然界的能为人利用的自然要素。诸如土地、水资源、矿物、生物资源等。自然资源是人类生存的物质基础、生产资料和劳动对象。根据资源的可更新性，自然资源可以分为可再生资源和不可再生资源。可再生资源是存量可以持续补充的资源，如水资源、森林资源、土壤资源等。不可再生资源的存量是固定的，今天开采得越多，明天可供开采的就越少，如石油、天然气、煤、铁等矿产资源。

经济发展推动着人类发展，而资源则是经济发展的基本要素。经济发展离不开自然资源，无论是人类从事生产所必需的生产资料，还是人类为满足自身消费而生产的生活资料，二者都来源于自然资源。自然资源是影响经济发展的一个重要条件和要素，在一定社会经济发展阶段，自然资源对国家或地区劳动地域分工、经济发展特点与方向、劳动生产率都有重要的影响。在同样的社会生产方式条件下，自然资源对采矿业和农业布局的影响是决定性的。加工工业也深受自然资源的影响。人类能利用自然资源，但不能违反自然规律。

环境是人类赖以生存和发展的条件。它为人类活动提供空间和载体，对人类经济活动产生的废物和废能量进行消纳与同化。自然资源与自然环境，是人类社会的基础性共享资源。自然资源无不以特定环境之中的某种形态而存在，并充当着环境的载体或物质—能量交换、传递和转移的介质，因而两者之间存在着彼此作用与融为一体的关系。自然资源与自然环境是一个事物的两个侧面，两者之间并不存在截然区分的界限，自然资源与自然环境可以相互转化，都具有双重性。自然资源与自然环境之间存在连带性和孪生性，是引发资源与环境、资源环境与经济—社会发展之间错综复杂的连锁反应的决定性因素，人类开发活动恰当与否，则是决定这些错综复杂连锁反应方向的主导力量，如果开发活动不当或超过最大允许开发总量，势必造成自然资源的流失和衰竭，带来环境污染和生态破坏，并最终导致人与自然的对立。人类在谋求经济社会发展而开发利用多种自然资源的时候必须找到促进人与自然和谐发展、与自然资源相协调的途径。

2. 经济系统

经济系统是一个由国家或地区所有生产部门、流通部门和其他非生产部门所构成的整体，是区域协调发展系统的关键内容。实现区域协调发展的关键是在达到经济社会发展目标的基础上不断减少资源的投入及控制各种污染物的排放，通过调整优化区域产业结构实现少投入、多产出。经济系统与其他系统的关系是十分密切的，比如，经济系统与资源环境系统的耦合意味着区域经济发展模式适应了当地资源的特点，可维持较好的环境质量；经济子系统与人口系统的耦合意味着经济在良性循环的条件下，人的需求能得到不断的满足。

3. 生态环境与经济系统要素结构

生态环境和经济系统通过物质、能量和信息的流通转化而相互作用，两者组成要素紧密联结，逐步结合成一个整体，在生态环境与经济协调发展的过程中，两个系统的结构和功能的统一是实现物质流、能量流、信息流持续运行的重要途径。物质流有自然物流和经济物流两类，自然物流是以物质的物理、化学和生物变化为过程的功能体现，经济物流由社会再生产的生产、交换、分配和交换四个环节推动，并以产品、商品和消费品的物质形态出现。经济系统离不开经济运行机制，经济运行机制是协调经济过程的经济机理的总称，存在于再生产的生产、交换、分配和消费的全过程，并且经济各构成要素之间相互联系，而不是一个孤立的要素。

生态环境和经济系统维持运行及发展都离不开能量。能量来源主要是生态环境系统中的生物质能，如木材；自然生态环境中的化石燃料，如煤、石油；自然界流动的能量，如太阳能、风能、潮汐能；等等。生态环境经济系统的信息流是以物质循环和能量转化为载体，实现信息的获取、储存、加工、传递和转化的过程。

生态环境—经济系统由四个部分组成，并且这四个部分之间存在着竞争、协作的关系：一是非生物生态环境，即自然资源初始条件；二是生产者，包括初级生产者和对产品进行深度加工的高级生产者；三是消费者，依靠自身运行发展而产生生产力和服务功能的行业；四是分解者，对产生的副产品和“废物”的转化、再利用等。生态环境与经济系统各要素间相互影响并协调发展使这两个系统内部各要素组成之间互相依赖，保持最佳的比例结构关系，而且这些结构的发展变化受内在规律的制约，使得生态环境与经济结构组成的系统不断地从不协调走向协调，经过一定周期以后，又会再次从协调走向不协调。

4. 生态环境与经济系统协调发展的特征

第一是综合性。两个系统的协调发展更侧重于整合各项经济活动的生态效率，注重生产、流通、消费全过程的资源节约。强调宏观经济增长模式的转变，在转变中将各种生态环境经济信息和生态环境经济利益综合起来，体现两者的动态演进变迁。

第二是全面性。两者的协调发展把经济和生态环境主体结合起来，体现统筹发展的思想，根据经济目标的多元性和生态环境效益的整体性，在解决经济增长和生态环境问题两方面矛盾的基础上，实现生态环境末端治理到全过程控制的变革。

第三是平衡性。协调扩张型经济增长机制与稳定型生态环境机制相互适应，以达到平衡状态，两者的协调发展体现在生态环境成本约束条件下，投入生态环境要素要平衡，进而使得经济产量和利润等多种产出综合整体最优。

第六节　理论基础

一、可持续发展理论

“可持续”一词来源于拉丁语，是“保持下去”或“保持、继续提高”的意思。可持续发展思想的萌芽最早可以追溯到20世纪五六十年代，那个时候开始，工业化进程对生态环境造成的压力越来越大，进而爆发了一系列国际性的环境公害事件，对自然资源的需求急剧增加，使得自然资源的供给能力与人类发展的需求之间出现了严重不平衡。这激发了人们的环境保护意识，人类开始认识到环境问题对于经济发展的重要性，进而反思自身的经济增长方式，提出了一些革命性的观点。但从广义的角度来说，可持续发展是在可持续性概念的基础上延伸而来的，是指既满足当代人的需要，又不对后代人满足其需要的能力构成危害的发展，该定义也被定为我国的基本发展战略。遵循着公平性、持续性、共同性的原则，其中公平指的是机会选择的平等性，包括同代人间的横向公平性、世代人间的纵向公平性和公平分配有限资源。可持续性是指生态系统受到某种干扰时能保持其生产率的能力。共同性是指虽然各国历史、文化和发展水平存在差异，可持续发展的具体目标、政策和实施步骤不统一，但可持续发展作为全球发展的总目标，所体现的公平性和可持续性原则是共同的。它体现了人类与客观物质世界的相互关系，其实质是在发展过程中精心维护人类生存与发展的可持续性。可持续发展理论的最终目的是达到共同、协调、公平、高效、多维的发展。

1987年，可持续发展概念在联合国世界与环境发展大会上被首次提出，此后该理论便逐渐在全世界范围内引起了极大重视，世界各国的专家学者也对该理论不断进行深入发掘。20世纪70年代，随着工业化进程的加快，经济的快速发展导致对自然资源的需求不断增加。经济发展速度的加快，对自然环境的负影响越来越大，自然资源的有限性与经济发展的无限性之间的矛盾也越来越尖锐。一系列的社会发展问题使人们逐渐认识到不能把社会、经济和环境分裂开，因此，人们开始逐渐意识到保护环境对经济发展的重要性，环境保护的相关问题也越来越受到社会各界的关注,可持续发展的思想不断深入人心。

可持续发展的内涵主要包括两方面,一方面是可持续发展以发展为核心。可持续发展强调发展的必要性,离开了发展,可持续发展就无从谈起。必须通过经济增长提高当代人的福利水平,才能最终打破贫困加剧和环境破坏的恶性循环。但可持续发展不仅重视数量的增长,更追求经济增长的质量,是在不破坏资源、不牺牲环境质量的前提下增加社会财富。这就要求在生产中采取清洁的技术、减少浪费、少排或不排废物,从根本上转变对经济增长的认识。因此在可持续发展中,经济发展只是条件,社会发展才是目的。另一方面是可持续发展以协调为目标。协调包含人与自然的协调、人与人的协调。经济与社会发展不能超越资源和环境的承载能力,必须考虑生物和非生物资源基础。资源与环境是人类生存与发展的基础和条件,在实现经济社会发展的同时,必须保护生态环境,实现人与自然的协调。人与人的协调包括代内公平和代际公平,代内公平从国际上看要抓住发展中国家利用资源与发展的机会,从国内看要使广大民众有均等的发展机会,以实现他们好好生活的愿望。代际公平是当代人不能因为自己的发展而损害人类世世代代满足需求的条件。

由此,可持续发展包括生态持续、经济持续和社会持续,它们之间互相关联而不可分割。生态持续是基础,经济持续是条件,社会持续是目的。对于不同的系统,发展所追求的目标是不同的。对于单纯的经济系统而言,发展的目标是经济总量的持续增加和效益的最大化;对于生态环境系统而言,发展的目标是追求生态环境系统的整体性,要求在生态系统的承载能力下,合理使用资源,提高环境质量;对于社会系统而言,发展的目标是追求社会均等,包括广大公众的参与,社会的流动性大以满足不同需求的人做出最佳选择,每个人有权利做出自己的选择。这三个子系统要相互协调,强调子系统之间的相互联系、相互影响和相互促进,从而达到社会、经济和环境的协调和可持续发展。经济与环境的协调发展,是社会—经济—环境系统实现良性循环的中心环节。经济与环境的协调发展,除了包括经济发展以外,还包括环境发展和人类自身的发展。

可持续发展重视人与生态环境之间的协调性,强调资源与环境是人类生存、发展的基石,在经济发展的同时要保证人与自然、环境的关系不可分割。在我国,党中央的会议精神中提到的“建设资源节约型、环境友好型社会”的奋斗目标,正是对可持续发展理论做出的实践。可持续发展理论涉及经济、社会、文化和自然环境等多个方面,是一门综合性理论。经济可持续发展是指在加速发展经济的同时不能以牺牲环境为代价,发展经济既要注重高速发展又要注重高质量发展,将高污染、高能耗、高投入的粗放经济发展模式改善为节约、绿色、高效的发展模式。社会可持续发展是指更加注重社会公平公正,营造一个自由平等的社会环境,改善人们的生活环境,逐步缩小贫富差距,消灭贫困。生态可持续发展是指人类在发展过程中,对自然资源要进行合理开采和利用,注意保护和改善地球的生态环境,兼顾地球的承载能力。可持续发展理论注重发展各要素之间的公平性,强调发展与环境相互达到协调,它的终极目标是建立一个以人为本的和谐的复合系统。将新的发展观与现实需要相结合,保护各方利益,促进社会和谐发展。可持续发展理论的本质含义有以下几方面。

(1)经济发展是可持续发展的基础。可持续发展要求的是在不对环境造成损害的前提下，保证经济的持续健康发展，实现经济与环境的协调发展。这并不是要停止经济的发展，尤其是欠发达国家更需要经济发展，因为通过经济的发展能提高国家的综合实力水平，为改善环境和摆脱贫困状态提供物质基础和技术支持，打破经济与环境不协调发展的恶性循环。

（2）持续发展是可持续发展的关键。可持续发展要求的是一个国家或地区的经济发展、社会进步要在资源环境的承载范围内，不能超过这个阈值，不能以损害环境为代价来获得经济的发展，保证对资源、能源的可持续利用。这就要求我们在经济发展过程中要积极转变发展方式，研究新技术，用可再生资源代替不可再生资源，从根本上保持经济的持续发展。

（3）全面发展是可持续发展的目标。可持续发展涉及的面非常广泛，不仅包括资源、环境等自然方面，还包括人口、经济等社会方面。世界上不同国家或地区的发展水平是不同的，即使各国的发展目标以及发展阶段不同，但可持续发展的最终目标应该是相同的，都应当以经济发展可持续、环境质量不断改善、生活水平不断提高为目标，给人们提供一个自由、和谐和平等的社会环境。

可持续发展理论包括三方面的内容，即经济的可持续发展、生态环境的可持续发展和社会的可持续发展。经济的可持续发展是指经济的增长不仅要注重量的增长，更要重视质的提升，因此可持续发展理论要求转变经济的增长方式。在本书的研究中，河北省的经济增长要从“高消耗、高投入和高污染”的生产方式向通过提高劳动者素质来提高产品质量的集约型经济增长方式转变；在生态可持续发展方面，经济的发展要兼顾生态环境的保护，以保证资源的利用在可控的范围之内；在社会的可持续发展方面，要通过经济的发展和生态环境的改善提高人们的幸福指数，从而创造一个平等、自由、和谐的社会环境。可持续发展理论可以概括为在保持生态环境可持续能力的前提下，尽力实现经济的发展、社会的公正，即追求经济系统、自然系统和社会系统的持续稳定发展。

二、协调发展理论

协调发展理论是在可持续发展理论的基础上逐渐演变出的核心理论，既包含协调又兼顾发展，是“协调”与“发展”的有机结合。协调发展是在遵循客观规律的基础上，在人类社会发展过程中，使系统与系统之间及其内部组成要素之间朝着理想状态演进，系统之间或者内部组成要素之间配合合理、和谐一致、相互作用以达到经济效益、社会效益与生态效益的综合发展。实现系统或要素之间由简单到复杂、由低级到高级、由无序到有序的多元良性循环，使各系统目标协调发展，形成相互推动的作用关系，最终达到最优的总体效应。

协调发展理论是经济学中最具代表性的学科领域的应用，该理论强调，在认识自然、尊重自然发展规律的基础上使人类的主观能动性得到充分的发挥，强调人的进步与环境演变的关系。随着人类需求的增加，诸多学科间交互研究频繁，协调发展理论在多学科交叉领域的应用范围不断扩大。该理论在生态经济学领域中的应用是最具有代表性的，本书主要研究京津冀协同发展背景下河北省经济与环境协调发展，将经济与生态放在一起进行研究,发现经济与生态间互相作用的关系,以实现经济与生态共同发展的最优组合。从而推进人与自然和谐相处,既能使人类的需求得到满足,又能推动整个社会协调发展。

三、区域协同发展理论

协同论亦称“协同学”或“协和学”,是由 H. Haken(1970)创立的。其之后于 1977 年发表《协同学导论》,从而建立了协同学基本理论结构。协同论的内涵主要是协同,其实质就是研究某个系统中的各个子系统怎样在相互协同的作用下从无秩序变为有秩序的过程。目的是使各个子系统通过系统中各种要素的协调进而使整个系统超过各子系统的功能之和。协同论一般认为,人类社会和自然界是由各个子系统组成的复杂系统,并且组成这个子系统的各要素之间的联系和发展是无序的或者是有序的,有序的联系和发展体现的就是系统之间各要素的协同关系,而无序的联系体现的是系统之间各要素的混沌关系。这种有序的或者是无序的联系和发展在一定条件下是可以相互转化的,有序的联系和发展可以转变成无序的联系和发展,反之亦可。协同论的意义就是研究如何使系统之间的各个要素协调合作,从而使系统的整体效能大于系统中每个要素功能的简单之和。协同发展是指协调两个或者两个以上的不同资源或者个体,相互协作完成某一目标,达到共同发展的双赢效果。

协同发展理论是协调发展的前提,是实现社会可持续发展的基础。协同发展论认为某种物种的灭绝不是另一物种胜利的附带产物,物种的胜利是与物种的进化共同形成的,也就是共荣共存。协同发展是各地域单元和经济成分之间进行高度有序的整合,有统一发展目标和统一规划,具有高效的协调机制和严谨的运作机制,可实现“一体化”运作和共同发展,强调区域之间的生态环境要素相互开放、合理流动,经济共同体之间形成明确的分工与协作,各区域之间相互关联、相互依存,通过区域之间的合作、支援和帮扶来促进区域生态环境与经济增长的共同协调发展。

协同发展的原则主要有多样性原则、竞争的公平性原则和协同性原则,采用多种形式进行公平竞争,不以优胜劣汰为目的,在同等生存条件下发挥各自组成成分的特长优势,以“同向促进、共同进步”作为协同发展的目的,全面促进生态文明建设。生态环境与经济增长协同发展的目的是实现从不平衡到平衡再到新的不平衡和新的平衡,协同发展的本质是为了协调发展,追求的是生态环境与经济增长相互影响且不断达到均衡点的整体最优化状态。生态环境与经济增长的协调发展建立在协同发展的基础之上,对于西部落后地区而言,潜力和发展空间大,共享或利用发达地区的资金、技术,管理与市场开拓能力等有利条件和要素,能大大加快西部区域发展速度,逐步缩小与发达区域的经济差距。西部地区可以进行生态环境协同治理,加强生态环境治理的区域合作,也可以通过协同开发资源,真正地变资源优势为经济优势。从生态环境经济政策横向关联关系来看,主要表现在区域各省份生态环境经济政策、技术政策、管理政策之间的协同性,即技术政策要以经济政策作为实施的手段和物质条件,管理政策为经济政策和技术政策的实施提供对策措施等方面的保障。

区域经济的系统发展体现的则是组成某一个区域之间的各单体经济要素在一定条件的调整下相互协调，从而实现区域经济合乎规律的发展。通过各单体经济要素之间的相互协调达到某个经济区域的经济系统、生态系统和社会系统的可持续发展。所谓区域协调发展指的是一定地区中的各个部分地区在社会、经济、环境等系统内部所达成的协同与共生状态。通过整合，将该区域内各个资源和要素进行高效、有序的配置，构建最优的发展模式，从而实现区域的整体性功能大于单个地区主体功能之和，一定程度上促进该区域协同发展。

协同发展理论已被当今世界许多国家和地区确定为实现社会可持续发展的基础。区域协同发展是中国共产党第十六届三中全会提出的“五个统筹”之一。其具体内容为：积极推进西部大开发，振兴东北地区等老工业基地，促进中部地区崛起，鼓励东部地区率先发展，继续发挥各个地区的优势和积极性，通过健全市场机制、合作机制、互助机制、扶持机制，逐步扭转区域发展差距拉大的趋势，形成东中西相互促进、优势互补、共同发展的新格局。京津冀地区是以首都为核心的世界级城市群，战略地位十分重要。京津冀三地作为一个协同发展的整体，以疏解非首都功能、解决北京“大城市病”为基本出发点，调整优化城市布局和空间结构，构建现代化交通网络系统，扩大环境容量、生态空间。

区域协同发展是涵盖了多维度因素的一个极其复杂而又丰富的庞大体系，同时这些因素内部又交织成复杂的关系网，协调各个分散子系统构建相互协调支持的循环系统。本书的研究对象京津冀协同发展已演变成一项国家战略，在区域协调发展理论的指导下，可以将京津冀看作一个总系统，北京、天津、河北分别是构成总系统的子系统。在研究中我们充分认识到单靠子系统的力量来适应和改变新环境太慢且困难，作为子系统的河北省，在北京和天津的带动下，在京津冀协同发展总系统的影响下，必然会朝着有序方向发展。同时推进整个区域产业升级，打造现代化新型首都圈，形成京津冀协同发展新格局。

四、生态经济学理论

生态学是由德国生物学家 E. hacekle 于 1866 年提出的，比生态经济学的出现大约早一百年。而生态系统的概念是由生态学家 A. G. Tansley 于 1935 年提出的，并为生态经济学的产生奠定了理论基础，生态系统思想的产生启发了人们将经济系统和生态系统作为一个整体来考虑。紧接着在 20 世纪 60 年代后期，肯尼斯 · 鲍尔丁首次正式提出生态经济学理论。所谓的生态经济学就是将经济系统和生态系统结合起来的复合系统，主要任务是研究这个复合系统的功能、结构及其运动规律。生态经济学是经济学和生态学结合而成的一门边缘学科，但是它又有别于一般的生态学和经济学，并不是经济学和生态学的简单组合。生态经济学的提出是在对新古典经济学进行变革性思考的基础之上，从生态系统和经济学的角度综合出发来研究经济的发展对环境所产生的影响，生态经济的本质也就是循环经济。生态经济学是根据社会现实问题和解决问题的需要而新兴的交叉学科。尤其是在当前全球环境严重污染的背景下，生态经济学应运而生，生态经济学的出现为解决全球的生态环境污染问题提供了新的思路和方法。如何通过运用经济学的理论和方法来改善生态环境问题已成为当前生态经济学所研究的重点课题。总的来说,生态经济学是20世纪六七十年代形成的一门跨生态学和经济学、自然科学和社会科学,相互交叉、渗透与有机结合的一门新兴的交叉边缘学科,具有综合性、整体性、战略性和实用性的特点。生态经济学理论是在环境恢复与重建中的应用,以实现可持续发展为目标,作为新兴学科吸引了不少经济学家和生态学家投入这一学科的研究与应用。其在现代化建设中发挥了重要作用,取得了令人瞩目的成就。

近年来,随着研究的深入,生态经济学理论不断发展与完善。在产业层面上,研究内容逐渐由农业过渡到工业和服务业方面,从生态保护逐步过渡到生态恢复与建设方面;在地域层面上,生态研究从最初的单独生态村研究,逐步过渡到包含生态县、生态市和生态省的较大范围的研究;在协调发展层面上,从研究生产者的行为过渡到研究消费者的行为以及区域资源、生态经济研究等方面;在宏观层面上,研究理论从生态平衡理论过渡到协调发展理论以及可持续发展理论。生态经济学经过无数次的修改与发展,逐步成为一个完善的包含理论和方法的学科体系。生态经济学是生态学的一个重要分支学科,其三个基本理论基础是生态经济系统、生态经济平衡和生态经济效益,它们之间的影响是双向的,既相互联系又相互制约。近年来,生态经济学理论缓解了经济发展中各种生态与经济间的矛盾,也使人们清楚地认识到生态经济学理论是人类物质生活中的福祉,更重要的是其对人类与自然系统间的复杂联系有更深刻的认识与理解,通过这种认识与理解,可建立一个资源合理分配、生态可持续发展的和谐世界,为人类提供舒适宜居生存环境的同时,也保障了人类生命的延续。

社会经济发展过程中,生态经济学理论在实践中不断修改与完善,形成了自己的理论体系,并且能够用来解决经济与环境不协调发展的问题,具体表现在:第一,它体现了生态时代的基本特征,其目标是实现生态社会中经济社会的可持续发展,其动力是实现生态社会中生态与经济从不协调到协调发展;第二,生态与经济协调理论以兼顾生态与经济两个方面的要求和指导生态与经济的协调发展为基本特色,其关键在于以生态与经济协调理论为基础,如生态与经济双重存在的原理,生态与经济整体统一的原理,生态经济良性循环的原理和经济、生态、社会三个效益统一的原理,等等,都是以生态与经济的结合来构建的,并以生态与经济的协调作为其基本理论特色。生态经济学注重在宏观上把控生态系统与经济系统的发展方向,将自然因素合理运用到经济发展中去,在追求近期效益的同时不能忽视长远效益,注重满足人类物质需求与保护自然资源同步进行,不断探究平衡生态环境与区域经济之间的发展,促进生态经济建设。

五、循环经济理论

循环经济理论是在20世纪60年代提出的,主要应用于化工、经济、社会等领域。学者通常认为循环经济是自然生态规律指导下的一种经济发展模式。循环经济的定义是指在人、自然资源和科学技术的大系统内,在资源投入、企业生产、产品消费及其废弃的全过程中,把传统的依赖资源消耗的线性增长的经济,转变为依靠生态型资源循环来发展的经济,是物质循环流动型经济。传统的经济发展模式是“资源—产品—废弃物”单向的线性经济，通过毁坏生态环境来发展经济，使得人类社会与生态环境之间的发展是相互对立的，导致经济发展具有不可持续性。而循环经济则是一种符合自然规律的新型经济发展模式，其经济发展模式为“资源—产品—再生资源”。自 1992 年联合国环境与发展会议召开以来，人们普遍认为发展循环经济是实现可持续发展战略的最重要、最必不可少的手段。循环经济要求在保持经济发展的过程中尽量减少对环境的损害，并且通过对资源的循环利用获得最大化的经济效益。经济发展与生态环境的不协调会导致资源环境压力比较大，而循环经济在这样的发展背景下应运而生，既在经济技术范式上有创新，也是一种新型的经济发展模式。可以从经济与技术两个层面来分析循环经济，从经济层面来看，循环经济把自然资源和环境视为稀缺资源，因此要求企业的获利与社会的生产成本保持一致；从技术层面来看，循环经济通过技术创新、提高技术水平实现废弃物的回收与利用，从而实现企业的清洁生产与资源节约。循环经济在本质上是一种生态经济，是相对于传统的开环式经济而言的，是以资源、能源、废弃物的循环利用为特征的，通过污染物的低排放甚至零排放达到改善环境的目的。循环经济通过生态学规律来对人类社会的生产生活进行指导，并且把资源的重复利用、企业的清洁生产、居民的可持续消费融为一体，促进经济与环境协调发展水平的提高。

循环经济理论深入贯彻可持续发展理念，以环境和资源为核心，是一种合理的、友好的资源利用方式。循环经济从形式上看是封闭的物质循环流经济，本质上是一种生态经济学，用生态经济规律来指导经济活动。以自然生态系统的先在性为前提，遵循生态规律的生态经济学。循环经济的发展原则为“3R”原则，即减量化（Reduce）、再利用（Reuse）、再循环（Recycle）。减量化是指最大限度地减少对不可再生资源的开采和利用，注重清洁绿色生产，减少资源在生产中的投入。再利用是指资源在使用过程中应该尽量反复利用，最大限度地发挥排放废弃物的利用率，延长资源的利用期限。再循环是指最大程度控制污染物排放量的同时，实现对产生的废弃物进行循环利用，减少最终废弃物的排放总量。

循环经济理论发展的关键在于加速经济转型，取代传统经济模式。它是一种综合性的经济发展模式，将资源开发与绿色生产相结合，同时注重循环利用废弃物，使得资源在经济活动中的效能实现最大化，扭转以牺牲环境换取经济增长的发展模式。循环经济通过减量化、再利用、再循环来稳定经济与环境的协调关系，坚持实现可持续发展的经济增长模式。

六、环境经济学的价值理论

环境经济学这门学科最早兴起于 20 世纪五六十年代，是伴随着当时日益严重的环境问题而产生的，其实质是运用经济学的原理和相关方法来研究自然环境的发展和保护的经济学分支学科。环境经济价值理论就是使环境价值与经济价值融合、共生和兼顾的特殊价值形式，它反映了环境成本与经济核算、环境价值与经济价值、投入与产出的关系。由此基点出发，环境经济价值论更有力地维护了劳动价值所体现的自然生态环境与经济社会的属性。在计算生态环境效益时，把劳动价值区分为有益和有害的，把产值区分为有效和无效的,并非所有抽象劳动量或社会必要劳动量对消费者和社会都是有益的,当它的载体即某些具体劳动或使用价值造成生态环境污染和破坏时,那么这一类价值就是有害的,它最终还要由社会抽象劳动创造的价值来补偿。同样,计入总产值中的某些产品,如果它的生产过程造成生态环境污染,那么这一类产品所计算的产值则是无效的,因为清除这类环境污染物,还要耗费产值。

环境经济价值,旨在缓解其背后所掩盖的深层次的社会矛盾,即经济发展过程中生态环境权和发展权的矛盾,突出表现为与经济增长的不协调性。当人们发现环境经济化的初衷在于缓解不同行政主体之间和不同利益主体之间的生态环境矛盾,应用环境经济价值理论就发挥了应有的作用。

经济运行的系统性转变需要生态环境资源配置机制的转换,这一切都要建立在对生态环境价值的科学评估之上。从环境经济价值这个基点出发,观察经济发展与环境价值评估的互动联系,并由此建立环境成本与环境经济价值的对应关系,借助环境成本的内生化来了解生态环境价值与经济价值在生产、交换和消费等诸环节中发生、发展、变化的态势,以求找寻到生态环境和经济社会协调发展的内在规律与实现形式。

环境利益和经济利益的市场交换机制体现了环境经济价值理论。环境经济价值的交换就是环境经济利益在市场中的分割,有效的市场机制是连接环境经济价值生产与实现的桥梁,一个维护着价值客观性的市场机制要求生产者与消费者公正地评价生态环境经济效用,所以在生态环境与经济增长相互影响以及协调发展的进程中,建立以环境经济价值创造为核心的经济运行体系是至关重要的。

作为一门交叉学科,其基本理论包括环境外部性理论、科斯定理和产权理论等。

外部性理论由著名经济学家马歇尔在其著作《经济学原理》中提出,后来由其学生庇古加以丰富和发展。从经济学角度来分析外部性就是生产者和消费者的活动对其他生产者和消费者产生的非市场性影响,这种影响既可能是有害的,也可能是有益的。其中对被影响方有利的外部影响称为正外部性,对被影响方不利的外部影响被称为负外部性,而环境外部性理论认为环境污染会产生负外部性。

科斯定理认为,在产权明晰、交易费用为零的情况下,不管初始产权如何配置,通过市场的自由交易都会达到资源的最优利用,从而消除外部性。

产权理论认为产权包括狭义的所有权、支配权、占有权、转让权、收益权以及使用权。产权形式包括私有产权和共有产权,而之所以会出现环境问题,就是因为环境资源对于人们来说属于共有财产,由于共有产权具有非排他性特点,从而产生了诸如“公地的悲剧”的环境问题。

环境价值是环境—经济系统所要研究的核心问题。传统价值观认为没有劳动参与的东西没有价值;不能进行市场交易的东西没有价值;环境资源既没有劳动参与,也不能进行市场交易,所以没有价值。传统价值观在环境问题上存在一些不足。

(1)不适应价值观念的发展:导致资源耗竭、环境污染和生态破坏;

(2)不适应财富概念的扩展:难以通过政策和市场手段对作为自然财富的环境资源进

行有效配置和合理利用;

(3)不适应发展战略的进步:不符合科学发展观和可持续发展理论对资源环境的要求;

(4)不适应国民经济核算方法的革新:传统的核算方法只计劳动创造的价值,不考虑环境资源的价值,需要革新。环境资源的经济价值是无形效果和环境资产的经济价值。无形效果是难以用货币来计量的效果,没有市场价格,只能用支付意愿或赔偿意愿来衡量。

七、经济与环境协调发展理论

环境和资源,是人类生存和发展的基本条件。资源的破坏、环境的污染和生态的恶化则是制约经济发展和社会进步的重要因素。经济发展与环境保护,二者对立统一。从矛盾性来看,经济发展与环境保护相互制约,只有在一定的环境范围内,经济才有可能得到长久的发展。如果仅仅注重经济的发展,而不去保护环境,那么大自然必将对此进行报复。而且,环境的保护需要一定的资金投入作为支撑,无疑使得经济发展的成本提高,使得经济增速变缓,甚至会带来一定的经济损失。从统一性来看,经济与环境二者之间又是相互依存的。自然资源与环境为经济提供了物质基础,经济的发展离不开自然资源的供应。另一方面,经济的发展使得资源环境的利用更加有效、合理。经济的发展为环境保护提供技术以及物质保证,对生态环境的改善具有促进效用。人类生存的系统是由经济与环境等多因素复合而成的。经济系统与环境系统均属于这一个大系统之内。因此要正确处理好二者之间的关系。

第一章　京津冀协同发展概况及发展情况综合评价

第一节　京津冀协同发展概况

一、京津冀协同发展战略提出背景

2014 年 2 月 26 日，京津冀协同发展战略提出要求打造面向未来的新的首都经济圈、满足区域发展体制机制创新的需要。2015 年，《京津冀协同发展规划纲要》审议通过，《纲要》明确提出，要推进京津冀的交通一体化、生态环境保护、产业升级转移，促进区域经济一体化发展。京津冀协同发展战略的提出是探索和完善城市群布局形态、为优化开发区域发展提供示范和样板的需要，是探索生态文明建设有效路径、促进人口经济资源环境相协调的需要，是实现京津冀优势互补、促进环渤海经济区发展、带动北方腹地发展的需要。京津冀协同发展战略是一项重大的国家战略，对我国实现"两个一百年"奋斗目标和中华民族伟大复兴的中国梦具有重大的现实意义和深远的历史影响，我们应始终坚持优势互补、互利共赢的态度，探索出一条科学持续的协同发展道路。目前，京津冀协同发展战略正随着实践的发展而日趋完善。

1. 对京津冀协同发展战略的理解误区

京津冀协同发展战略是打造中国经济新版图的重大战略抉择。在实际工作中，人们对京津冀协同发展战略的理解存在误区，其根本原因是认识方法上的偏差。从总体来看，对京津冀协同发展战略的认识偏差主要表现在四个方面。

(1) 战略的内涵认识误区：片面基于经济维度和地方利益角度理解协同发展内涵

有人将京津冀协同发展战略单纯地看成经济问题，主张从经济成本与收益核算的角度来理解协同发展；同时，很多人将区域协同发展分析当作京津冀三地基于地方利益的选择，主张从三地自身利益角度做出协同发展决策。这些看法存在着对京津冀协同发展战略内涵认识的偏差。首先，京津冀协同发展不仅是一个单纯的经济问题，而且是一个涉及政治、社会和文化等多个方面的综合问题。"京畿重地"的政治地位、人口大量聚集的社会管理压力、历史文化一脉传承的人文格局都是京津冀协同发展战略的重要背景。只有坚持综合的分析维度才能全面把握京津冀协同发展的战略内涵。其次，京津冀协同发展，尤其是北京市的功能疏解，不仅是地方利益的角逐，更是中央与地方利益博弈的整体选择。作为国家首都，北京市的环境污染、人口稠密和资源压力不仅影响到地方发展，更会影响到国家机构的正常运转。北京市的“大城市病”已经影响到了中央机关的正常工作,京津冀协同发展不仅是协调地方利益,更是维护国家整体利益。从“维护中央、保证地方”的两个层次入手才能准确认识京津冀协同发展战略的重要意义。

(2)战略的空间界定误区:片面锁定“两市一省”的空间尺度界定协同发展空间视野

很多学者将京津冀协同发展战略锁定在“两市一省”尺度上,认为协同发展就是协同三个省级行政单位的发展关系,实现京津冀区域的空间优化。这一误区存在空间界定的偏差。空间层次和空间尺度对区域经济分析具有重要影响,合理的空间尺度选择是空间经济干预取得理想效果的前提。京津冀协同发展战略存在三个空间尺度。第一,产业优化配置的全国尺度。在京津冀协同发展战略的指导下,产业优化配置不应仅仅局限在京津冀的范围之内,而是应当放眼全国来谋划北京市的功能疏解和产业转移。盲目地将协同发展的空间尺度限定在京津冀的圈子之内将阻碍功能疏解和产业转移实现最优配置,最终影响整体效率的提升。第二,区域关系协调的京津冀尺度。京津冀协同发展战略中京津冀“两市一省”尺度具有关键作用,它是区域关系协调的主要层级。省级行政区是我国区域管理的主要尺度,京津冀协同发展战略的贯彻落实离不开京津冀“两市一省”层面上的有效协调。第三,功能疏解和产业政策落地的市县尺度。京津冀尺度过大,难以为功能疏解和产业落地提供精准的空间参考。产业落地需要更微观的空间划分,因此,应当采用比京津冀“两市一省”更细分的市县尺度作为功能疏解和产业政策落地的空间抓手。

(3)战略的作用机制认识误区:片面强调政府干预机制推动区域协同发展

在京津冀协同发展的动力机制方面,很多人强调采用政府“看得见的手”来实现空间经济资源的优化配置,主张通过行政命令来推动北京市功能疏解和京津冀内部产业转移。这一误区忽视了市场机制在资源配置中的决定作用和社会组织在经济社会运行中的规范和调节作用。京津冀协同发展不但依赖政府“看得见的手”的推动,更应发挥市场“看不见的手”的协调作用,并鼓励行业协会等社会组织的有效参与。政府干预因其针对性和时效性而成为区域协同发展的主要启动力量,但是区域经济效率的提升却应当充分尊重企业意愿,发挥市场作用,实现区域内空间经济的内生优化。试图通过外在行政干预改变企业经营决策的政策尝试必然给地方经济带来负面影响,对企业的生存和发展能力构成危害。

(4)京津冀三方关系认识误区:片面采取“零和博弈”观点认识区际关系

在实际工作中,京津冀三地往往将三方关系定性为“零和博弈”,因此难以形成协同发展的合力。在很多人眼中,京津冀协同发展就是北京市“只出不进”、天津市与河北省“只进不出”。北京市是“奉献者”,单纯进行功能疏解和产业转出。天津市一方面承接北京市的转入,另一方面拒绝将产业向河北等地转出。河北省则在“服务首都”这一理念下被动承接北京市的产业和功能。这一误区源自对京津冀三方关系的认识偏差。京津冀协同发展中,京津冀三方应当是互利共赢、共同发展的关系,积极主动地抓住机遇、转型升级是协同发展战略的关键所在。北京市应当将功能疏解作为城市发展转型的重要拐点,通过功能疏解带动质量提升。天津市应当“有进有出”,在吸引北京市相关功能和产业的同时将不符合自己发展定位的功能和产业向外转出,打造现代制造业和港口经济新模式。河北省则应力避消极承接的思维，严守资源环境约束，有选择地吸引京津产业转移，实现自身发展转型。

以上四大偏差出现的根本原因是对京津冀协同发展战略新的背景不明确、时空机理不明晰，没有对京津冀发展阶段和方向进行准确定位。要想克服这些偏差，必须采取时空比较的视角，准确把握协同发展战略的新基础，理解京津冀协同发展的时空演化脉络，并对京津冀三地尤其是北京市的未来发展方向进行前瞻性的预判，在此基础上才能准确理解并有效落实京津冀协同发展战略。因此，辨析和纠正京津冀协同发展的理解偏差具有重要的理论和实践意义。

2. 京津冀战略地位的历史比较

区域战略地位是影响区域发展的重要力量。20 世纪 80 年代以来，京津冀一体化被多次提出，却屡推不动，原因之一就是京津冀区域战略地位的下降使得三方没有协同发展的坚实基础。比如 2001 年的“大北京规划”，2004 年的“廊坊共识”，以及 2008 年的“京津冀发改委区域工作联席会”等一系列举措都没有取得理想的效果。京津冀协同发展战略的主流是北京市同津冀两地的关系，关键在北京市。采取历史比较的分析方法，我们能够更好地把握京津冀协同发展的沿革走势和新形势。

(1)国内政治地缘变动和津冀的衰落

京津冀协同发展屡推不动的基本原因是晚清以来天津市与河北省的战略地位和政治重要性的下降，从过去“拱卫京师，以固根本”的核心地位下降为附属地位。加速津、冀衰落的因素中还有现代运输工具发展对地理空间的克服、漕运的衰落，以及北京市从“消费型城市”向“生产型城市”的转型。

明清之时，天津市与河北省是极具战略重要性的“京畿重地”，北京市周边地区的繁荣和发展对于巩固京师的统治稳定、保障首都粮食供应具有天然的重要性。李鸿章曾在奏折中谈到津冀的发展有利于“拱卫京师，以固根本”，可见在现代化的运输工具出现之前京津冀的重要地位。一方面，京城的消费能力对环首都的天津市、河北省具有重要的拉动作用；同时，津、冀地区扼守漕粮要道的区位条件也对京津冀发展产生积极的推动作用。明代以来，统治当局打造“海河经济区”的尝试以及近代洋务运动在津冀开展的实践都印证了天津市、河北省在国内政治地缘上的突出地位。

晚清以来，随着洋务运动的开展、现代化的交通运输方式的采纳，天津市、河北省的区位优势和战略地位开始下降。随着现代化运输部门的兴起，空间距离不断被克服。大量物资可以从更远的地区运来，津、冀“拱卫京师”的作用一落千丈。同时，在现代运输工具的冲击下，传统的漕运制度衰落，更进一步加剧了天津市与河北省战略地位的下降。中华人民共和国成立以来，在国家工业化战略的影响下，北京市努力实现从“消费型城市”向“生产型城市”转变。北京市的第三产业与第二产业的比值自中华人民共和国成立以来不断下降，一直到 20 世纪 90 年代初期仍然没有达到中华人民共和国成立初期的水平。这意味着北京市场对天津市、河北省的需求和拉动作用不断下降。随着生产型城市建构完毕，北京市已经形成一个相对独立的经济区域，除了在资源和港口等少数几个方面，它已经不再依赖河北省和天津市的“拱卫”。

(2)资源环境约束收紧和津冀战略地位上升

近年来,京津冀地区资源环境约束收紧凸显了区域协同发展的必要性和紧迫性。区域经济的本质属性就是空间依赖性,这种特性在资源环境领域表现尤为明显。同时,京津冀产业互补却不衔接的现状以及国际城市的集群化竞争态势都为京津冀协同发展提出了新的命题和挑战。在环境方面,大范围出现的雾霾天气成为敦促京津冀协同发展的新的地缘因素。京津冀各城市基本相同的空气质量变动趋势反映了环境问题的共同性。雾霾等环境问题的出现表明区域协同发展新的地缘因素已经形成。在资源方面,北京市对周边地区资源依赖日益明显,比如北京市每年需要从河北省大量引水,而同样面临水资源紧张局势的河北省需要付出农业生产调整、工业企业压缩等经济代价。平衡区际利益离不开协同发展战略的协调。在新的历史条件下,京津冀应当在区域资源协调、环境联防共治的基础上推动区域协同发展迈向新的阶段。

(3)国际城市群演化趋势与京津冀协同发展新方位

对于京津冀协同发展战略意义的认识不能局限于当前,更要看到过去和未来。对京津冀城市群发展趋势的把握有助于更加全面地了解京津冀的方向定位。通过比较国际上发达的城市群发展状况,深入分析京津冀协同发展的方向。一是国际上区域经济竞争更多地表现为城市群的竞争,提升城市群整体竞争力是提升区域乃至国家竞争力的重要途径。特大城市单打独斗已经不再适应当前的竞争,城市群整体提升成为必然选择。从京津冀的层面上看,北京市的发展将越来越离不开周边地区的支持,天津市、河北省再次表现出“拱卫京师,以固根本”的战略意义。二是治理“大城市病”、提升城市居民生活质量成为主流,以及民族、宗教等一系列安全问题日益紧迫。区域协同发展不是单纯的经济问题,还涉及政治、社会、安全等各个方面。从政治稳定、社会健全、安全保障和文化传承等方面探索区域发展新途径势在必行。三是特大城市周边地区极具发展活力,因而整合和管理周边地区发展可以决定城市群的未来发展潜力和兴衰。特大城市的周边地区越来越表现出巨大的发展活力,成为新的经济增长点。协调中心城市与周边地区的关系决定着城市群的未来成败。通过对京津冀战略地位和发展态势的历史回顾与方向分析,京津冀协同发展应当走出认识误区、找准方向定位。首先北京市应将社会、文化和安全维度作为协同发展的重要视角,抓住时机提升人民生活质量。京津冀协同发展战略对北京市而言不但是功能的疏解,更是发展的转型。其次天津市、河北省应当在协同发展战略中实现产业衔接和升级,发挥自身优势,提升发展水平。

二、京津冀协同发展

京津冀协同发展的核心是将北京市、天津市和河北省作为一个协同发展整体,以调整和优化京津冀三地的城市布局,扩大三地的环境容量。京津冀协同发展的基础是,从地理位置来看,河北省环抱京津,京津冀在地缘上相接,京津冀是一个不可分割的整体;从历史文化来看,京津冀三地具有相同的文化传承,且历史渊源深厚,三地的人员往来密切。但是行政上的分割和一些其他原因,使得京津冀三地的经济发展相差悬殊,京津冀三地分别面临着不同的制约经济发展的因素,这些因素已经导致了京津冀三地的空间发展失序。为了化解三地经济增长的难题,重新焕发经济增长的活力,打造我国经济发展的首都经济圈,建设世界级的城市群,2014 年 2 月“推进京津冀三地协同发展”被提出,且于 2015 年《出台京津冀协同发展规划纲要》,京津冀协同发展上升为国家战略。

京津冀协同发展的主要目的是促进北京市非首都功能的疏解,推进河北省的产业转型升级,形成京津冀三地优势互补、互利共赢的发展局面。在京津冀协同发展的过程中,河北省要抓住京津冀协同发展的机遇,通过京津冀协同发展,建设产业发展的平台,积极、有效地承接北京的产业转移。京津冀的协同发展对河北省产业转型升级来说既是挑战也是机遇,如果能够把握好这一历史机遇,会促进河北省产业转型升级,缓解生态环境压力。

三、京津冀协同发展着力点

优化空间布局、建设现代化都市圈是实现京津冀协同发展、建设世界级城市群的主要着力点。都市圈是以超大城市、特大城市或辐射带动功能强的大城市为核心,以核心城市的经济辐射距离为半径,形成功能互补、分工合作、经济联系密切的区域。京津冀包含北京市和天津市两个超大城市,已形成首都经济圈和天津都市圈,两个都市圈的边界相互耦合,辐射方向各异,但两大都市均难以对冀中南地区形成较强辐射。因此,以石家庄为核心形成的都市圈,将辐射带动冀中南地区,并与首都经济圈和天津都市圈形成互动关系,成为京津冀协同发展的新的动力源。

1. 首都经济圈

国家“十二五”规划纲要中明确提出打造“首都经济圈”,推动京津冀一体化发展。《国家新型城镇化规划(2014—2020 年)》也指出,特大城市要适当疏散经济功能和其他功能,推进劳动密集型加工业向外转移,加强与周边城镇基础设施连接和公共服务共享,推进中心城区功能向 1 小时交通圈地区扩散,培育形成通勤高效、一体发展的都市圈。首都经济圈以北京市为核心,作为超大城市其辐射半径可达 200 千米,范围可达保定市、廊坊市、张家口市、承德市的中心城区,形成“1+4”发展模式。规划建设首都经济圈,不仅可以有效缓解北京市由于功能过度集聚所产生的城市问题和社会问题,实现首都城市综合服务功能提升和区域可持续发展,而且有利于北京市充分发挥首都优势,增强对周边地区的辐射带动能力,将产业链条延伸至保定市、廊坊市、张家口市和承德市,辐射带动周边地区共同发展。北京市要围绕“四个中心”功能建设,把非首都功能疏解转移到周边城市和城镇。北京市行政中心功能转移到北京市城市副中心,北京市城市副中心不仅要承载行政功能,还要发展商贸服务业和科教文化产业,增强就业居住功能。保定市借势雄安新区的发展,最有希望发展成为首都经济圈的副中心城市,应打造产业发展平台,承接北京市的产业转移。其经济发展应与雄安新区对接并错位发展,成为雄安新区建设的依托并服务雄安,未来将成为雄安新区的一个城市组团,和雄安共同建设成为人口超过 500 万的现代化国际大都市。保定市下辖各县应紧紧抓住雄安新区建设的机遇,发展县城和特色小镇,发展都市农业和特色产业。廊坊市在京津发展轴的中心点,既能够接受北京市的辐射,也能够接受天津市的辐射。

其应借助北京市的功能疏解和产业转移，发展现代制造业、批发物流业、休闲旅游业等，成为首都经济圈的重要支点和京津发展轴上不可忽视的重要节点。张家口市位于北京市的上风上水区，张家口市的生态环境对北京市具有直接的影响。张家口市应抓住冬奥会和高铁开通的机遇，围绕都市做文章，发展休闲旅游业，规划建设特色小镇，建成北京市的后花园。承德市西与张家口市为邻，南与北京市接壤，具有与张家口市相同的区位，不仅是北京市的水源地，也是天津市的水源地，生态环境保护是重中之重。生态优先、绿色发展是其未来的主基调，休闲旅游业作为主导产业，应借助京沈高铁的开通，加强与北京市的经济联系。

2. 天津都市圈

天津市位于北部沿海，是我国北方地区的经济中心和综合性港口城市，产业基础非常雄厚，现已形成石油和海洋化工、装备制造、电子信息、生物技术与现代医药、新能源、新材料等支柱产业，在电子通信、汽车制造方面具有一定的竞争力。天津都市圈以天津市为核心，范围包括沧州市、廊坊市、唐山市、秦皇岛市，也是“1＋4”，辐射半径150～200千米，与首都经济圈相耦合。天津市最大的优势是港口，滨海新区依托港口发展起来，成为中国北方沿海地区的经济增长极，经济总量已占到天津市的一半左右。天津市着力建立和完善与北方经济中心相适应的现代金融体系，培育和发展区域性金融市场，实现工业与金融、商贸、物流等服务业的良性互动。需要加强与东南部沧州市的合作，加强与东北部唐山市、秦皇岛市的合作，尤其是港口之间的合作，加快构建海陆空立体联运体系和快速物流集散网。加强与西部廊坊市的合作，尤其是武清区和永清区，借助大兴机场的运营，与廊坊市实现同城化发展。推动交通基础设施互联互通，强化创新驱动和产业对接，不断提高天津都市圈在京津冀协同发展中的辐射和带动能力。唐山市应在港口发展的同时加快产业的发展。沧州市应加强与天津市的合作，尤其是港口之间的合作和产业链的对接。秦皇岛市拥有自己的腹地，但由于自身体量小，辐射力不强，只能借助天津市和北京市，提高对要素的吸纳能力和城市竞争力。

3. 石家庄都市圈

京津冀协同发展的重要任务是提高河北省的整体发展水平，缩小与京津的发展差距。北京市到河北省的南部边界近500千米，天津市也有400多千米，难以辐射到河北省南部。河北省省会石家庄市地处冀中南，距离北京市300千米左右，区位优越，腹地广阔，有一定产业基础，是河北省综合实力最强、发展潜能最大的城市。2018年，城市人口接近300万，2019年，城市人口超过300万，跻身于都市之列。应以石家庄市为核心，规划建设石家庄都市圈，辐射范围北到定州市，南到邢台市、邯郸市，东到衡水市，也是“1＋4”。邯郸市有自身的腹地，是晋冀鲁豫交界地区的龙头城市，但与石家庄市相距150千米，随着两市城市规模的扩大，经济联系会不断增强。石家庄市应积极发展以信息、金融、会计、咨询为代表的现代服务业，发展需求潜力大的物流、旅游、教育、文化、体育等新兴服务业，提高服务业整体水平，规划建设正定新区，将其培育成为支撑石家庄市发展的新的经济增长极，增强产业承载力和对人才的吸引力。同时，完善综合交通运输体系，提高公共服务和社会管理水平，促进人口、产业和各类要素向石家庄市集聚，使石家庄市尽快发展成为经济规模较大、辐射带动作用较强的国际大都市。衡水市、邢台市、邯郸市、定州市等城市立足于本地资源优势和产业基础，加大技术改造力度，加快工业信息化进程，大力发展循环经济，改造提升钢铁、建材、化工等传统产业，增强医药、机械装备、食品、纺织服装等优势加工制造业的核心竞争力，培育发展生物技术与新医药、电子信息、新材料等高新技术产业，不断提高对人口和经济要素的集聚能力。

在诸多目标当中，如下两大目标的实现对打造京津冀世界级城市群是至关重要的。

(1)中国北方最具活力的增长极

目前，京津冀地区迫切需要加大产业的转型升级力度。京津冀地区在全国经济发展当中具有经济规模大、研发能力强、金融实力雄厚、制度创新基础好等方面的优势，提升打造中国北方最具活力的增长极这一目标的提出，标志着国家对京津冀区域经济发展指导思想的重大变化：一是从北京市、天津市和河北省各自发展的思路转变为京津冀作为一个完整的经济区实现一体化发展的思路。促进京津冀地区的产业、基础设施、生态环境的一体化发展成为必然选择。二是从京津冀三地的分工出发进行区域发展定位，避免区域冲突，强化区域合作。《纲要》对京津冀三地的区域定位是：北京市是政治、文化、国际交往和科技创新中心；天津市是先进制造研发基地、北方国际航运核心区、金融创新运营示范区、改革开放先行区；河北省是现代商贸物流重要基地、产业转型升级试验区、新型城镇化与城乡统筹示范区、生态环境支撑区。三是相关战略与政策的覆盖区域范围从省市范围到京津冀整体区域，使政策实施的腾挪空间更为广阔，政策效应更加彰显，资源配置更加灵活。

(2)引领中国科技创新和技术进步的示范区

目前，北京市和天津市的人均 GDP 均已超过 15 000 美元，但是与东京、纽约、伦敦等人均 GDP 超过 50 000 美元的世界先进城市相比，差距还很大。京津冀下一步的经济增长，只有更加依靠科技创新，发展科技产业和现代服务业，才能进入世界顶级城市的范围；也只有北京市和天津市成为世界的顶级城市，京津冀的世界级城市群才能够建成。京津冀地区打造引领中国科技创新和技术进步示范区，有着国内其他区域无法比拟的优势：一是北京市和天津市的科技创新资源十分丰富，科研设备、科技服务网络平台在国内都是一流的，具有技术市场优势、国际知识产权技术平台优势、中外技术合作优势等，能够助推京津冀的科技协同发展。二是在制度、政策方面，北京市中关村国家创新示范基地的开放优势对京津冀区域科技创新的带动作用很大，综合创新能力对京津冀经济发展的外溢和集聚效应非常显著。三是京津冀地区科研机构众多，教育体系发达，高新技术产业雄厚，依托重点高校和科研机构，打造应用技术人才培训基地，可以为京津冀产业转型升级提供应用型技术人才保障。

四、京津冀产业协同发展

1. 农业协同发展

在京津冀协同发展战略中，区域农业协调是提高京津冀城市群综合竞争力、充分发挥协同效应的重要推动因子。河北省11个地市在农业能级、农业对外关联、农业外向功能强度等方面表现出优势，而京、津两市则表现为劣势。在京津冀城市群城市农业总能级排名方面，保定市、石家庄市、邯郸市、沧州市、邢台市分列第1～5位，天津市列第8位，而北京市列末位；城市农业对外关联方面，邯郸市、邢台市、石家庄市分列第1～3位，天津市、北京市分列第6、7位；外向功能强度方面，河北省11地市全部表现为外向功能，其中承德市、张家口市、秦皇岛市分列第1～3位，而天津市、北京市则均小于1，表现为内向功能。综合考虑各市行政地位、整体实力和区位，建议把北京市、天津市和石家庄市列为一级农业中心城市，把邯郸市、邢台市、衡水市、保定市列为二级农业中心城市。

综合来看，京津冀协调发展战略提出后，在区域农业协同发展上，三地政府、科研院所、专家学者等积极响应，合作形式也从最初的多以自发为主、执行行政命令、合作内容针对性以及可行性缺乏考虑的阶段逐渐过渡到对接活动明显增多、对接主体和合作内容更为广泛，并逐步走向操作层面，到目前的协作对接活动减少，但合作方式更为具体，合作的针对性、时效性、目的性更强，京津冀农业协作主体不断扩展，其中以农业主管部门和高等院所居多。京津冀三地采取了一系列的协同措施：三地农科院成立了京津冀农业科技协同创新中心，召开了京津冀农业科技合作论坛，成立京津冀农业科技协同创新中心，建立了京津冀农业科技创新联盟以及石家庄现代农业科技创新中心。天津市明确“四区两平台”建设对接京冀，苏宁云商等项目落户天津宁河，天津宝坻区推动京津冀农业市场与信息化协同对接服务、京津冀协同发展互联网农业服务。河北省与首农集团共议建10个农产品物流园，河北省与中国农业大学在涿州打造世界一流“农业硅谷”。

三地农业科技创新协同发展成效初显，京津冀农业科技协同正在向实质性的纵深方向发展。京津冀三地相关单位共建蔬菜产销对接机制和果类蔬菜合作平台，大力推动构建与京津冀协同发展相匹配的现代化农产品流通体系；京津冀农业主管部门联手打造休闲农业旅游圈，侧重于科技和休闲旅游方面的对接，协同发展质量和效果在逐渐提高；另外，侧重农业资源高效利用和生态环境治理修复等绿色发展的内容增多，京津冀联合兴建土肥水高效利用示范基地，中国农业科学院和河北省农业厅就京津冀地区畜禽养殖废弃物处理签订了科技战略合作协议、植物疫情联防联控协议，建立了三省市植物疫情和重大农业有害生物联合防控工作机制以及京津冀区域生态补偿机制，完善农业污染物排放的价格约束机制、农业污染治理的收费机制、农业生态恢复的经济补偿机制等，充分彰显农业的生态价值和社会价值，为农业协同发展提亮底色，共筑生态安全屏障。

2. 工业协同发展

产业是京津冀协同发展重点突破的三大领域中的重点，而工业又是产业中的重中之重。京津冀协同发展战略的提出对于加快产业转移，缓解北京市的非首都功能起到了重要的推动作用。由于京津冀三地的区域发展差距悬殊，因此天津市及河北省各市的承接能力存在较大差距，具体可分为均衡发展、经济制约、生态制约、相对滞后四种类型。根据各市的功能优势，逐渐形成了天津市承接高新技术、先进制造功能，石家庄市、秦皇岛市承接交通仓储、商务贸易功能，廊坊市、保定市承接加工制造、电子信息功能，唐山市重点改善生态环境,其余各市着力培育支柱产业的新型发展战略,充分发挥比较优势,积极推进区域协同发展。

京津冀产业升级转移等重点领域实现突破性进展,工业协同发展水平逐步提高,但也存在一些突出的问题和障碍需要解决。京津冀三地劳动生产率差异较大,河北省工业劳动率不仅远低于京津地区,还存在较大差距,这严重影响了京津冀三地的产业关联度,不利于京津冀地区的产业分工合作,使得北京地区的科技成果转化存在较大的成本。经济进入新常态以来,河北省第二产业投资增速从遥遥领先京津到大幅度落后于京津,其工业投资下行压力增大,投资增速下滑趋势明显,这不仅不利于河北省产业升级和新旧动能的转换,最终还会延缓京津冀工业协同发展的速度和质量。京津冀产业存在梯度落差,产品也存在较大差异性,尽管有形成较强产业关联度的基础,但是京津产业还没有与河北省相关企业形成良好的互动关系。京津冀地区电子信息、医药制造等产业链条较短,缺乏合理的、相互衔接的产业链条,京津两地产业链配套仍以各自现有企业为主,没有从京津冀地区或城市群的角度出发开发相关配套企业。因此应加快推进京津冀地区的工业协同发展,不断完善顶层设计,扎实推进京津冀一体化进程;明确京津冀三地的功能定位,扬长补短,推进完善各地的城市功能建设;注重生态环境保护,重点关注各地的环境承载力,为经济社会的可持续发展增添新的活力。

3. 服务业协同发展

对我国京津冀三地服务业的发展水平进行分析:从第三产业发展规模来看,北京市、天津市、河北省三个地区第三产业的规模都超过了万亿元,北京市超过 2 万亿元的规模,是我国第三产业最为发达的地区之一。而天津市的第三产业仅超过 1 万亿元,第三产业规模相对较小。近年来河北省的第三产业发展迅猛,遥遥领先于天津市。而从第三产业占 GDP 的比重来看,北京市、天津市、河北省三地的第三产业比重都超过了 40%,尤其是北京市第三产业比重已超过 80%,基本上已经进入了服务经济社会,然而河北省的第三产业比重只有 44%左右,天津市的第三产业比重只有 58%左右,与北京市相比还有一定的距离。京津冀三地的第三产业中各细分领域所占比重不尽相同,其中河北省第三产业中交通运输、仓储和邮政业比重超过了 15%,是第三产业的支柱产业,批发和零售业比重较高的地区主要是天津市。

在京津冀协调发展的战略下,河北省现代服务业发展迎来了新的机遇,从发展趋势来看,现代服务业的发展需要成为河北省第三产业发展中的核心,为了避免河北省现代服务业在发展上出现后劲不足的状况,河北省应不断加强现代服务业的创新发展,在大力促进区域内现代服务业的较好发展外,进行大胆的创新。正确把握社会生产能力和产业组织方式是经济发展的变化趋势,因此要抓住服务行业在经济环境变化中的重要作用,顺利实现工业经济向服务经济的转变,实现高端化产业结构发展。现代服务业作为区域经济发展的关键点,应该在河北省经济发展的过程中找到准确的定位以促进社会经济综合提升,并构建现代化服务业体系。

京津冀三地的定位清晰精准,其中北京市为“四中心”,天津市和河北省均为“一基地三区”。从三地定位以及优势资源分析，天津市的发展优势集中在先进制造业和现代服务业，因此，天津市应根据自身定位充分发挥产业基础优势，完成京津冀协调发展的战略目标，推进先进制造业与现代服务业的融合发展，增强生产性服务业对制造业的引领作用；提高服务业的主导地位，加快发展速度，大力发展现代服务业，大幅度提高服务业经济总量；不断深化产业协作，促进产业融合，充分发挥天津市现代服务业的产业优势，实现高质量的发展。

服务业在北京市经济结构中占有重要比重，在区域协同发展的大背景下，北京市应与周边区域联合，在津冀区域中选择一个具体区位与北京市进行协作，促进区域均衡发展。在“互联网＋”的浪潮下，加快推进服务创新、促进产业融合，结合北京城市功能疏解，对服务业的重点布局进行重新调整，使服务业在京津冀均衡发展，实现产业发展的适度均衡。经济的增长必然会带来能源的消耗和环境的破坏，北京市服务业增长也会带来环境效应，但产业的高质量增长不应以过度的能源消耗和环境破坏为代价，因此北京地区服务业绿色发展应重点发展北京市的高端服务业，并对能源、资源消耗大的行业采取更具有针对性的措施，以实现服务业绿色化发展。

五、京津冀协同发展时空演化阶段论

京津冀协同发展战略的实现不是一蹴而就的，而是一个不断推进的时空演化过程。只有认清京津冀协同发展的时间阶段和空间次序，才能处理好发展中的一系列问题，否则就会产生战略内涵认识、空间层次认识、动力机制认识和合作关系认识的一系列偏差。我们认为，立足中国国情和京津冀实践基础上的区域时空演化阶段分析，是京津冀协同发展战略的基本研究框架。

国内外很多学者对区域协同发展和经济一体化阶段进行过研究，最具代表性的观点有三种。美国区域学者弗里德曼将区域经济一体化分为四个阶段和四种空间结构：前工业阶段的均质无序的区域空间结构，过渡阶段的中心外围结构，工业化阶段多个规模不等的中心外围结构，以及后工业化阶段一体化的空间结构体系。第二种观点认为区域一体化发展包含三个阶段：工业革命初期人口和经济活动的集中阶段，区域次中心主导下空间分散阶段和区域次中心不断成长导致的空间均衡成长阶段。第三种观点将区域一体化划分为四种状态：农业占优势阶段的低水平平衡、过渡阶段的空间不平衡、工业化和经济起飞阶段多核心状态，以及技术工业和高消费阶段的高水平平衡。

已有的区域一体化和协同发展的阶段理论研究取得了丰富的成果，但是应用到京津冀协同发展战略研究时则不是完全对应的。首先，这些研究大都采用追溯到西方产业革命之前的长时段的历史视角，过长的时间跨度对京津冀协同发展研究而言针对性不强。其次，与西方自然的工业化和城市化进程不同，中国的经济发展存在明显的政府干预和“赶超”色彩。纳入“强政府”的“看得见的手”和赶超思想指导下的工业化分析是理解我国城市群协同发展的重要前提。

从时空演化角度来看，京津冀协同发展可以分为三个阶段：使动阶段、自动阶段和协同阶段。不同的发展阶段中存在不同的空间形态,依赖不同的动力机制,也面临不同的协同发展难题和任务。科学界定协同发展的时空阶段是保障京津冀协同发展取得理想效果的理论前提。

1. 使动阶段

时间阶段的演进与空间形态的演化是京津冀协同发展最明显的两个维度。区域空间形态演化的基本力量是聚集力和分散力的权衡,而影响聚集力和分散力的因素在不同阶段有不同表现。在协同发展的使动阶段,经济基础的薄弱只能支持一个增长极的崛起,区域经济在统一的极化作用下形成"两端化"的核心边缘结构,区域核心城市和边缘城市存在显著的空间差异。这时区域中心处在聚集经济大于聚集不经济的阶段,聚集力大于分散力,以中心城市为核心两端化的空间形态是最突出的表现。由于这一阶段聚集经济大于聚集不经济,因此核心地区的极化符合整体利益。但是作为理性经济人的边缘地带的地方政府天然抗拒核心地区对他们的极化作用,贸易保护和市场分割成为边缘地区保护自身利益的本能选择。因此,通过政府机制推动构建一体化的商品市场、打破地区贸易封锁是协同发展的主要目标。

2. 自动阶段

进入协同发展的自动阶段,区域中心城市的聚集已经存在巨大的聚集不经济,拥堵、污染等一系列城市病相继出现,区域经济内部的分散力逐渐增强并超过了聚集力。这时区域经济的主要力量是中心城市的涓滴效应。随着中心城市的拥堵加剧和地价上升等因素对利润的侵夺,很多企业倾向于离开中心城市而转向区域次中心城市,空间形态逐步向"扁平化"方向转变。这一时期区域协同发展的主导力量是市场和企业,而不是政府干预,区域协调发展的主要目标是企业自发转移和与之伴随的要素自由流动。因此,区域协同发展进入自动阶段。此时区域的空间形态逐渐从"两端化"向"扁平化"转变,城市群的空间差距开始缩小。此时区域协同发展的主要困难是各地公共服务落差造成的对要素自由流动的限制。因此,为了配合市场机制下区域协同发展的趋势,政府应当着力缩小基础设施和公共服务落差,为企业转移和要素流动创造有利条件。

3. 协同阶段

进入协同阶段,区域内部各城市分工合作已经发展成熟,功能互补和产业衔接十分顺畅,空间差距逐渐弥合,空间形态演化进入"扁平化"阶段。随着中心城市功能和产业的疏解与边缘地区活力不断增强,区域内部联系不断增强。区域合作主要在市场配置基础上展开,政府机制提供基本保障,行业协会等社会组织在规范市场秩序等方面也发挥着重要作用。市场配置、政府保障、社会组织协调为区域合作提供了动力"铁三角"。这一阶段协同发展的目标是在商品和要素市场一体化基础上进一步推进资本市场一体化,在交通和公共服务一体化基础上推动区域政策一体化。这一阶段区域协同发展的主要挑战是构建有效的区域协调机制。长效化的区域协调机构和协调机制的建立是区域协同发展的制度保障。

六、三大城市群的比较分析和京津冀的发展重点

京津冀城市群、长江三角洲城市群和珠江三角洲城市群是中国三大经济增长极。其

中,京津冀城市群的区域经济协调程度较低。通过对京津冀城市群与长三角和珠三角城市群协同发展规律的比较分析,我们能够准确把握京津冀协同发展战略的阶段性特征,并为这一战略的有效推进提供重要的经验借鉴。

1. 京津冀城市群

京津冀城市群呈现"双中心、两端化"的空间形态。首先,京津冀地区以北京市和天津市作为城市群的中心,其他城市都无法与之抗衡。同时,整个城市体系规模差异明显,各个城市散点的倾斜度在三大城市群中是最大的,两端化、离散化是京津冀城市群的主要特征。从区域协同发展的角度来看,这种"双中心、两端化"的空间形态存在双重困境:第一,两个中心互不统属,容易产生高昂的区域协调成本;第二,两端化格局容易造成产业衔接和产业转移的障碍。从区域空间一体化角度来看,京津冀的区域差距在三个地区中最大,区域要素流动性最低。在长三角和珠三角区域差距不断缩小的同时,京津冀的区域差异稳定在高位。京津冀各城市职工平均工资的差异性最大,说明区域要素流动仍然受到较大程度的限制,区域要素一体化还未完成。因此,京津冀尚处在使动阶段向自动阶段的过渡时期。在京津冀从使动阶段到自动阶段的过渡时期,"双中心"格局带来协调成本,产业衔接障碍造成市场机制和自发协同路径的失效,区域合作的主要动力机制应当是政府的推动和更高层次的协调。

2. 长三角城市群

与京津冀相比,长三角城市群呈现明显的"单中心、扁平化"空间格局。上海市作为区域经济的核心,而其他城市呈现均匀的扁平化分布。这种结构有效规避了京津冀面临的难题:第一,上海凭借中心地位主导区域协作,节约合作谈判的交易成本;第二,扁平化的城市体系一方面可以有效解决空间不平等问题,同时有利于产业分工衔接、增加区域发展活力。长三角的空间不平等得到了很好的解决,要素市场的一体化也基本实现。因此,长三角城市群已经转向市场机制推动协同发展,已经完成了从使动阶段向自动阶段的转变。但是,长三角的区域协调和政策一体化问题并没有得到真正的解决。随着区域次中心发展崛起,如何协调次中心与上海市的合作关系是向协同阶段过渡过程中面临的重要命题。面对"两省一市"的行政格局,长三角地区在未来的发展中应当进一步打破行政分割,构建有效的协调机制,积极发挥行业协会等社会组织的协调作用,实现向协同阶段的转变。

3. 珠三角城市群

在三大增长极中,珠三角城市群空间形态"网络化、扁平化"的趋势最为明显。首先,珠三角地区尽管以广州市、深圳市为中心,但是不存在压倒性的核心边缘分布格局。由于区域呈现典型的网络化格局,政府"看得见的手"的主要工作是提供基本保障。同时,各个次中心城市扁平化分布状况明显,有效解决了空间不平等问题。珠三角的空间差距得到有力控制,要素市场一体化也迅速实现。因此,尽管存在区域协调的困扰,但是珠三角已经基本进入协同发展的初级阶段。如何破解区域协调难题仍然是珠三角在未来很长时间内面对的主要课题。

通过对三大城市群的比较分析,我们可以对三者所处的阶段和任务做出基本判断。京津冀城市群处于协同发展的使动阶段,面临城市体系“两端化”、动力机制单一化和要素市场分割的发展障碍。未来京津冀的发展应当以交通和公共服务为抓手,建立有效的区域合作机制,促进京津冀协同发展向自动阶段和协同阶段转变。长三角城市群处于协同发展从自动阶段向协同阶段转变的过渡时期,进一步打破地区限制、发挥行业协会等社会组织的协调作用是未来的发展方向。珠三角城市群处在协同阶段的初级水平,空间不平等和要素一体化问题都得到了有效解决。进一步破除行政壁垒、建立有效的区域协调机制是珠三角面对的重要课题。

七、京津冀协同发展的实施路径

1. 完善跨区域利益协调机制

要在体制机制上保障京津冀协同发展战略的顺利推进,需要在以下几个方面做出努力:一是建立国家层面的统筹协调机制。统筹区域协同发展的战略决策,明确区域功能定位、产业布局、交通对接、要素对流、环境保护等重大问题,并从财政政策、投融资政策、绩效考核等方面形成具体措施。二是建立地方政府层面的协商平台,确定区域协同发展的目标、原则和重点,并设立专门的职能部门来落实和推进区域重大合作事项。三是建立包括政府、学者、企业、行业组织等在内的多层次网络交流平台,确保区域内各利益相关方都能够合理表达自己的利益诉求。

2. 推进配套制度改革

促进京津冀协同发展,需要推进如下配套制度改革:一是地区生态补偿的相关配套制度和利益协调机制设计。应设立专项基金对区域内水资源保护、生态林保护、污染减排等实施专项补偿,这些措施对河北省北部地区的发展至关重要。二是公共服务支撑体系与城市服务体系的创新,包括京津冀协同发展进程中居民的教育、医疗、社保和就业等制度设计。三是城市管理制度的改革设计,其中包括农业转移人口市民化的管理制度。

3. 建立健全解决各类“城市病”的治理体系

治理京津等特大城市的各类“城市病”,需要建立健全解决各类“城市病”的治理体系,具体包括:京津中心城区疏解的统筹规划;提高城市空间利用效率具体方案;社区综合服务管理体系建设;社会治安综合治理机制;城市应急管理体系;灾害监测和预警体系。

4. 完善推进京津冀产业转型与人口转移的政策措施

围绕京津冀协同发展的目标,结合京津冀区域发展特点,建立京津冀协同发展的产业和空间组织模式,探索京津冀区域产业合理空间分布模式。同时,完善有利于京津冀协同发展的资金保障机制和财政预算机制;深化土地管理制度改革,突破产业转型的土地制度约束和资源短缺约束;创新京津冀协同发展的人才培养体系,突破区域创新的人才约束。在准确把握京津冀城市人口分布的基础上,出台新城、中小城市和小城镇等“反磁力中心”对特大城市核心区人口吸引的政策。

第二节　京津冀协同发展进展

2014 年 2 月 26 日，党中央提出京津冀协调发展战略，以北京市、天津市发展的战略优势带动河北省各地区的经济发展，同时河北省负责承接北京市等大城市的部分职能，实现区域协调发展的战略目标。京津冀协同发展战略核心是京津冀三地作为一个整体协调发展，要以疏解非首都核心功能，解决北京“大城市病”为基本出发点，优化城市布局和空间结构，构建现代化交通网络系统，扩大环境容量、生态空间，推进产业结构优化升级，推动公共服务共建共享，加快城市一体化进程，打造现代化新型首都圈，促进形成京津冀目标同向、措施一体、优势互补、互利共赢的协同发展新格局。

2018 年 11 月，中共中央、国务院明确要求以疏解北京市非首都功能为“牛鼻子”推动京津冀协调发展，推动河北省雄安新区和北京市城市副中心建设，探索超大城市、特大城市等人口经济密集地区有序疏解职能，有效治理“大城市病”的优化开发模式。河北省雄安新区的建设作为“千年大计”也正在有序推进。截至 2019 年上半年，北京市安排疏解非首都功能 14 项，调整退出一般制造业企业 309 家，在推动京津冀协调发展方面做出了重大贡献。

根据京津冀发展的纵向分析和三大城市群的横向对比，京津冀协同发展战略的推进应当遵循如下三个实践原则。第一，准确地把握京津冀发展战略的内涵和各自方向定位是协同发展的认识前提。在资源环境约束收紧和国际城市群竞争态势明显的背景下，北京市与天津市、河北省的合作具有新的战略重要性。北京市“以疏解促提升”、天津市与河北省“以吸收促整合”是京津冀协同发展的基本定位。第二，扁平化城市体系、多元化动力机制是协同发展的先导条件。打造扁平化的城市体系格局、激活特大城市周边地区的发展活力是区域协同发展向更高阶段演进的必然要求，也是打造城市群整体竞争力的关键所在。为此，市场、政府和社会组织应当共同参与推动京津冀协同发展，实现区域资源配置效率的最优化。第三，空间不平等弥合、要素市场一体化和区域协调机制建设是协同发展的重要任务。京津冀协同发展是经济效率和空间公平的双向提升，弥合空间不平等是保障良好的城市群发展环境的必然要求。而一体化的要素市场和有效的区域协调机制是协同发展的制度性保障。因此，应当以空间公平、要素流动和区域协调机制建设为抓手推动京津冀协同发展不断深化。

为了实现京津冀协同发展的目标，在“十三五”期间完成了以下六个方面的重点任务。

（1）疏解北京市非首都功能

北京市作为国家的首都，强大的政治管理能力与调控全国资源的能力使其成为信息、资源集聚的中心，无论是金融机构、跨国公司总部，还是国际性组织、文化中心、科技研发机构，都将北京市作为落户的首选之地。对比顶级国际化大都市的主要特征，在总部数量、金融控制力、科研文化机构集聚、国际交往活动频繁等方面，北京市已经能够做到与这些城市比肩。

但是，也正是这种无节制的发展，使北京市的“大城市病”急剧恶化。主要表现在：北京市城市功能的地域结构明显滞后于城市经济社会发展，由于人口与产业的过度集中，北京市本身的交通拥堵和大气污染问题已经十分严重。而北京市本身只有16 400平方千米土地，三分之二又是山地，城市发展的空间较小，无法容纳过多的人口与产业，同时与周边区域的协同互动又很弱。

根据《京津冀协同发展规划纲要》的部署，北京市非首都功能的疏解包括高耗能耗水的产业、区域性物流基地、区域性批发市场、部分教育医疗培训机构和部分行政性事业型服务机构及企业总部。通过疏解非首都功能，一是要解决北京市人口与产业功能整体上分布过度集中的问题；二是解决长期以来单中心发展导致的城市空间无序蔓延的问题；三是解决北京市产业发展、交通顺畅、环境优良与周边地区协同的需求问题。

(2)缩小地区发展差距

加快河北省的发展，是缩小京津冀区域内部发展差距的关键。京津冀内部存在较大的发展差距是一个普遍受到关注的问题：所谓的“环京津贫困带”有270多万贫困人口；2013年；北京市和天津市人均GDP分别为河北省的2.4和2.6倍，城镇居民人均可支配收入分别超过河北省1 800多元和10 000多元，人均财政支出分别为河北省的4.7倍和3.3倍。

2015年以来的“去产能”政策导向使河北省付出了经济增速大幅下滑的代价，急需新的发展动力的输入。发展河北省可以缓解北京市“大城市病”问题，解决北京市和天津市发展遇到的空间不足的问题。

(3)实现交通运输一体化

交通运输是京津冀区域协同发展的纽带。“十三五”期间，交通运输一体化的重点是着力构建以轨道交通为骨干的多节点、网格状、全覆盖的快速、便捷、高效、安全、大容量、低成本的互联互通的现代化交通网络，为打造京津冀世界级城市群提供强有力的保障和支撑。

目前，京津冀协同发展中交通运输一体化存在的问题主要有：交通设施建设各自为政、城际铁路发展相对滞后、海空港发展协调度不够、综合交通运输网络急需完善等。因此，实现交通运输一体化的着力点，一是建设“轨道上的京津冀”，即建设以北京市为中心，以京津为主轴，以河北省主要城市为重要节点的大容量、低成本、快速便捷的轨道交通网络；二是建设北方国际航运港口群，形成渤海湾内各港口合作分工、优势互补、协调有序的发展局面；三是高标准建设北京市新机场，与首都机场协同打造大型国际航空枢纽，形成以北京市、天津市为主，石家庄市为辅的国际国内航空客货运枢纽机场群。其中，建设城际交通网络是京津冀协同发展中交通运输一体化的核心。

(4)实现生态环境保护与治理一体化

2014年以来，京津冀区域生态环境共治得到了各方面的高度重视，区域生态环境合作明显加速，信息共享机制逐步完善，一批重点领域污染治理工程开工建设。但是，由于该区域大气污染较严重，雾霾频发，生态压力较大，生态环境建设仍然存在一些障碍：京津冀生态环境综合治理规划欠缺，生态环境合作仍未形成有效的补偿机制；京津冀区域在环境政策执行方面存在差异，部分地区政策执行过于宽松，不利于整体的生态环境共建。

推动京津冀生态环境保护与治理一体化，需要做好如下工作：一是完善体制机制。在目前已经建立的机构和制定的规划的基础上，推动生态环境整体综合规划的编制和生态补偿机制的实施。二是推动生态环境协同治理。通过建立覆盖三个行政区的管理机构，推行相同的生态环境污染控制指标、生态环境治理标准和生态环境监督办法。三是构建复合生态建设空间，优化生态空间布局，构建多层次生态屏障，扩大生态空间和区域环境容量。四是围绕治理雾霾、生态防护林建设、水资源保护、水环境治理、节能减排等重要领域，实施京津冀全区域的联防联治。

(5)实现京津冀产业发展一体化

京津冀产业发展一体化是协同发展中推进最快的一个领域，也是各区域最乐于合作的领域。其原因在于，一方面，河北省原有的以能源原材料为主体的产业结构正面临“去产能”的艰巨任务，急需新的产业部门补充和充实；另一方面，北京市和天津市的部分产业向河北省的疏解起到了有效优化京津冀区域产业结构的作用。

作为“十三五”期间京津冀协同发展最当务之急的任务，其发展的方向是：第一，京津冀产业转移的方向需要进一步明确。以北京市与河北省的关系为中心，调整京津冀第三产业布局；以天津市和河北省的关系为中心，梳理第二产业的协同发展。第二，构建京津冀协同创新共同体。构建京津冀协同创新共同体既是产业发展的需要，更是国民经济转型升级的需要。同时协调区域财政政策、货币政策、产业政策等，创造公平的竞争环境，形成区域统一的市场体系。第三，形成京津冀产业分工新格局。北京市充分发挥其人才、技术、信息等首都优势，发展高精尖产业，重点打造京津冀的创新源头；天津市发挥港口和物流中心的优势，发挥辐射作用，发展成为创新产品的实验和制造基地；河北省以资源优势和产业基础条件为依托，发展成为协同创新共同体的产业化基地。

(6)推进京津冀基本公共服务一体化

推进基本公共服务一体化，是京津冀协同发展的长期任务，是京津冀经济社会发展到目前阶段的必然要求，是保民生、保增长的重要手段。按照《京津冀协同发展规划纲要》提出的总体目标，到 2017 年，实现京津冀公共服务规划和政策统筹衔接，在教育、医疗、文化等方面开展改革试点，逐步推广。到 2020 年，河北省与京津的公共服务差距明显缩小，区域基本公共服务均等化水平明显提高，公共服务共建共享体制机制初步形成。

推进基本公共服务一体化包括四个方面：第一，劳动就业。建立覆盖城乡、区域均衡、全面共享、服务均等的公共就业服务体系和全面统一的就业服务标准，实行京津冀劳动者统一的就业登记和资格准入制度，完善区域内扶持创业的优惠政策。第二，公共教育。优化京津冀公共教育资源的配置，建立合理的教育资源配置机制，在北京市非首都功能疏解的过程中，大力开展地区间教育的合作与交流。第三，医疗卫生。优化地区间的医疗卫生资源配置，探索建立京津冀区域医疗“一卡通”制度及药品供应和安全保障体系。第四，社会保险。逐步推进社会保险制度城乡衔接，制定适合京津冀经济社会发展水平的统一保险标准。探索建立城乡居民各类保险制度之间的衔接机制。

迄今为止，京津冀协同发展计划的顶层设计基本完成，北京市的非首都核心功能也逐渐向河北省疏解。

一是控制增量严格有效。北京市根据“四个中心”功能定位，严格控制非首都功能增量。对于行政功能、公共服务功能和产业功能，均明确总量控制目标，对于控制增加新的非首都功能从源头进行控制。以资源环境承载力为硬约束，提高新增产业准入门槛。2014年，北京市率先在全国实施《北京市新增产业的禁止和限制目录》，并在2015年和2018年两次修订完善。截至2018年底，北京市不予办理的新设立或变更登记业务累计达2.16万件，限制类行业新设市场主体的数量呈现明显下降态势，占全部新设市场主体的比重降至21.9%。与之对应的是，符合“四个中心”功能定位的新设市场主体呈现活跃态势，科技、文化、信息等高端服务业的新设市场主体占全部新设市场主体的比重达到50.5%。

二是疏解存量推进有序。北京市以疏解非首都功能为“牛鼻子”，明确疏解对象、原则、方法、方式和步骤，稳步推进非首都功能疏解。截至2018年底，北京市累计疏解一般制造业企业2 648家，疏解提升市场581家、物流中心106个。动物园、大红门、天意、万通、永外城等区域性批发市场撤并升级、外迁或就地关停，北京信息科技大学、北京建筑大学、北京城市学院等高校向五环外的新校区疏解师生累计超过3万人，北京天坛医院、北京同仁医院、北京友谊医院、北京口腔医院、北京大学第六医院等医院建设新院区，进一步优化北京市医疗卫生资源布局。

三是北京市“大城市病”明显缓解。首先，人口得到有效控制，《北京统计年鉴2019》显示，2018年末，北京市年末常住人口为2 154.2万人，比2017年下降16.5万人，同比下降0.76%，增量和增速连续两年保持负增长，外来人口和户籍人口呈现“双降”态势。其次，交通状况有所好转，2018年，中心城区高峰时段平均交通指数下降1.8%，市域内的高速公路断头路全部消除。最后，资源环境压力有所下降，2018年，北京市城乡建设用地减量34平方千米，全员劳动生产率达24万元/人左右，单位地区生产总值能耗同比下降3.5%，PM2.5同比下降12.1%，二氧化硫、PM2.5、PM10和二氧化氮年均浓度五年累计分别下降77.8%、42.7%、27.8%和25.0%。

同时，农业、重工业、服务业三个产业也不断推进突破，区域协调发展创新势头良好，基本公共服务共建共享取得进展。但区域之间“断崖式”发展，从城市规模看，2017年，河北省只有石家庄市和保定市两个地级市常住人口超过1 000万人，有5个地级市常住人口不到500万人，而北京市常住人口已经超过2 000万人，天津市常住人口也超过1 500万人。通过常住人口和户籍人口对比发现，北京市和天津市都是常住人口远大于户籍人口，表明京津两地吸引外来人口较多。反观河北省的地级市，多数城市的常住人口小于户籍人口。从经济发展水平来看，2017年，河北省经济发展水平最高的唐山市地区生产总值仅占北京市的23.3%和天津市的35.2%，人均地区生产总值仅占北京市的64.3%和天津市的69.8%。除唐山市和石家庄市外，2017年，河北省其他地级市的地区生产总值均在4 000亿元以下。由于河北省的城市规模和经济发展水平普遍不高，因此京津冀地区多中心、网络化的世界级城市群建设滞后于长三角地区和粤港澳大湾区。

河北省与北京市经济差距进一步拉大。京津冀协同发展战略实施五年后，京津冀地区生产总值占全国的比重从2014年的10.4%下降至2018年的9.5%。在京津冀内部，三地的经济发展差距非但没有缩小，反而呈现越拉越大的趋势，这与京津冀协同发展的目标明显背离。根据《2019中国统计年鉴》，北京市地区生产总值占京津冀的比重从2014年的32.1%上升至2018年的35.6%，天津市占京津冀的比重则从2014年的23.7%下降至2018年的22.1%，河北省占京津冀的比重从2014年的44.3%下降至2018年的42.3%。2018年，河北省人均地区生产总值仅为北京市的34.1%和天津市的39.6%，与2014年相比，河北省人均地区生产总值占北京市的比重下降了5.9%。

北京市的非首都职能疏解存在结构性问题，目前，北京市非首都功能疏解存在的问题主要体现在以下三个方面。一是产业功能增量控制较为有效，但存量疏解面临障碍。北京市通过实施《北京市新增产业的禁止和限制目录》来提高新增产业准入门槛，严格控制不符合首都功能的产业，源头控制效果较好，但存量疏解尚存在一些问题和障碍。如第一类重点疏解对象是以钢铁、有色金属、建材等为代表的高耗能、高污染行业，不但不符合首都功能定位，也不符合津冀两地功能定位，与河北省强力推进的以化解过剩产能、治理雾霾为核心的产业转型升级相冲突，因此很多需要就地淘汰。而北京市的一般性制造业疏解到津冀地区更多是以产能扩张而非整体搬迁的形式进行，如北京现代沧州工厂、北汽集团(华北)微车基地等重大标志性项目以及中关村企业到津冀两地的共建产业园区设立分支机构。以首钢和燕山石化为代表的央企、国企搬迁面临承接地公共服务难以满足员工需求的突出问题，存在“业走人留”难题。民营企业、外资企业与合资企业由于有合约限制，难以采用行政化的手段强制搬迁。二是公共服务功能向北京市郊区疏解取得进展，但向津冀地区疏解进展较慢。公共服务功能和行政功能集聚是北京市吸引产业、人口和高端创新要素不断涌入的重要原因。北京市非首都功能疏解的难点在于如何疏解与首都核心功能关系不密切或服务于全国的部分公共服务功能和行政功能。针对第三类公共服务功能，由于不少在京高校、医院等公共服务机构属于中央或国家相关部委直接管辖，北京市政府并无直接决策权，涉及部门较多，协调难度较大。这些机构多为事业单位，单位职工拥有北京户口或能够享受到北京市的优质公共服务，普遍不愿搬离北京市域范围，即便疏解也是从北京市中心城区向五环外疏解，或者在津冀地区建立分校、分院，合作办学，合作办医，对口支援等。如北京信息科技大学昌平新校区、北京城市学院顺义新校区、北京友谊医院通州新院区、北京安贞医院通州新院区等都是从北京市的城六区迁移至主城区以外，北京市对口帮扶河北雄安新区建设的3所学校和1所医院等。三是行政功能疏解由中央政府强力推动，但向北京市“两翼”之外疏解难度较大。针对第四类以部分行政性、事业性服务机构和企业总部为代表的行政功能，更多的是向北京城市副中心和河北省雄安新区集中转移。目前，在中央政府强力推动下，北京市部分行政功能已经转移至北京城市副中心，部分中央企业总部转移至河北省雄安新区，但行政性、事业性服务机构，以及民营企业和外资企业总部转移至津冀两地的尚不多见。根本原因在于津冀两地与北京市在基本公共服务领域存在落差，疏解地难以满足高端人口对子女教育、基本医疗、社会保障等公共服务的需求，而且远离北京市也意味着失去不少行政资源。

生态环境保护的市场机制不健全，产业转型升级存在平台承接分散、承接能力不足和承接产业错位等问题。京津冀协同发展战略背后，农业、工业、服务业发展进程中存在成就与不足。通过对三大产业的分析与解读，深入了解京津冀协同发展战略发展进程，从而更好地查漏补缺，以早日实现京津冀协同发展的战略目标。

一、京津冀协同发展背景下农业发展进程

在疏解非首都功能，推动京津冀农业协同发展的进程中，北京市都市型现代农业以深化推进农业供给侧结构性改革为主线，创新农业发展理念，转变农业发展方式，形成了崭新的生态供给、产业供给、科技供给以及要素供给，为构建现代化农业产业体系、生产体系、经营体系提供了有力支撑，为全面实现农业现代化建设奠定了坚实基础。

长期以来，北京市“菜篮子”“果盘子”等供应充足，但是优质、高端、绿色的农产品供给不足，随着居民生活水平的不断提高，消费者对于优质、安全、特色农产品的需求持续攀升，从“吃得饱”逐渐向“吃得好”转变。北京市以及天津市农业的标准化、产业化、集约化、融合化发展面临挑战，农业供给侧结构性改革势在必行。

1. 京津冀地区农业供给侧结构性改革的成效

在京津冀协同发展战略的大背景下，北京市以“调转节”为抓手，全面优化农业结构，积极推进京津冀协同发展同生态环境保护有机结合，在发展农业的过程中注重低碳环保理念的实施，农业生态供给明显提升。

河北省对于农业经济的改革立足于当前，放眼未来，优化调整农业结构，重点推进种植业、畜牧业的调整，促进农业的转型升级。在种植业方面，大力发展节水农业，调减高耗水作物，积极推广节水抗旱品种，利用调整出来的土地植树造林，发展苗圃和景观农业。在改善城市周边生态环境的同时，景观农业的快速发展成为许多农户的增收来源。

北京市以及天津市休闲农业和民俗旅游发展较为迅速，在农业供给侧结构性改革的推动和都市居民日益增长的需求的拉动下，休闲农业已经从简单的采摘发展到体验性、文化性服务产业，民俗旅游业也已经从农家乐发展到农村酒店、民俗活动等业态，都市型现代农业多功能开发、多产业融合发展、多领域跨界经营的模式不断创新，休闲农业和民俗旅游发展势头强劲。

2. 京津冀地区农业改革的不足

都市型现代农业持续以消费群体多元化、个性化、高端化为重点发展方向，以健康安全农业为龙头，集加工农工业、休闲农业、会展农业、沟域经济为特色的现代农业产业体系。北京市及天津市都市型现代农业供给侧结构，仍然面临着一系列问题。

河北省农业的生产方式比较粗放，生态资源消耗量仍然很大，农业污染仍然严重，耕地质量问题仍然突出，施肥技术也有待改善。一些家庭农场、养殖大户由于缺乏青壮年劳动力，缺乏具有市场经济意识和农业技能的高素质劳动力，生产经营较为粗放随意，经济效益不高；众多农业合作社规范化程度较低，在增加农民收入、促进农业科技推广等方面还有待提高；龙头企业的深加工和农产品的出口创汇等方面还较为薄弱，难以在国际市场上形成竞争力。在推进创新性发展战略的今天，科技进步、人才培养、资金筹集、市场开拓等方面

的优势对于都市型现代农业的发展促进作用尚未完全发挥。农村的各项产业融合度较低，产品和服务的供给层次仍处于较低的水平，要素整合力度还较小，产业链附加值仍有较大的提升空间，农民利益机制有待完善。

二、京津冀协同发展背景下工业发展进程

京津冀地区在协同发展背景下，不仅要在经济领域加深合作，共同构建首都经济圈，更应在能源利用、环境治理等方面协同发展。同时，我国正值“绿色协调发展”转型的关键时期，将在能源生产和消费上迎来新的变革。

1. 京津冀协同发展背景下工业发展改革的成效

党的第十八届五中全会提出了“创新、协调、绿色、开放、共享”的五大发展理念，在京津冀协同发展的过程中，这五大发展理念贯穿始终。以“绿色化、工业化、信息化”为宗旨，走出一条绿色转型之路。

北京市为转移其非首都职能，一些高耗能的重工业工厂向周边的廊坊、唐山等地转移，同时一些低耗能的绿色化工产业也逐渐向雄安新区等地转移。京津冀协同发展过程中，重工业的转移并不是污染的转移，而是绿色的转移。在京津冀协同发展的过程中，碳排放量呈现逐年递减的态势，其中工业能耗碳排放量也在波动中呈逐年递减趋势。

由于目前京津冀城市群尚处于工业化中期阶段，“工业强群”一直以来是京津冀协同发展过程中坚持的发展战略。在这一过程中，走依靠科技进步、提高劳动者素质、增强自主创新能力、优化产业结构、节能减排和保护环境的新型工业化道路，京津冀城市群将建成北方重要的高新技术产业和先进制造业基地。

两个“一体两翼”加快建设。一是北京城市副中心建设加快。目前，《北京城市副中心控制性详细规划(街区层面)(2016 年—2035 年)》已经获得国务院批复，《通州区总体规划》法定审查程序已经完成，《通州区与廊坊北三县地区整合规划》编制趋于完善，加强北京城市副中心政策集成创新意见陆续出台。北京市的市级行政中心率先迁入城市副中心，第一批搬迁完成 35 个部门、165 家单位和 1.2 万人，带动约 40 万人从北京市中心城区向外疏解。二是河北省雄安新区“横空出世”。雄安新区顶层设计是一个系统工程，目前已完成“1 +4 +26”规划编制，形成“1 + N”政策体系，已由顶层设计转入大规模实质性开工建设阶段。基础工程项目率先启动，雄安市民服务中心建成投用，京雄城际、国际科技成果展示交易中心等开工建设，白洋淀及流域治理加快推进，雄安新区公共资源交易中心揭牌，中关村与雄安新区签署共建雄安新区中关村科技园协议，北京市援建雄安新区的交钥匙项目“三校一院”启动。“千年秀林”建设初见成效，截至 2019 年 6 月底，累计造林 17 万多亩①，植树 1 200 余万株。高起点承接北京市非首都功能疏解，截至 2019 年 6 月底，雄安新区来自北京市的注册企业达到 314 户，注册资金达到 257 亿元，央企已完成各类工程项目 94 个，完成投资大约 40 亿元，正在建设的项目达到 149 个，计划投资总额达到 339 亿元。三是冬奥会筹

① 1 亩 =666.67 平方米

办工作稳步推进。截至2019年上半年,"10+7"规划体系编制和重点项目设计全部完成,张家口市赛区76个场馆和配套基础设施项目开工70个,完工5个。围绕奥运经济,张家口积极发展冰雪运动和冰雪产业,截至2018年底,承办体育赛事70项,举办群众性冰雪运动100次,建立冰雪运动特色学校62所,签约冰雪运动装备项目21个。河北省借力冬奥会筹办,统筹"两翼"协调发展,重点打造张北地区绿色发展示范翼和雄安新区创新发展引领翼,力争交出冬奥会筹办和本地发展两份优异答卷。

依托国际市场需求和高新技术发展前沿,确定京津冀城市群战略性新兴产业发展方向,着重发展电子信息、航天航空、生物材料、新材料、新能源汽车、节能环保等产业,建设一批知名品牌。一系列的发展推动了战略性新兴产业和现代服务业的融合发展、促进了科技成果产业化、提高了京津冀各大城市的战略性新兴产业的综合竞争力和质量水平。

2. 京津冀协同发展背景下工业发展改革的不足

京津冀工业经济发展和环境污染之间存在着密切关系。京津冀地区多年形成的高污染经济发展模式,以及工业化发展和城市化进程带来的严重污染问题,加剧了现存的矛盾——大量的环境污染直接或间接来自工业污染,即工业污染是矛盾的重要来源。京津冀地区自实施京津冀协同发展战略以来,工业能耗碳排放量在波动中呈逐年递减趋势。另外,制造业对于京津冀碳排放的影响最大,电力、燃气以及水的生产和供应次之,相比之下,采矿业对碳排放的贡献相对较低。

区域整体处于工业化的中后期和城镇化的发展期,河北省的许多城市还处于工业化中期阶段,钢铁、建材行业密集,重化工业的特征明显,北京市随着第三产业的快速发展和重工业的转移迁出,工业发展对环境影响减小,但总体环境污染压力大;天津市的工业结构正在转型,但重工业等高污染行业对生态环境影响的压力仍很大。

在疏解北京市非首都功能的过程中,一些落后的产能还没有完全被淘汰,此外还存在一些库存企业有待转移。天津市等地还存在一些电力、钢铁、化工等落后的产能产业,如钢铁、电力、水泥、化工、印染等行业还存在一些有待淘汰的小型企业和落后生产企业。石家庄市等地依托传统优势,食品、纺织、石化等传统优势产业还有待进一步提高。部分电力、钢铁、焦炭、建材、化肥等传统行业还应加大调整力度,减少产能过剩,促进企业整合重组,加强环境对于企业发展的约束性作用,淘汰、整合、提升一批传统产业。唐山市钢铁、化工、加工制造等产业应逐渐向中高端迈进,围绕化工产业发展基础,以产业链条为导向,促进石油化工、海洋化工、煤化工为主导的新型化工产业格局形成,提高装备的数字化、智能化、自动化水平。加快推进水泥产业的优化重组,引导水泥企业向综合性条件较好或者原材料产地搬迁,巩固提升华北地区重要能源生产地位。

三、京津冀协同发展背景下服务业发展进程

现代服务业已经是京津冀地区重点发展的行业,现代服务业作为第三产业的重要组成部分 ,对于京津冀地区的经济发展起着重要的作用。目前,京津冀地区的主要任务是推进科技服务业快速发展,促进科技创新与科技成果转化,从而为京津冀产业结构升级提供创

新推动力。京津冀地区积极推动科技服务业的发展，大力促进科技创新与科技成果转化，积极培育和发展新的经济增长点，为产业结构优化升级提供了创新推动力。经过一系列发展，河北省科技服务业取得了一定发展，但是，仍存在市场主体发育不健全、服务机构专业化程度不高、发展环境不完善、科技企业融资难、科技成果转化难等问题。

1. 京津冀协同发展背景下服务业发展改革的成效

京津冀各地区的地方财政科技经费支出占比逐渐扩大，河北省孵化器的数量不断增加，孵化器带动就业效应明显，同时，孵化器和众创空间为产业创新提供优质平台和环境，利于科技型中小企业发展，进而推动服务创新创业平台的完善。同时技术市场交易成交额逐步扩大，在优先发展科技金融和创新经济发展的带动下，风险投资机构加快聚集，资本管理规模持续扩张。京津冀系统推进全面创新改革试验取得实质性成效，14 项重大改革举措已经完成并逐步向全国推广。北京市加强全国科技创新中心建设 16 项任务积极推进，河北省石保廊全面创新改革试验区 28 项改革任务落地，深化天津市自贸试验区改革开放 128 项任务全面启动。北京市依托中关村科学城、怀柔科学城、未来科学城和北京经济技术开发区“三城一区”创新高地和中关村企业科技创新优势，发挥技术溢出和辐射带动作用，五年间输出到津冀的技术合同成交额累计约 780 亿元，中关村企业在津冀设立分支机构约 7 500 家，12 家中关村企业入驻雄安中关村科技产业基地。京津两地成为河北省科技供给的主要源头，1 400 多家京津高新技术企业落户到河北省。2018 年，河北省吸纳京津技术合同成交额 204 亿元，同比增长 24.6%，2017 年和 2018 年新增国家级高新技术企业约 3 000 家，是此前历史总和的 1.5 倍。

共建一批京津冀协同创新载体平台。京津冀三地共同确定了武清京津产业新城、白洋淀科技城、曹妃甸循环经济示范区、石家庄正定新区等 15 个协同创新重点平台。中关村除位于北京市的“一区十六园”外，还与津冀两地共建天津滨海—中关村科技园、宝坻京津中关村科技城、中关村海淀园秦皇岛分园、保定—中关村创新中心、雄安新区中关村科技园等多个跨区域的科技合作园区，探索出一区多园、总部—孵化基地、共建共管、整体托管、创新链合作等科技园区合作模式。

区域一体化交通网络基本形成。铁路方面，京津冀城际铁路投资公司成立，京津城际、京石高铁、石济高铁、津保铁路、张唐铁路等建成通车，京唐城际、京滨城际、京雄城际、京张高铁、张呼高铁、大张高铁等加快建设，“轨道上的京津冀”逐渐形成。公路方面，张承高速、太行山高速、京秦高速部分路段等建成通车，天津市和石家庄市之间首条直达的津石高速公路加快建设，京台、京港澳和京昆等跨区域高速公路打通，京津冀超过 800 千米的“断头路”和“瓶颈路”打通或扩容，京津冀环形列车和通勤动车开行，京津冀交通一卡通累计发卡超过 180 万张，主要城市“一小时交通圈”和环首都“半小时通勤圈”初步形成。机场方面，河北机场集团纳入首都机场集团统一管理，北戴河机场、承德机场、沧州机场等投入运营，唐山机场扩建完工，北京大兴国际机场投入使用，天津航空口岸大通关基地（一期）开工，京津冀机场群布局更加优化。港口方面，天津市和河北省加快港口资源整合与基础设施建设，成立津冀渤海港口投资公司和津唐国际集装箱码头有限公司，推动京唐港与曹妃甸港整合重组，开通津冀环渤海内支线，形成津冀港口群干支联动、相互支撑、错位发展、优势互补的有利格局。

基本公共服务共建共享取得新突破。一是教育合作不断加深。五年来，京津冀建成工业院校、师范院校、农林院校、医科院校等12个创新发展联盟、10个跨区域特色职教集团（联盟）和5个职业教育平台。共享优质教育资源，开展人才联合培养，实施高校干部和教师异地挂职交流，北京市对津冀两地开展教育帮扶项目60余项。京冀两地联合印发《北京市支持河北雄安新区"交钥匙"项目实施暂行办法》，北京市以"交钥匙"的方式支持河北省雄安新区建设3所学校和1所医院。北京市对口支持河北省雄安新区的4所北京学校雄安校区正式挂牌。二是医疗卫生协作持续深入。京津冀积极开展医疗卫生领域合作，实施区域医疗机构临床检验结果互认、医学影像检查资料共享、医疗保险转移接续和异地就医服务试点。五年来，北京市17家医院与河北省的医院建立合作关系，33项临床检验结果在京津冀296家医疗机构实现互认，20项医学影像检查结果在155家医疗机构实现共享，京津冀新农合信息平台成功对接，河北燕达医院率先实现异地就医直接持卡结算，在京医院帮扶河北省建立13家区域医疗中心，北京市对口帮扶河北雄安新区建设5所医疗卫生机构。

北京市近年来在新兴产业领域都有快速的发展，如新能源、节能环保、物联网以及新材料等领域的高附加值产业群已初具规模，高技术行业必将成为拉动经济增长的主要动力。天津市的现代航运业、航天航空业、新能源居于世界前列，在战略性新兴产业领域已经形成了相当规模。

在生态环境建设方面，塞罕坝国家级自然保护区也是促进京津冀协同发展的一项重要工程。塞罕坝国家级自然保护区是华北北部发挥生态保护作用的天然绿色屏障，是国家湿地类型自然保护区之一。在旅游业方面，塞罕坝国家级自然保护区对河北地区经济发展起到了促进作用，同时吸引了北京市、天津市等地区的游客消费，在一定程度上促进了京津冀经济的协同发展、生态环境质量得到有效改善。大气污染治理方面，建立了京津冀及周边地区大气污染联防联控协作机制，成立了由国务院领导亲任组长的京津冀及周边地区大气污染防治领导小组，制定了《京津冀及周边地区大气污染防治中长期规划》，签署了《京津冀区域环境保护率先突破合作框架协议》，实施了京津冀及周边地区秋冬季大气污染综合治理攻坚行动方案和打赢蓝天保卫战三年行动计划，通过淘汰落后产能，发展清洁能源，控制工业、机动车、燃煤、扬尘污染等措施，有效改善了京津冀地区的空气质量。2018年，京津冀地区PM2.5平均浓度比2013年下降约40%，北京市、天津市和河北省的重污染天数分别从2013年的58天、49天、80天减少到15天、10天、17天，空气质量达到近年最好水平。水污染治理方面，建立了引滦入津、密云水库上游潮白河等相关流域跨区域横向生态补偿机制，推进永定河、白洋淀和衡水湖等的综合治理。生态建设方面，加快张承生态功能区的生态修复，建设首都水源涵养功能区和生态环境支撑区，实施京津保生态过渡带、"三北"防护林、京津风沙源治理等重大生态工程，京津冀三地完成植树造林3 200万亩以上。

产业联动发展取得重大进展。产业对接机制方面，建立了京津冀协同办主任联席会议制度和有关部门联席会商制度，发布了《京津冀协同发展产业升级转移规划》《京津冀产业转移指南》和《京津冀协同发展产业转移对接企业税收收入分享办法》，出台了一系列促进产业升级转移的政策措施。产业协同发展方面，北京现代沧州工厂、北汽集团（华北）微车基地、张家口北汽福田、首钢京唐二期、曹妃甸千万吨级炼油项目等一批重大产业合作项目落地，武清京津产业新城、张北云计算产业基地、承德大数据产业园、金隅曹妃甸示范产业园、北京·沧州生物医药园等一批共建产业园区建成。在此带动下，北京企业五年来对津冀投资的认缴出资额累计超过7 000亿元。载体平台建设方面，京津冀三地共同研究制定了《关于加强京津冀产业转移承接重点平台建设的意见》，明确了“2+4+46”承接平台，即北京城市副中心和河北省雄安新区2个集中承载地，曹妃甸区、新机场临空经济区、滨海新区和张承生态功能区4个战略合作功能区，以及46个专业化、特色化承接平台。产业空间布局方面，京津冀三地明确了“五区五带五链”的产业发展格局，更加注重区域产业链上下游协同和产业链梯次布局。产业转型升级方面，设立了京津冀产业协同发展投资基金和京津冀产业结构调整引导基金，引导区域产业结构调整和转型升级。北京市加快构建“高精尖”产业结构，服务业占比超过80%；天津市坚持先进制造业和现代服务业“双轮驱动”，战略性新兴产业成为主导产业；河北省积极落实《河北省全国产业转型升级试验区规划》，压减钢铁、水泥、玻璃等过剩产能，服务业对经济增长的贡献率超过60%。

国家层面强力推动。党的十八大以来，曾召开10次推动京津冀协同发展的重要会议，作出一系列重要指示，为京津冀协同发展指明了方向。为加强组织领导，中央成立了京津冀协同发展领导小组。国务院专门成立高规格的专家咨询委员会，对协同发展重大问题开展研究并提出意见和建议，为党中央、国务院科学决策提供智力支持。京津冀三地也各自成立了协同发展领导小组和专家咨询委员会，以推进重大国家战略落地见效。

规划体系的“四梁八柱”基本形成。2015年4月30日，中共中央政治局会议审议通过《京津冀协同发展规划纲要》，为推进京津冀协同发展战略提供了基本遵循。此后，全国首个跨省级行政区的《“十三五”时期京津冀国民经济和社会发展规划》和京津冀空间规划编制完成，交通、产业、科技、生态环保等领域的12个专项规划和一系列政策相继出台，三省市围绕各自功能定位也制定了贯彻落实《京津冀协同发展规划纲要》的实施意见、实施方案和配套专项规划。随着北京城市副中心和河北省雄安新区的高起点规划、高标准建设，京津冀协同发展正在向深度、广度拓展，围绕北京城市副中心和河北省雄安新区的相关规划体系日益完善。综合而言，京津冀三地已经建立起目标同向、层次明确、措施一体、相互衔接的协同发展规划体系，为三省市“一张图”规划、“一盘棋”建设和“一体化”发展提供了行动指南。

2. 京津冀协同发展背景下服务业发展改革的不足

京津冀地区的第三产业中，交通运输、仓储和邮政业以及金融业和房地产业等各地之间发展差距较大，而批发零售、住宿餐饮行业等生活性服务业各地区发展差距不大。京津冀战略性新兴产业协同创新发展仍然存在相关问题，战略性新兴产业的发展方向仍然是建立在自身的区位基础之上，在制定规划时以利益为本追求大而全的发展目标，导致资源配置不合理,同时也给生态环境带来巨大的压力,造成一些资源浪费,使京津冀三地战略性新兴产业的发展达到瓶颈。

交通一体化方面存在路网布局和交通方式衔接短板。服务于京津冀城市群人员出行和货物流通的多层次、大容量、快速便捷的轨道交通还须进一步加密路网和优化布局。目前,京广线城市间交通较为便捷,京津保地区也基本可以实现一小时交通圈,但张承、冀中南等城市间的通勤时间较长。以乘坐铁路出行为例,张家口市至临近的承德需要换乘,保定至临近的沧州市需要换乘,石家庄市至临近的沧州市最快也需近4个小时。北京市与津冀地区各城市间的交通线路相对完善,但津冀地区各城市之间的交通通达性较差。以城际铁路为例,目前已建和在建的城际铁路如京津城际、京唐城际、京滨城际、京雄城际等,主要是为了方便人员、货物、资源进出北京市,津冀各城市之间的城际铁路较为缺乏。这一方面加大了北京市过境压力,另一方面也弱化了津冀各城市间的经济联系。随着河北省雄安新区建设的加快,京津冀交通网络将因区域经济地理格局重塑而有所调整和优化。为发挥雄安新区辐射带动作用,除与京津两地的交通对接之外,雄安新区与冀中南、沿海地区的交通线路应适度超前谋划。此外,京津冀三地在公路、铁路、航空、海运等多种运输方式之间的衔接不够紧密,人员和物资在不同运输方式之间不能实现无缝对接,公铁联运、海铁联运、空铁联运、空海联运等多式联运需要进一步加强。

在旅游业方面,塞罕坝国家级自然保护区在发展过程中也面临着许多威胁。居民受利益驱动对于湿地保护力度不够,使湿地原生植被遭到破坏。旅游者的不文明行为导致湿地环境破坏,影响了湿地功能和效益的发挥。塞罕坝地区清爽宜人的生态环境使得旅游者逐年增加,环境污染对湿地的威胁也在迅速加剧,对生物多样性造成严重影响。

北京市作为首都,拥有充足的自然环境资源。而河北省占地面积大,也拥有充足的自然资源和生物资源,但是在资源配置等方面往往处于从属和辅助地位,对河北省旅游业的发展在一定程度上有一定的阻碍作用。资源补偿型生态转移对河北地区的产业转移在一定程度上形成了不平衡的京津冀配置局面。河北省为北京市、天津市建立绿色屏障,减少沙尘暴对北京市和天津市的影响。同时,河北还在水源供给、生态移民等方面建立了绿色输出机制,然而这些措施实施过后均没有得到互相平衡的补偿,导致河北省大多数欠发达地区付出了环境代价却没有得到应有的经济补偿。区域生态环境保护方面存在市场机制不健全难题。京津冀地区采用行政化的手段"铁腕治霾",短期内大气污染联防联治取得较好效果,但科学性和可持续性受到质疑,建立科学合理且可持续的大气污染治理机制仍任重道远。在化解过剩产能、调整能源结构等方面采取"一刀切"手段,对产业结构和能源结构偏重的河北省影响最大。河北省为了保障北京市的"蓝天白云",实施压减过剩产能的"6643"工程和调整能源结构的"煤改气"工程等,导致河北省企业和居民受到较大影响,河北省与北京市经济差距进一步拉大。尽管北京市也会受到产业结构和能源结构调整影响,但北京市已进入后工业化阶段,化解过剩产能对北京市经济影响有限。"煤改气"需要巨大的财政投入,而"化解过剩产能"又导致河北省财政收入明显减少。在当前"分灶吃饭"的财税体制下,如果得不到来自中央的纵向生态补偿和来自京津两地的横向生态补偿,河北省地方政府在“治理雾霾保蓝天”和“发展经济保稳定”两者之间无疑面临取舍难题。在水资源保护方面,尽管目前河北省与京津两地已经建立了水资源的横向生态补偿机制,但补偿标准过低,仅考虑水资源本身价值,未考虑张承生态功能区等为保障京津水资源安全而牺牲的“经济发展权”。张承地区作为京津水源保障地,不仅严格控制新增工业项目,对于存量的“散乱污”企业也坚决取缔。在生态建设和环境保护方面,河北省的治理边际效果最好,但存在巨大的资金投入缺口,“绿水青山”转化为“金山银山”的实现机制需要不断探索。

京津冀三地实现基本公共服务均等化的目标难度较大。京津冀是我国公共服务资源最为密集的地区,但空间分布极不平衡,优质公共服务主要集中在京津地区。河北省尽管在高等学校、医院和医疗机构总数方面并不少,但在优质的教育和医疗资源方面与京津差距较大。以高等教育为例,2017 年,北京拥有 8 所 985 高校和 26 所 211 高校,天津拥有 2 所 985 高校和 3 所 211 高校,河北省辖区内没有 985 和 211 高校。河北省虽然是教育大省,高校数量超过北京和天津,但研发经费投入有限,2017 年,河北省研发经费投入强度只有 1.33%,与北京市的 5.64% 和天津市的 2.47% 差距明显,全省研发经费总投入仅相当于北京市的 28.6%。产业升级转移方面存在承接平台分散、承接能力不足和承接产业错位等问题。一是承接平台存在布局分散和同质化竞争。如 2015 年 4 月通过的《京津冀协同发展规划纲要》提出重点打造“4 + N”功能承接平台,2015 年 11 月印发的《京津冀协同发展产业升级转移规划》确定 20 个产业集聚和转移承接示范园区,2017 年 12 月印发的《关于加强京津冀产业转移承接重点平台建设的意见》确定“2 +4 +46”承接平台,天津市提出重点打造“1 +16”承接平台,河北省确定了以雄安新区集中承载地为核心、曹妃甸协同发展示范区等 5 个协同协作平台为重点、37 个特色个性化专业平台为支撑的重点承接平台体系。显然,津冀承接平台较多,布局较为分散,且功能重叠和同质化竞争较为严重。二是产业承接地的承接能力不足。不少承接平台建在未开发区域,周边产业配套能力差,产业集聚优势不明显,公共服务难以满足转移企业的需求,面临企业“引不来、留不住、难发展”等问题。三是北京市重点疏解的产业与承接地希望承接的产业存在错位。北京市确定的四类重点疏解对象中,第一类高消耗性产业与河北省建设“全国产业转型升级试验区”的功能定位不相适应。第二类区域性物流基地和专业市场符合河北省“全国现代商贸物流重要基地”的功能定位,但这类产业对地方财政收入贡献有限。第三类的公共服务功能和第四类的行政功能是河北省的短板和迫切希望承接的对象,但面临着一系列体制机制障碍,协调难度极大。

区域科技创新落差过大,资源要素流动不畅。北京市拥有全国数量最多的 985 和 211 高校,研发投入强度全国第一,原始创新能力非常强。天津市自主创新和研发转化能力较强,先进制造业基础雄厚。而河北省高端创新要素资源匮乏,科技创新能力不足,科技创新对产业转型升级的支撑力度不够。《2018 中国科技统计年鉴》显示,2017 年,河北省研发经费投入 452.0 亿元,北京市和天津市则分别为 1 579.7 亿元和 458.7 亿元;河北省高技术产业新产品销售收入只有 483.80 亿元,北京市和天津市则分别为 1 756.85 亿元和 1 210.04 亿元。河北省与北京市在科技创新领域落差过大,河北省技术承接能力明显不足,在产业配套、人才支撑、公共服务、营商环境等方面难以满足北京市技术转移方的要求,导致北京市高端创新要素资源越过河北省“蛙跳式”向承接能力较强的长三角和珠三角地区转移。而且京津冀地区市场化水平相对滞后，区域统一的要素市场尚未建立，技术、人才、信息等高端创新要素资源的跨区域流动和优化配置仍存在体制机制障碍。北京市作为首都和直辖市，是全国行政资源和公共服务资源集聚地，拥有多重政策叠加优势，对高端创新要素本身具有很强的吸附能力，这也导致北京市对河北省高端创新要素呈现“单边吸附”态势，“虹吸效应”明显大于“溢出效应”。

区域创新资源共享程度不高，创新主体互动不密切。北京市是全国科技创新中心和原始创新策源地，拥有“三城一区”创新主平台、中关村国家自主创新示范区，以及数量众多的国家重点实验室、国家技术创新中心、国家临床医学研究中心、国家工程研究中心、国家大型科研基础设施等国家级科技创新平台。河北省国家级创新平台较少，只有10家国家重点实验室、5家国家技术创新中心和7家国家工程研究中心，不仅与京津两地差距明显，在全国也处于中下游水平。尽管京津冀通过实行科技创新券制度，部分实现了三地科技创新平台共享和科研设备高效利用，但科技创新券支持的范围、力度、便捷度方面都有很大提升空间。由于受行政区条块分割的限制，北京市丰裕的创新要素资源大量闲置和河北省大量的产业技术需求得不到满足并存。尽管三地打破条块分割，联合设立基础研究合作专项，但2015—2017年仅立项47项，资助经费870万元，难以满足区域产业共性和关键技术需求。尽管三地高校建立了12个协同创新发展联盟，但河北省高校与京津高校在科研能力上的明显差距，导致三地高校实质性合作项目和科研成果并不多。

京津冀创新链与产业链对接不紧密。北京市在原始创新和基础研究领域具有较强实力，但与河北省传统产业转型升级、生态环境治理、民生保障等领域相适应的技术供给明显不足。这是因为北京市的科研主体主要是高校和科研院所，研发经费主要来自政府。《2018中国科技统计年鉴》显示，2017年，北京市R&D经费中52.1%来自政府，而同期浙江省、江苏省和广东省R&D经费中来自政府的比重分别为7.2%、8.5%和10.3%。政府资金支持的R&D活动多为科研导向，对科技成果转化重视不够，容易出现科技与产业“两张皮”现象。此外，在现行科研体制下，在京高校和科研院所尽管很多，但体制内的科研人员重视“拿项目、做课题、出论文、报奖项、评职称、争头衔”，对服务河北省经济社会发展兴趣不足，而且申报相关课题也不容易立项，导致北京市“高大上”的技术供给与河北省相对低端的技术需求产生明显错位。

综合来看，京津冀协同发展战略实施六年以来，已经取得显著成就，但还在产业转型升级、生态环境建设等方面存在许多问题，在今后的京津冀协同发展方面应多方面改进。

四、京津冀协同发展的未来展望

1.把中央顶层设计和地方实践探索结合起来，形成可复制推广的制度创新成果

一是不断完善顶层设计，推进规划政策落地。目前，京津冀协同发展的顶层设计基本完成，正转入全面落地实施阶段，需要根据战略实施过程中出现的新情况和新问题，及时进行规划修编和政策调整，保证规划和政策体系的科学性、可行性和灵活性，确保京津冀三地

“一张图”规划、“一盘棋”建设和“一体化”发展。目前京津冀协同发展已经形成规划体系的“四梁八柱”，但由于受“行政区经济”束缚，一些制约生态共建共享、要素有序流动和资源优化配置的体制机制障碍仍然存在。在京津冀三地政治经济地位不对等的情况下，需要中央政府出面协调，建立“三地四方”区域协调发展机制，如跨区域的生态补偿机制、财税利益分享机制、GDP 统计共计机制、官员考核晋升机制和改革创新容错纠错机制等。

二是鼓励地方先行先试，积累成熟经验和模式。京津冀地区是我国大城市病最为突出、资源环境超载矛盾最为严重、区际发展差距最为悬殊、区域行政经济地位最不对等、区域协调发展最为迫切的地区，需要在全国率先探索出一条协同解决“大城市病”、资源环境可承载、要素流动自由充分的高质量协调发展新路。当前，京津冀协同发展正向深度、广度拓展，改革已进入深水区，涉及的广度、深度和力度都前所未有，面临的风险挑战也前所未有。仅靠中央顶层设计是远远不够的，还需要发挥地方首创精神，通过“摸着石头过河”积累成熟经验和模式，形成中央顶层设计与地方先行先试的良性互动机制，防范区域性、系统性风险，形成更多可复制、可推广的制度创新成果。

三是及时总结先进经验和模式，在更大范围进行复制推广。目前，京津冀三地已经在产业联动发展、区域协同创新、交通一体化、生态联防联治、城市群建设、高质量发展等方面有了不少实践探索，需要及时总结先进经验和模式，在更大范围内进行复制推广。如在区域产业联动发展方面，形成了北京市中关村的一区多园模式、天津市滨海—中关村科技园的共建共管模式、宝坻京津中关村科技城的“类中关村生态环境”模式、中关村海淀园秦皇岛分园的税收分配模式、保定—中关村创新中心的整体托管模式、北京·沧州渤海新区生物医药产业园的异地监管模式、秦皇岛固安孵化基地的产学研合作模式和北京亦庄·永清高新技术产业区的全产业链合作模式等产业园区合作模式。在区域协同创新方面，北京市加强全国科技创新中心建设 16 项任务、北京城市副中心集成创新政策、石保廊全面创新改革试验区 32 项改革任务都已取得阶段性成果。在区域协调发展方面，北京城市副中心与廊坊北三县“统一规划、统一政策、统一管控”，河北省雄安新区纳入北京城市总体规划，“通武廊”地区实施人才一体化改革等。当前，需要及时总结已有的成熟经验和模式，力争为全国其他地区提供可复制、可推广的制度创新成果。

2. 把北京市“减量发展”和“辐射带动”结合起来，缩小河北省与京津发展差距

解决北京市“大城市病”是北京市非首都功能疏解的初心，但最终目标是在北京市“减量发展”解决自身“大城市病”的同时，发挥北京市对区域的辐射带动作用，缩小区际经济发展差距，促进基本公共服务均等化，形成多中心、网络化的世界级城市群，实现区域协调可持续发展。过去五年，北京市重点通过严控增量和疏解存量双向发力实现“减量发展”，进而解决北京市的“大城市病”。但从成效来看，河北省与北京市的发展差距却越拉越大，北京市疏解的四类重点功能中，第一类和第二类产业功能疏解取得了一些进展，但面临的突出问题是北京市制造业存量有限，而且疏解的多为高消耗性的低端制造业，与津冀产业功能定位不匹配，汽车等高端制造业作为纳税和产值较高的行业，不是倾向于整体搬迁，而是在京内强化、京外建设生产基地及工厂，实施异地扩张。而第三类公共服务功能和第四类

行政功能除了向北京市城六区之外疏解，以及到津冀地区设立分支机构或对口支援之外，跨行政区疏解搬迁几乎没有任何实质性进展，未来可能会有一部分集中搬迁到河北省雄安新区。

未来一段时期，北京市非首都功能疏解迫切需要把解决北京市“大城市病”和促进津冀两地加快发展结合起来，产业功能疏解的思路要从“北京减量—升级转移—津冀承接”向“北京有增有减—低端升级转移和高端辐射溢出—津冀精准高点承接”转变，公共服务和行政功能疏解要从“政府主导—行政命令—强制搬迁”向“政府因势利导—分类施策和采用市场化手段—增强疏解的主动性和积极性”转变。对于高端产业，不是限制北京市发展，而是在鼓励北京市做大做强的同时，利用河北省土地和人力资源廉价优势，创新体制机制，发挥北京市高端制造业和创新要素资源辐射带动作用，在发展中缩小河北省与京津发展差距，提升京津冀区域整体竞争力。对于公共服务和行政功能的疏解，政府和市场应同时发力，更加注重市场配置资源的决定性作用，建立市场化的激励和倒逼机制，推出户籍、社会保障、土地、财税等一系列配套政策，汇聚疏解地的推力、承接地的拉力、疏解机构的动力和中央部门的助力，形成疏解合力，确保疏解机构“转得出、留得住、发展得好”。

当然，河北省的发展不能仅仅寄希望于北京市和天津市的帮扶，而应把更多精力放在培养内生发展动力上。长期以来，河北省的经济发展战略总是摇摆不定，寄希望于借力京津加快发展。如河北省的区域发展战略曾经历“环京津”（1986）、“两环（环京津、环渤海）开放带动”（1995）、“打造沿海经济强省”（2007）、“一圈（环首都经济圈）一带（沿海经济隆起带）一区（冀中南经济区）”（2010）等战略，主要是围绕京津两地进行战略布局，但结果出现了令人尴尬的“环京津贫困带”。2014 年以后，在全域纳入京津冀协同发展国家战略后，河北省仍寄希望于在借力京津和服务京津中加快发展自己，但借助外力只能“锦上添花”。随着雄安新区的设立和冬奥会的举办，河北省的区域发展战略重点调整为“一体两翼”，举全省之力办好京津冀协同发展、雄安新区规划建设和冬奥会筹办三件大事。河北省不能再在区域发展战略上摇摆不定，而要尽快形成稳定的区域发展战略。未来，河北省应抓住雄安新区作为“千年大计、国家大事”带来的历史机遇，真正解放思想，敢于改革创新和政策试错，从“等靠要”的传统思想观念转变为“向改革要动力、向开放要潜力、向市场要活力”，打造全面深化改革、扩大开放的制度创新增长极，尽快形成经济增长新引擎，促进全省创新发展、绿色发展和高质量发展，缩小与京津发展的差距。

3. 以两个“一体两翼”建设为契机，培育京津冀世界级城市群

河北雄安新区与北京城市副中心构成北京的“两翼”，雄安新区与张北地区构成河北省的“两翼”，京冀两个“一体两翼”正在重塑京津冀地区经济地理格局，有利于加快形成多中心网络化的京津冀世界级城市群。

北京城市副中心和河北省雄安新区作为北京市的“两翼”，是北京市非首都功能疏解的两个集中承载地。其中，城市副中心是北京市的行政副中心，目前已经完成了第一批市属行政单位搬迁工作，正在谋划推进第二批市属行政单位搬迁。雄安新区是“跳出北京建新城”的首都功能拓展区，重点承接高端高新产业，以及在京高校、医疗机构、企业总部、金融

机构、事业单位等公共服务功能和部分行政功能。雄安新区作为京津冀协同发展向纵深推进的战略布局,未来要在科技创新和制度创新上有所突破,将北京的国家自主创新示范区、服务业扩大开放、城市副中心集成创新等政策综合起来,将北京市的"全国科技创新中心"功能融合进来,打造未来科技新城和体制机制创新高地。

雄安新区与张北地区构成河北省的"两翼",是河北省加快发展和跨越赶超的重要契机。目前,雄安新区顶层设计已经完成,正在转入大规模的实质性开工建设阶段。作为河北省"创新发展引领翼",未来雄安新区需要把高起点的规划蓝图转化为具体的路线图、项目表和施工图,坚持高标准建设、高水平推进和高质量发展,尽快形成一幅"塔吊林立、热火朝天"的发展图景,让创新力量在雄安新区竞相涌流,让市场活力在雄安新区充分迸发,让高质量发展成为雄安新区最真实的写照。作为河北省"绿色发展示范翼",张北地区需要贯彻落实生态文明思想,以冬奥会为契机,加快场馆和道路等基础设施建设,实施一批绿色生态项目,发展冰雪产业等绿色产业,探索把"绿水青山"变成"金山银山"的实现机制。

4. 以"京津雄创新三角"为引领,打造京津冀协同创新共同体

以雄安新区为突破口,借力京津科技资源,打造"京津雄创新三角"。发挥北京市"全国科技创新中心"和京津"国家自主创新示范区"的科技创新优势,推进京津两地的科技创新领域国家支持政策在雄安新区延伸覆盖,辐射带动雄安新区创新能力提升。把雄安新区作为京津冀协同发展向纵深推进的制度创新"试验田",开展系统性、整体性和协同性的改革试验,在管理体制、财税体制、土地开发利用、住房制度、投融资模式、双创示范基地、服务业扩大开放、军民融合、公共服务、城市治理等方面进行改革创新试点,形成制度创新增长极。

促进京津冀创新要素资源有序流动和充分共享,形成区域协同创新共同体。打破行政分割所导致的人才、知识、技术、信息等创新要素资源流动障碍,建立区域统一要素市场和技术交易服务标准,推动科技创新成果、专业技能、人才资质等在三地互认,实现更大范围的资源优化配置。整合区域内的科技创新资源,推动首都科技资源平台、中关村—滨海开放式实验室等重大科技基础设施、试验场所、科研平台和大型科学仪器设备等开放共享。推进北京市"三城一区"、天津市滨海国家自主创新示范区、雄安新区创新驱动发展引领区、石保廊全面创新改革试验区、京南国家科技成果转移转化示范区和环首都现代农业科技示范带等区域创新高地的政策对接,打通京津冀创新链条,提升京津冀协同创新能力。

促进京津冀创新链与产业链紧密对接。北京市的科技创新要与河北省传统产业转型升级、冬奥会筹办、生态环境保护、科技和产业扶贫等重点领域的技术需求对接,重点解决北京市技术供给与河北省技术需求脱节的问题。发挥北京市原始创新、天津市自主创新和河北省研发转化的互补优势,尽快形成"京津研发、河北转化"的京津冀创新链与产业链对接模式。京津冀三地围绕区域共性关键产业技术需求,加大政府支持力度,鼓励联合攻关,协同突破制约技术发展和成果转化的难点、堵点和痛点。以"五区五带五链"为重点,以"2+4+46"重点合作平台为支撑,探索形成京津冀"众创空间—孵化器—加速器—科技园区"全链条孵化模式,打造京津冀创新链、产业链与政策链无缝对接的创新型产业集群。

5. 以交通和生态领域为突破口,开创京津冀协同发展新格局

交通和生态领域是京津冀协同发展率先突破的重点领域，最能彰显京津冀协同发展战略的实施效果，也可以为全国其他地区提供经验借鉴。目前，京津冀交通一体化面临的突出问题是区域路网布局和交通方式衔接存在短板。应加密和优化区域铁路公路网，建立多层次、大容量、快速便捷的轨道交通网络，尤其是加强天津市与河北省各地级市之间的城际（如天津市和石家庄市之间、石家庄市和沧州市之间等）铁路建设。应前瞻布局雄安新区至冀中南和沿海地区的轨道交通，发挥雄安新区对冀中南地区和河北省沿海地区的辐射带动作用。应合理布局综合交通枢纽，加强公路、铁路、航空、海运等多种运输方式有效对接，构建综合交通枢纽和安全便捷换乘换装体系，促进区域内人员和物资高效便捷流动。

在生态环境保护方面，要探索京津冀生态联防联治长效合作机制和“绿水青山”转化为“金山银山”的实现机制，扩大京津冀环境容量、生态空间。对于化解过剩产能和“铁腕治霾”不再采用一刀切的行政手段，而是更多采用经济手段和市场机制，防止因行政命令和任务分解引发“劣企驱逐良企”的市场逆淘汰。尽快建立充分考虑地区发展而非仅仅考虑资源本身价值的跨区域生态补偿机制，尽快形成生态产品理念，建立为清新空气、清洁水源等生态产品估值的科学评估方法和市场交易机制，建立排污权、碳排放权等交易试点。如张承地区作为首都水源涵养功能区和生态环境支撑区，在水源保护、雾霾防治、植树造林、治理“散乱污”企业、限制工业发展等方面承担了较多责任，需要牺牲一定的“经济发展权”来保障京津生态安全。因此，制定科学合理的生态补偿标准，适当提高对张承生态功能区生态补偿额度，才能充分体现区域协调共享发展的内在要求。

第三节　资源概况

资源是经济社会可持续发展的基础和保障，河北省自然资源丰富，是经济、农业、工业和资源大省。随着经济的飞速发展，河北省的资源环境状况不容忽视，资源环境质量下降将严重影响河北省经济健康持续发展，并且目前河北省还没有完全转变“三高一低”的粗放型经济增长方式，因此要想实现高质量的经济发展，我们首先应把握河北省资源环境现状，明确发展中存在的资源环境问题，制定相关政策，进一步加强资源制度的建立与完善，提高自然资源的利用效率。

一、森林资源

2015 年，河北省森林面积 439.33 万公顷①，造林总面积 36.652 万公顷；2016 年，河北省森林面积 439.99 万公顷，造林总面积 58.336 万公顷；2017 年，河北省森林面积 439.33 万公顷，造林总面积 48.127 万公顷；2018 年，河北省森林面积 502.69 万公顷，造林总面积 60.096万公顷。

① 1 公顷 = 10 000 平方米

在河北省森林资源中，人工林所占比重较大。长期以来，由于没有法律法规的约束，天然林乱砍滥伐现象时有发生，并且政府监管力度不够，缺乏长期稳定的资金投入，导致天然林资源减少、生态功能降低。因此我们应严格遵循"分区治理、分类实施"的原则，构筑生态屏障，加快环境绿化步伐，全面推进国土绿化，提升森林生态功能及效益。保护河北省森林资源是建设京津冀生态环境支撑区的必要条件之一，河北省与京津毗邻，生态区位十分重要。河北省天然林主要分布在河流上游、湖库周围和重要山脉核心地带，是维护生态平衡、蓄水保土、应对气候变化、保持生物多样性的关键载体。目前河北省天然公益林建设正在如火如荼地进行，森林资源得以休养生息，实现恢复性增长；森林生态功能退化的趋势得到有效遏制，生物多样性不断丰富，森林质量和生态系统功能逐渐提高，这对于改善京津冀地区生态环境、提高生态承载力、建设京津冀生态环境支撑区具有重要的推动作用。

塞罕坝林场是河北省林业厅直属国有林场、国家级森林公园、国家级自然保护区，为全国最大的人工林林场，总经营面积 9.4 万公顷，其中天然次生林面积为 1.6 万公顷，主要以杨桦树为主。塞罕坝林场的生态效益和社会效益显著，该林场植被多样，在为京津冀地区阻挡风沙、涵养水源等方面做出了非常重要的贡献，为京津冀协同发展建立了一道绿色屏障。塞罕坝林场不仅在改善环境、固碳排氧、调节气候方面发挥着重要作用，其丰富的森林资源及相应的副产品，也增加了农村就业人口和经济收入。我们应继续提高塞罕坝林场的林业发展速度，更新发展观念，以市场为导向强化耕地应用，积极发展旅游经济、推广木材加工、丰富产业结构，确保森林资源可持续发展。通过运用一系列科学的方式方法，提高林场植树造林的效率，从而加快我国整体林业产业的建设步伐。

由于森林资源在维护生态平衡、发展经济等方面具有重要作用，因此我们应不断加强森林资源的投入建设与管理，促进人与自然的和谐相处，实现林场森林资源的可持续发展。运用科学经营的理念合理保护森林资源，扩大宣传范围，并通过严防森林火灾保护生态资源安全、控制森林病虫害维护森林健康、落实责任制度强化资源管护、提高天然次生林培育水平、增加森林经营效益、加强基础设施建设、奠定良好的森林经营基础等一系列的措施，增强河北省森林生态资源的保护与发展，促进我国森林资源科学发展，确保营林造林工作顺利进行，保证工农业的发展，为京津冀协调发展保驾护航。

二、水资源

京津冀地区是典型的资源型严重缺水地区，水资源匮乏的主要原因在于降雨量比较少，京津冀地区的全年平均降水量低于全国平均水平，并且时空分布不均。河北省作为京津冀协同发展的受益者和承担者，一直以来都承担着保护首都用水安全、保护水生态环境的重大责任。

河北省的水资源主要来源于地表水和地下水，2010 年，河北省水资源总量为 138.9 亿立方米，其中地表水资源量为 56.6 亿立方米，地下水资源量 112.9 亿立方米，其他（地表水与地下水资源重复量）为 30.6 亿立方米。河北省属于严重资源性缺水地区，水资源严重不足，2010 年，河北省水资源总量 138.9 亿立方米，人均水资源量 195.3 立方米，人均值不足全国的1/10。

而且，随着京津冀生态文明建设的推进以及社会经济发展，人口逐年增加，水资源利用程度进一步提高，水资源问题日益严重：(1)地表水明显减少，大部分河道、湖泊除汛期外，长年干涸无水，中南部地区已经到了“有河皆干、有水皆污”的境地，生态环境不断恶化；(2)地下水严重超采，河北省是全国地下水利用程度最高的省份之一，由于长期过量开采，地下水位持续下降，形成了众多的地下水漏斗，地下水位大幅度下降，造成区域性地面沉降，导致城市排水困难、建筑物基础下沉等问题。(3)水资源污染严重，大量未经处理的污水倾注河流、渠道，严重污染了地表水和地下水，河北省部分城市的浅层地下水大部分已不能作为饮用水源。河北省面临水资源紧缺与水环境日益恶化的双重严峻形势，这使河北省水资源的承载能力不断降低，严重制约着其经济社会的可持续发展。

河北省应该抓住京津冀协同发展的历史机遇，立足现在，放眼未来，积极推进节水农业发展，转变农业用水方式；加快推进引江引黄工程建设，实现水资源可持续利用；治理地下水超采，改善地下水生态；利用“互联网+”技术，推进节水模式的创新；开展节水型社会建设活动，实施阶梯定价，提升水资源利用效率；启动水资源费改税政策，推动全社会自觉节水。通过不断优化水资源生态环境，使“生命之源”焕发强大的动力。政府也应持续加大政策和财政支持力度，使水资源保护措施能够落实到生产生活的每个环节，逐步提高社会大众的水资源保护意识，让保护水资源成为每个公民的自觉行为。

目前，河北省政府率先开展水资源费改税试点，并取得巨大成就，河北省水资源现状问题得到明显改观。为保护水资源，河北省近年来出台了《河北省实施〈中华人民共和国水法〉办法》《河北省水污染防治条例》《河北省水污染防治工作方案》《河北省水文管理条例》《河北省实行最严格水资源管理制度的意见》《河北省地下水管理条例》《河北省全社会节约用水若干规定》《河北省水功能区管理规定》《河北省城镇污水集中处理设施环境保护监督管理规定》等一系列的法规、规章和规范性文件，为水资源保护提供了工作和技术依据。截至目前，河北省已初步形成了集供水、防洪、生态和现代管理于一体的骨干河流水网体系。预计到2030年，将形成“布局合理、多源互补、丰枯调剂、循环通畅、生态良好、引排得当、管理先进”的现代水网体系。

三、矿产资源

矿产资源作为战略性新兴产业发展的重要组成部分，一直都备受世界各国的广泛关注。河北省成矿地质条件优越，煤、铁、金及各类非金属矿产资源丰富，矿产资源开发利用水平居全国第九位，是京津冀地区重要的原材料供应基地。京津冀协同发展给河北省矿产资源开发利用也带来了新的发展机遇，“京津冀一体化”进程的推进和雄安新区的建设，都需要河北省矿产资源的良好开发利用，以达到“就地取材”和节省生产成本的目的。因此，河北省矿产原料的区位优势和矿业经济发展越来越引起社会各界的重视。

但是现阶段河北省低品位矿、尾矿、废石数量多分布广，并且由于技术水平的限制，不能合理利用矿产资源，这导致大量尾矿中所含有的有益元素不能被充分利用，很多矿山都伴随着资源利用不合理、采富弃贫、尾矿废石堆积等现象的出现，造成了巨大的资源浪费和环境压力。为此，河北省发布了《关于全民所有自然资源资产有偿使用制度改革的指导意见》《关于加快建设绿色矿山的实施意见》《自然保护区内矿业权清理工作方案》等工作指南，要求在经济与环境协调发展的背景下，坚持生态优先的理念，对自然保护区的矿产资源开发利用实行严格的把关控制。

目前河北省矿产资源主管部门积极贯彻落实国家关于生态文明建设、大气污染防治、绿色矿山建设等一系列的政策措施，合理分配矿产资源开发利用，使得矿山数量和从业人数显著减少，实施矿产资源开发利用减量化管理；并且在河北省矿产资源主管部门实施规范管理、资源整合与专项治理的方针下，矿山开发更具规模化。这些制度和政策密集出台，在促进河北省自然资源保护和合理利用、生态环境保护、维护社会公众权益等方面发挥了积极的作用，对河北省矿山企业的开采与经营活动产生了深远的影响，我们应继续改革完善相关的制度法规，不断推动河北省矿业产业结构的调整以及优化升级。

四、耕地资源

河北省耕地质量总体水平不高，75%的耕地为中低产田，且不少农民对耕地只重使用而缺乏养护与恢复，导致土地生产能力降低，工业生产、城乡居民生活垃圾的排放也使得河北省耕地质量不断下降。

河北省耕地面积较少且逐年下降。河北省人均耕地资源不足0.1公顷，低于全国人均水平。而且随着经济社会发展，非农用地大量增加，河北省耕地还在逐年减少，城镇建设、基础设施建设占用了大量耕地；农村房屋数量多、占地大、用地不集约问题日益突出；乡镇企业占地多，用地不充分的现象也不容忽视。河北省的人地矛盾日益突出。

综上所述，河北省作为京津冀协调发展战略中的“大后方”，在区域生态环境质量改善中发挥着重要作用。河北省应努力提高自身资源环境承载力，扩大环境容量、生态空间，重点建设京津绿色生态屏障，在保证经济健康可持续发展的基础上对自然资源进行合理开发利用，思考选择并使用最为经济有效的资源配置方式，这对河北省的经济发展具有不言而喻的推动作用。

第四节　经济发展概况

在经济新常态和京津冀协同发展的背景下，河北省经济发展承担着促进区域持续健康发展的战略使命，更肩负着保护环境、承接疏解非首都功能、接受北京市外迁企事业单位和人口的重任。近年来，在京津冀协同发展背景下，河北省经济总体上得到长足发展，但在京津冀协同发展背景下，产业转型升级和生态环境等方面还存在一些不足，对于河北省的经济发展还存在一些挑战。

一、经济新常态下河北省经济概况

从总体来看，全省的生产总值迈上新台阶。河北省经济在京津冀协同发展背景下呈现增长的态势，但随着生态可持续发展等政策的提出，河北省的经济增长趋势逐渐放缓。产业转型升级的过程中，第三产业发展空间还很大。针对低碳经济的发展，重工业积极进行技术革新，通过技术创新在促进经济发展的同时降低了对环境的污染程度。

1. 综合实力明显增强

据河北省统计局2015—2019年统计年报数据显示，其间河北省生产总值的总量不断提升，由2015年的29 806.1亿元逐步增长至2019年的35 104.5亿元；从经济增速来看，河北省2015—2019年GDP增速为6.8%，可以看出河北省2013—2019年经济总量在不断增长；从产业结构角度来看，河北省近年来产业结构虽然在不断优化，第三产业所占比重仍在不断提升，第三产业在河北省的发展仍具有较大的发展空间。

2. 低碳经济稳步发展

河北省一直在为发展低碳经济努力。近年来，产业结构进一步优化调整，服务业速度、比重和贡献全部提高。新兴服务业对经济的贡献程度达到七成，服务业占总量比重和对经济增长贡献率均创造历史最佳纪录，已经成为支撑河北省经济增长的主动力。同时，河北省将工业设计作为经济转型的突破口，推动传统产业提质增效。积极推进用新能源替代传统能源。大力推行煤改电、煤改气等能源代替工程。提高风力发电、太阳能发电、地热能发电在发电总量中所占比例。在农村大力推行清洁能源的使用，加大散煤回收力度，倡导使用清洁煤、清洁燃煤炉，对秸秆沼气等清洁能源给予补贴。近年来，对新能源的开发和利用速度加快，新能源发电快速增长。

3. 农业经济有所发展

河北省是全国农业大省，在经济社会发展中具有一定的农村经济基础。河北省自然地理条件优越，中南部平原区有利于耕作业的发展，在长期发展中逐步建立了保定市、石家庄市等优质小麦生产基地，张家口市、承德市等自然环境使得农村畜牧业发展较好，农业类型发展丰富，农业基础较为务实。

河北省山区小麦主要分布在太行山区的保定市、石家庄市、邯郸市和邢台市以及燕山山区的唐山市；玉米分布较为广泛，山区县均有分布，其中唐山市、承德市的玉米播种面积较大；大豆等在河北省山区分布广泛，其中张家口市、承德市承德县、平泉市，以及秦皇岛市的遵化市、玉田县、丰润区和唐山市的迁安市、昌黎县种植面积较大。农产品的种植为北京市、天津市以及河北省的相关城市提供了充足的粮食以及油料作物，促进了农业产业延长产业链，增加产品附加值，促进了河北省农业经济的发展。

4. 各种国家政策推进经济的持续发展

国家实施了相关的经济政策，比如雄安新区的建立，力求发展高质、高端、高新产业，吸纳和培育创新要素资源，北京市非首都功能解散出来的高等院校、科研机构向雄安新区转移，优化了就业创业、成长环境，形成了具有国际竞争力的人才制度优势，为河北省进一步实现更高层次、更宽领域的对外开放打好基础。河北省逐渐完善省内重要城市国际化功能，提升经济发展、贸易便利化、服务设施和交往平台的国际化水平，增强对全球优质要素的吸引力，打造具有国际影响力的国际城市，与京津构建世界级城市群。并逐步将雄安新区作为河北省开放的前沿，推动河北经济发展，促进产业转型升级和对外开放。

二、经济新常态下河北省出现的问题

在经济新常态下，河北省也出现了一系列的问题，比如河北省内区域经济发展不平衡，传统服务业与现代服务业之间发展不均衡的问题。京津冀一体化程度较低，河北省与北京市、天津市发展差距较大，北京市、天津市对于河北省的帮扶效果也不是很精准，以及在北京市、天津市的高速发展的背景下，河北省的一些优秀人才逐渐向北京市、天津市转移，造成了人才的流失。第一、二、三产业之间的发展也存在不合理的情况。在京津冀发展背景下，河北省的经济发展也存在一些问题。

1. 河北省内区域经济发展不平衡

首先，河北省省内区域经济发展不平衡等问题的存在制约了河北省经济的发展。尽管我国政府早已启动京津冀一体化发展战略，但与长三角对外贸易的区域经济协调发展和珠三角区域合作生产链构建相比，京津冀一体化水平较差。目前阶段，河北省还没有形成与北京市和天津市良性协调互动的新兴发展模式。在 GDP 表现上，河北省人均 GDP 水平与京津冀地区人均 GDP 水平之间也存在较大差距。

同时，传统服务业与现代服务业之间也存在发展不均衡问题。河北省内的服务业存在发展的滞后性，其旅游、运输与其他商业服务等传统服务业比重相对较高，而保险、金融、咨询等现代服务业比较稀缺。因此说，这种以传统服务业为主体的第三产业结构是发展滞后的、不均衡的。因为长期以来河北省都以工业化为发展中心，对于现代服务业认知不足，所以河北省在经济结构服务业方面占比重相对偏低，相对于河北省京津地区的经济结构服务业明显偏高。

2. 京津冀一体化程度较低

目前，北京市作为协调京津冀发展的中心，向外转移的低端产业居多，而中低端产业的引进不但不利于河北省产业结构的调整，也不利于河北省产业结构改革的进一步深入。此外，河北省近年来承接北京、天津地区优秀产业资源的能力还不够强，京津地区的高科技资源大多跨越河北省流入其他省份。比如每年北京市中关村需要高端产业园孵化的高科技产品有很多，但是河北省较多的园区不能满足中关村的要求。因此，在河北省产业化的科技产业项目较少，不能对河北省的第三产业发展起到良好的促进作用。

3. 创新型专业化人才的流失

河北省省内创新型专业化人才的流失也在一定程度上制约了河北省经济发展的转型升级。相较于首都北京市和直辖市天津市而言，河北省无论从政策倾斜还是人才待遇角度来看，都与京津地区存在较大差距。京津地区在社会医疗保障、教育理念、薪资水平、发展潜力等方面远超河北省，河北省省内培养出的专业化人才在北京市、天津市的就业意愿也远远超过其在省会石家庄市的就业意愿。目前,河北省服务业技术创新能力比较薄弱,缺乏高端型服务人才,全省高校和科研院所实力不足以满足社会的需要,比如一些大型工业企业所需的产品研发、技术革新大多依靠外聘的专业人员或科研机构,河北省很难独立完成。管理人才和技术人才等人才的缺失,直接导致整个服务业的竞争力不足,阻碍本省整体的发展。由此可见,河北省人才流失问题在很大程度上制约了省内相关产业的发展与转型,是河北省内经济优化发展的又一障碍。

4. 三种产业结构的不合理

河北省三种产业结构的不合理也不利于其在经济新常态背景下的可持续发展。由于河北省第三产业缺乏创新性持续发展动力,第二产业的产能过剩问题较为严重,因而河北省第二产业在全省的生产总值中占的比例甚至高于全国平均水平,河北省第三产业近年来虽然有着较快的发展,但相对于省内丰富的发展资源而言,仍存在较大的发展空间。

随着一些相关农村农业政策的出台,河北省的农村经济虽然得到了不同程度的发展,但仍存在不同程度的发展劣势。农村经济结构不合理,河北省农业、牧业占比重较大,而林、渔、副业等占比较小,由此带来农村经济发展结构与农村、农民生活需要出现脱钩,较为单一、简单的农业结构也由此带来农村人均产量不高的现象。农村职业教育的不完善造成农村劳动力素质不高、农业经济专业化经营理念不足、农产品品牌化意识较弱、自身品牌市场竞争力不足。

同时,河北省的工业发展还处于工业化发展的中期阶段,工业在第二产业中的占比最大。河北省的重工业在工业的占比偏高,而轻工业的比重则偏低,重工业的增加值是轻工业增加值的3倍。尤其是河北省的工业严重侧重于以钢铁行业为代表的重工业,而精加工业比重较低,高新技术发展滞后,更加导致了河北省对本地自然资源的依赖。

在第三产业发展方面,相关先进的生产技术掌握不成熟。党的十八大以来,河北省服务业占GDP的比重逐步提高,但仍与全国平均水平存在一定程度的差距。总体来看,河北省服务业整体发展水平处于中等地位,在发展结构、发展潜力以及发展效益来看还存在一定程度的不足。

5. 低碳经济的发展也面临着一些问题与挑战

河北省低碳经济的发展也面临着一些问题与挑战。河北省产业发展水平不高,农业作为低耗能产业,对GDP的贡献影响相对较小,发展水平较低且基础相对薄弱;工业在经济总量中占的比重依然较大,工业结构仍然是以“重型化”为特征,钢铁水泥建材等高耗能、高污染行业仍是支柱产业,这些行业现在还有严峻的压缩产能任务,结构性产能过剩的问题严重;高技术含量、高附加值产品的产量不高,现代产业发展不足。

河北钢铁产能到2020年压减至2亿吨,但同时关停产能的任务依然艰巨,民营钢铁企业钢铁产量占全省65%,但是企业规模普遍较小,近三成民营钢企设备落后,有被淘汰的可能。随着城市化水平的提高和人口数量的增加,人们对于能源的需求会进一步增加,能耗水平和碳排放量会持续增加。

就目前河北省经济发展现状来看,在京津冀一体化发展背景下,河北省的经济在一定程度上得到发展,但面对这些政策,河北省的经济发展面临一些机遇与挑战。河北省必须要改变“先污染后治理”的问题,通过科学技术的进步拉动经济增长,力求推进经济环境协调发展。

三、经济发展的方式

河北省是一个传统的重工业省份,钢铁产量占全国产量的比重较大,但在社会经济发展过程中,河北省存在发展不平衡、产业结构不合理等问题。河北省是一个以钢铁、煤炭、石油化工、装备制造为主的资源型省份,导致服务业发展长期落后于工业发展;以交通、信息、住宿餐饮、金融等为基础的服务行业水平较低,从而尚未对产业结构的优化升级形成有力支撑;生活性服务业的发展效率较低,不能满足当前全省人民群众日益增长的生活服务需求。

河北省粗放型的经济发展方式是以牺牲自然资源环境为代价的,传统的“三高一低”即高投入、高能耗、高污染、低效率型经济增长方式仍然占主导地位,这种粗放的、线性的传统发展方式违背了循环经济的发展规律,依然是简单的资源—产品—废物的生产过程,而不是资源—产品—资源的循环经济过程。经济增长方式走的仍然是高污染、高排放、粗放型增长的传统模式。

综合分析,河北省经济总体上正朝着更好更快的方向发展,为建设成经济社会发展强省奠定了坚实基础。但是,经济生活中还存在一些突出矛盾和问题,主要是:经济结构不合理,第三产业发展相对滞后;增长方式粗放的状况还没有根本改变,节能降耗的任务仍然艰巨;农业生产资料价格持续上涨,农民持续增收难度增大。这些矛盾和问题需要河北省在今后的工作中采取有效措施加以解决。

第五节　河北省经济、资源、环境发展综合评价

一、河北省经济发展与资源利用的分析

从上述介绍中得知河北省现有的主要资源与经济发展情况,下文将选取 2011 年到 2020 年的数据,表明河北省各个资源的利用情况,如图 1－1 所示。

河北省在中央推广可持续发展的背景下,自 2012 年开始放缓经济发展速度,注重经济发展质量,提高经济增长的品质。但在经济减速发展的同时,各种资源的消耗量却未随经济的放缓而减少,其与河北省的经济结构、发展模式有密切的联系。例如:农业、工业的生产发展都需要水,而近几年来,河北省的地表水量锐减,地下水开采消耗过度,河北省的用水总量呈现大幅度的波动。究其根本原因,河北省地处华北地区,是我国典型的资源型缺水省份,经济发展对水资源的需求逐步增加,河北省水资源供需矛盾越发突显,不仅仅是水资源短缺,地下水严重超采、水体质量差、水环境污染等问题也陆续出现。尤其是河北省的主导产业为第一产业和第二产业,原来粗放的经济发展模式导致了严重的水污染问题,水

体的使用功能降低，水资源的使用总量迅速减少，而且生产中还存在重复利用率较低、过度开发等问题，这些问题进而一步步加剧了我国水资源的供需矛盾，河北省依靠其原来的经济发展模式难以维持资源的可持续发展。

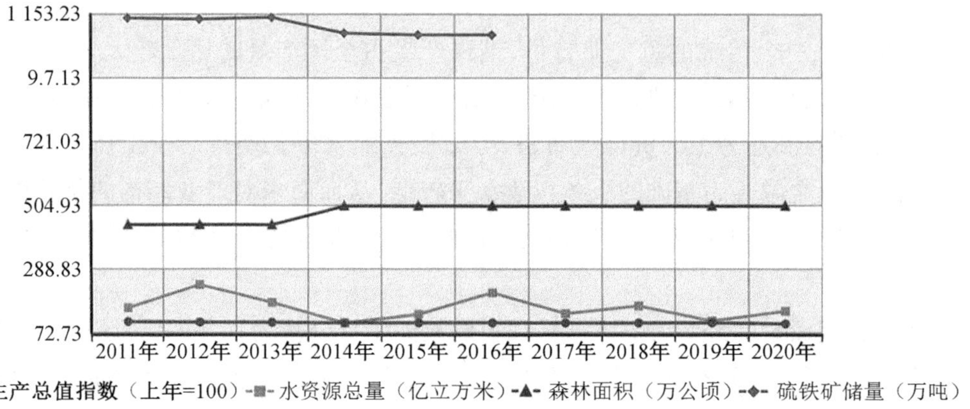

（以上数据来源于国家统计局）

图 1－1　河北省 2011—2020 年的资源利用率

河北省作为京津冀生态圈的重要组成部分，其林业建设成就对于京津冀地区资源调整及生态环境都具有重要的意义。河北省 2020 年后林地面积 775.64 万公顷，迹地与宜林地面积合计 122.02 万公顷，占 15.73%，造林更新的空间还很大，需加快迹地更新及宜林地的造林绿化。河北省 2020 年森林面积 502.69 万公顷，森林覆盖率 26.78%，这与《河北省林业发展“十三五”规划》提到的 2020 年森林覆盖率达到 35% 的目标值相差甚远。总体来说，河北省的森林资源仍相对匮乏，而且森林资源分布呈碎片化，生态效益低。林地与耕地的保护划分对于评判地区的经济效益具有重要意义，既要维护森林资源的可持续发展，又要保证经济的平稳运行是河北省面对的主要难题。

河北省作为典型的以重工业为主导产业的城市，其矿产资源虽然得天独厚，但是在长期的过度开采、消耗过量的情况下，河北省的矿产资源已日益衰减。2018 年，河北省提出、加大铁矿资源勘查力度，进一步推进铁矿重点勘查区的地质勘查工作，加强大中型矿区及危机矿山的探边摸底工作，进一步加大铁矿勘查中共伴生矿产资源综合评价工作，提高共伴生元素综合利用率。河北省必须要挖掘矿山开采新工艺、新方法，同时提高资源的使用效率，进一步推进矿山生态环境综合治理，提高矿山环境管理水平，增强生态环境意识，建设资源节约和环境友好型矿区。

二、河北省经济发展与环境污染的分析

河北省近几年一直在向第三产业转移，但第二产业占比仍然居高不下，尤其是工业企业的生产经营导致大量的环境污染，河北省的污染问题受到经济发展模式的局限一直未能

得到很好的解决。由于部分数据尚未更新，于是选取河北省 2011 年到 2020 年污染物排放量的变化，分析随着经济的增长相应的污染物排放情况，如图 1－2 所示。

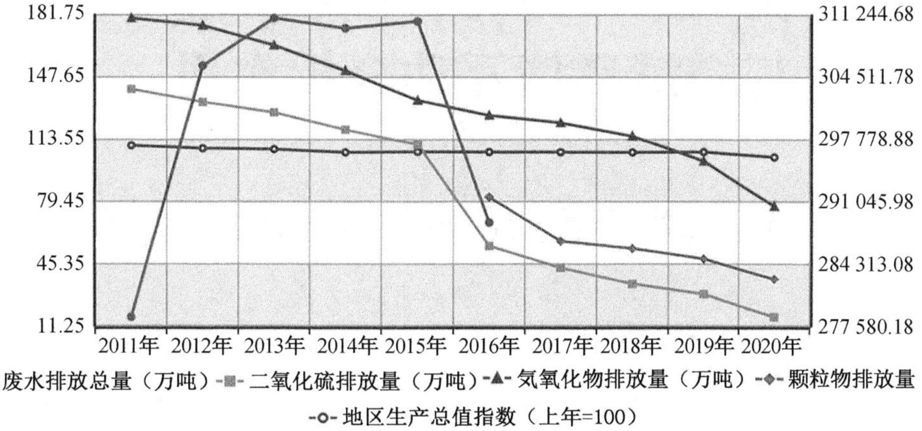

（以上数据来源于国家统计局）

图 1－2　河北省 2011—2020 年的污染物排放量

从数据来看，伴随着经济的增长，河北省的各项污染物排放量大幅增加，尤其是烟粉尘排放量的增长速度远高于经济增长速度，这令人不得不想到近几年来频发的雾霾事件，长期的污染性生产已经给人们的生活健康带来隐患，而且整个京津冀地区都受到区域性的污染影响。

废水污染物主要来源于重工业和畜牧养殖业，废气污染物的主要来源是煤炭企业和冶金工业以及秸秆的焚烧，可以看出，这些污染物的主要来源集中在第二产业，河北省长期依靠第二产业带来的经济增长带来了环境污染的巨大代价。河北省的环境污染程度与经济发展程度息息相关，河北省要降低环境污染的程度，必须要加大力度降低第二产业的比重，工业行业在经济中的贡献越大，污染物的排放也就相应越多。在这种生产结构下，即使河北省的经济保持平整增长，河北省的污染问题也难以得到根治。

河北省要解决经济发展与环境污染问题之间的矛盾，可以加大环保产业的投入。环保产业前期的投入相对较大，经济效益回收期长，往往会由于发展过程中的资金不足而难以维持经营，因此很多企业都不愿投资绿色环保产业。绿色环保产业将生态保护与产业的发展结合在一起，能够根本地解决经济发展与环境污染之间的矛盾。河北省可以建设规模化、标准化的生态产业园区，对于企业的污染物进行集中统一的处理，避免企业胡报瞒报，产生碎片化污染问题。

第二章　河北省自然资源与经济环境互动分析作用

第一节　土地资源利用与经济环境协调发展

一、河北省土地资源利用现状

河北省土地资源类型齐全，耕地是土地资源利用的主要类型，占全省总土地面积的37.3%。其次为林地，占16.3%，牧用草场占15.4%。未利用土地占15.1%。且矿产资源丰富，平原面积很大。厂矿用地及居民区占6.5%、园林用地占2.3%、水域占5.2%、交通基础设施用地占1.9%。垦殖率和利用率较高，土地资源开发利用区域差异明显。土地利用空间差异很大，农耕用地的65%在平原地区，山地区仅占15%，冀北高原地区占12%，冀西的山间盆地占8%。

二、河北省土地资源开发利用对地方公共财政的贡献

2020年的河北省，实现财政总收入5 850.5亿元，增速是4.7%。具体到各市来看，省会石家庄市的财政总收入达到1 108.9亿元(不含辛集)，增速为6.5%，较2018年的统计数据，其净增量达到近60亿元。

唐山市的财政总收入是889.2亿元，增速仅为0.2%，总量居全省第二，增速却是全省倒数第二。如果说经济总量，唐山市要比石家庄市高出近1 500亿元，唐山市在GDP上是有着绝对优势的，但是财政总收入却比石家庄市少100多亿元，其实这也不是一年的特例，之前也是这样的情况，但唐山市的财政形势更加严峻，不像石家庄市那样一年净增好几十亿元，相比于2019年，唐山市的实际增量只有不到7亿元。

其他各市2019年的全部财政收入分别是：承德市230.0亿元、张家口市333.0亿元、秦皇岛市280.2亿元、廊坊市646.6亿元、保定市(不含定州)517.4亿元、沧州市590.9亿元、衡水市214.6亿元、邢台市283.8亿元、邯郸市466.5亿元。其中，廊坊市的增量不到一亿元，作为全省财政总收入第三大市，增速只有0.2%，是各市中水平最低的。据中商产业研究院产业地产情报库监测数据显示，2019年一季度河北省产业用地出让数量共计1 419宗，面积达4万多亩，缴纳土地出让金突破300亿元。

从行业来看，2019年一季度河北省产业用地拿地面积排名靠前的行业分别是：制造业，房地产业，交通运输、仓储和邮政业，公共管理和社会组织，水利、环境和公共设施管理业，

教育,信息传输、计算机服务和软件业,电力、燃气及水的生产和供应业,科学研究、技术服务和地质勘查业,租赁和商务服务业。

在各行业中,2021 年一季度河北省房地产业用地拿地面积最多,面积达到近 9 000 亩,占 2021 年一季度河北省产业用地拿地总面积的 20.60%;其次,制造业位居第二,拿地用地面积占比为 19.58%。交通运输、仓储和邮政业一季度产业用地拿地面积达 3 033.57 亩,占河北省产业用地拿地总面积的 7.17%。

值得一提的是:除制造业和房地产两大行业外,河北省其余行业 2021 年一季度产业用地拿地面积占比均在 10% 以下。2021 年一季度河北省产业用地拿地前十行业用地拿地市场份额及各行业用地拿地面积排名详细情况如图 2-1 所示。

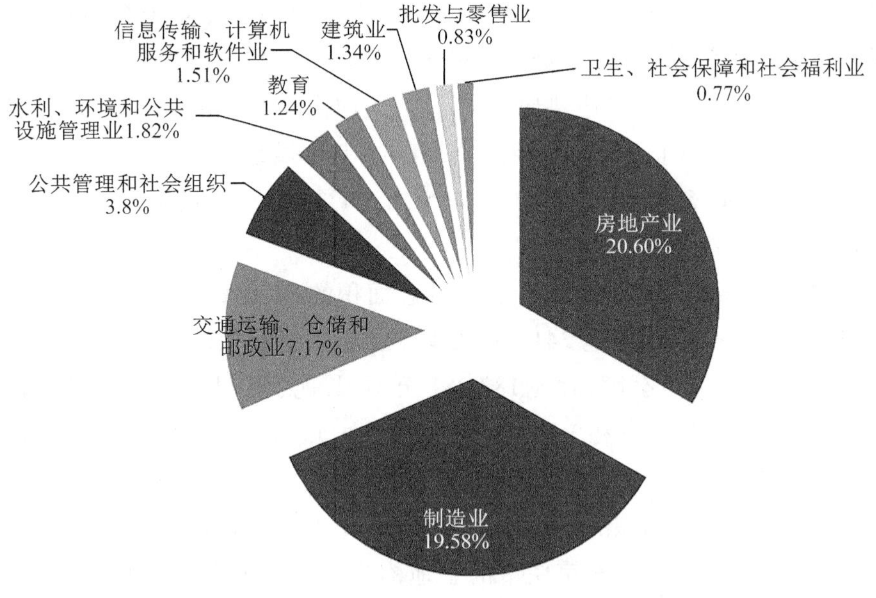

图 2-1　2021 年一季度河北产业用地拿地前十行业用地拿地市场份额

三、河北省土地资源开发利用现状分析

河北省土地总面积 188 848 平方千米(比土地详查工作界面积 188 430.61 平方千米大 417.39 平方千米),其中耕地 6 897 120.7 公顷,占土地总面积的 36.52%;园地 542 291.2 公顷,占 2.87%;林地 3 844 460.3 公顷,占 20.36%;牧草地 768 457.8 公顷,占 4.07%;居民点及工矿用地 1 409 816.9 公顷,占 7.47%;交通用地 311 799.8 公顷,占 1.65%;水域 1 054 894.2公顷,占 5.59%;未利用地 4 055 965.6 公顷,占 21.48%。

(1)石家庄市

石家庄市是河北省省会,是全省政治、经济、科技、金融、文化和信息中心,是国务院批准实行沿海开放政策和金融对外开放的城市。在首都北京市的西南方向,距北京 283 千米。截至 2017 年底,石家庄市辖区总面积 13 504 平方千米(不包括河北省直管的辛集市面积 960 平方千米),全市常住总人口为 1 087.99 万人。常住人口城镇化率 61.64%,户籍人口城镇化率45.8%。石家庄市辖8区、13县(市),即长安区、桥西区、新华区、裕华区、井陉矿区、藁城区、鹿泉区、栾城区、井陉县、正定县、行唐县、灵寿县、高邑县、深泽县、赞皇县、无极县、平山县、元氏县、赵县、晋州市、新乐市。拥有2个国家级开发区,即石家庄国家高新技术产业开发区(1991年3月国务院批准设立)、石家庄经济技术开发区(1992年7月河北省批准设立,2012年10月国务院批准升级为国家级开发区,由藁城区管辖,曾称藁城经济开发区)。2013年6月1日,原石家庄辛集市调整区划设置,划归河北省直接管辖。另有3个派出机构(国家级高新技术产业开发区、河北石家庄循环化工园区、综合保税区)行使所在地域行政管理权。2014年9月9日,国务院批复河北省政府关于石家庄市部分行政区划调整的请示(国函〔2014〕122号),同意撤销石家庄市桥东区、藁城市、鹿泉市、栾城县,同时设立石家庄市藁城区、鹿泉区、栾城区。同年末,全市共有121个镇、84个乡、56个街道办事处、642个居委会、4 010个行政村。石家庄市的土地面积15 848平方千米。人均土地资源2.7亩。现有农用地1 280万亩,其中耕地908万亩,人均耕地1.04亩,少于全国平均的1.59亩和全省平均的1.48亩的水平。建设用地253万亩,其中城镇建成区30.7万亩,人均占地85平方米,村庄占地130.6万亩,人均占地360平方米(含道路、交通用地)。未利用地575万亩,其中耕地后备资源56万亩。

2005年全市农用地884 709公顷,占土地总面积的62.3%;建设用地179 206公顷,占土地总面积的12.8%;未利用地341 342公顷,占土地总面积的24.3%。农用地中,耕地587 689公顷,园地61 586公顷,林地187 381公顷,其他农用地48 053公顷,分别占土地总面积的41.8%、4.4%、13.3%和3.4%。建设用地中,城镇工矿用地50 965公顷,农村居民点用地94 189公顷,交通运输用地10 932公顷,水利设施用地18 466公顷,其他建设用地4 654公顷,分别占土地总面积的3.6%、6.7%、0.8%、1.3%和0.3%。

从整体土地利用情况看,石家庄市的土地构成以耕地为主,占41.8%;其次是林地占13.3%;未利用地所占比重也很大,占到了24.3%。建设用地仅占12.8%,与其省会城市、经济发达城市的地位不相称。石家庄市是全国重要粮食基地,水田、水浇地面积在85%以上,东部平原区100%是水浇地,农业的电气化、化肥化、机械化程度高于全省平均水平,农作物产量高,全省的吨粮田主要分布于本市。石家庄市西部山区矿产资源丰富,优质矿产资源有煤、石油、天然气、石灰岩、白云岩、石英砂、白云母等,其中建材产业已形成规模,是河北省建材生产的重要基地之一。金属矿主要分布在地处太行山东麓的各县(市、区)。地热资源热水总流量1.39万立方米/日。工矿用地较多,全市工矿用地占建设总用地的比例为13.8%,比全省高出1.9个百分点。

(2)唐山市

唐山市是河北省重要的工业城市,经济发达,开发建设状况较好。唐山市区位优势明显,地处渤海湾中心地带。位于河北省东部,东经117°31′~119°19′,北纬38°55′~40°28′,东与秦皇岛市隔(滦)河相望,南临渤海,西与北京、天津毗邻,北依燕山隔长城与承德市接壤。总面积13 472平方千米,辖区面积5 478.9平方千米,中心城区规划面积210平方千米,建成区面积117.2平方千米。根据2018年度土地变更调查汇总预测数据,其全市的土地面积 143.432 万公顷(因曹妃甸零米等深线调整,较往年增加 172.85 公顷)。农用地面积 92.70 万公顷,其中耕地 56.73 万公顷;建设用地 33.28 万公顷,其中居民点及工矿用地 29.40 万公顷;未利用地 17.44 万公顷。唐山市土地面积 1 433 458.61 公顷。全市农用地(包括耕地、林地、园地、牧草地和水面面积)为 817 039.12 公顷,占土地总面积的 57.0%;建设用地(包括居民点及工矿用地、交通用地、水利设施用地)面积为 301 843.81 公顷,占土地总面积的 21.1%;未利用地(包括苇地、滩涂和其他未利用地)面积 314 575.69 公顷,占土地总面积的 21.9%;农用地比例低于全国平均水平(68.95%),建设用地比例远高于全国平均水平(3.71%),未利用地比例低于全国水平(27.34%)。在农用地中耕地面积为 582 980.31 公顷,占土地总面积的 40.7%。

(3)保定市

保定市是首都"南大门",以"保卫大都,安定天下"而得名。辖 3 市、5 区、12 县,另设 2 个开发区,总面积 1.9 万平方千米,常住人口 939.91 万(上述数字不含雄安三县、定州市)。市区(莲池区、竞秀区、高新区、满城区、清苑区、徐水区)面积 2 564.57 平方千米,人口291.9 万。基本市情可以概括为:京畿重地、文化名城、山水保定、低碳城市。

保定市是京畿重地。与北京市相伴而生,中心城区距京津均为 140 千米,距石家庄市 120 千米,素有"冀北干城、都南屏翰"之称。历史上为燕国、中山国、后燕立都之地。元设保定路,明建保定府,清设直隶总督署,自中华人民共和国成立以来两度为河北省会。在京津冀协同发展重大国家战略中,处于京津保地区率先联动发展的核心区,是重要的区域性中心城市。

山水保定。境内"群山西峙,众水东瀛",平原和山区分别占全市总面积的 50.3%、49.7%。拥有野三坡、白石山、清西陵 5A 级景区 3 处,狼牙山等 4A 级景区 12 处。市域年均水资源总量 27.3 亿立方米,拥有王快、西大洋、安格庄、龙门 4 座大型水库和 90 座中小型水库,总库容 33 亿立方米。全市森林面积达 977 万亩,森林覆盖率 33.66%,市建成区绿化覆盖率 43.57%。保定市土地总面积 221.88 万公顷,其中耕地 83.43 万公顷,占总面积的 37.60%;园地 4.84 万公顷,占总面积的 2.18%;林地 20.46 万公顷,占总面积的 9.22%;牧草地 0.030 万公顷,占总面积的 0.01%;居民点及工矿用地 20.34 万公顷,占总面积的 9.17%;交通用地 3.52 万公顷,占总面积的 1.58%;水域 11.21 万公顷,占总面积的 5.05%;没有利用土地 78.04 万公顷,占总面积的 35.17%。土地利用率为 70.14%,其中农业用地占总土地面积的 57.36%,非农建设用地占总土地面积的 12.78%。

(4)沧州市

沧州市地处河北省东南部、河北平原东部的黑龙港流域,位于北纬 37°29′~38°57′,东经 115°42′~117°50′。东部临渤海,北部与天津、廊坊接壤,西部及西南部与保定市、衡水毗邻,南隔漳卫新河与山东省的滨州、德州相望。东西长 181 千米,南北宽 165 千米,总面积 14 304.26 平方千米,海岸线长 129.7 千米。

沧州市中心北距天津市 120 千米、北京市 240 千米,西南距省会石家庄市 220 千米,是首都北京和天津市的南大门。京杭大运河纵穿全境。京沪铁路、京九铁路、朔黄铁路、邯黄铁路、京沪高速铁路贯穿辖区。2011 年 6 月，京沪高铁通车运营，进一步放大了沧州的综合交通优势，拉近了沧州与京津沪等一线城市的距离。境内有 104、106、307 等国家公路干线和京沪、京台、石黄、津汕、保沧、沿海、大广 7 条高速公路通过。高速公路总里程 581 千米，密度 4.3 千米/百平方千米，是全国铁路、公路网最为密集的地区之一，也是河北省“东出西联”的桥头堡。

（5）张家口市

张家口市地处河北省西北部，位于东经 113°50′~116°30′，北纬 39°30′~42°10′。东临首都北京，西连煤都大同，北靠内蒙古高原，南接华北平原，全市南北长 289.2 千米，东西宽 216.2 千米，总面积 36 357 平方千米，总人口 487.32 万。截至 2018 年，张家口市辖 10 个县（张北、康保、沽源、尚义、蔚县、阳原、怀安、怀来、涿鹿、赤城），6 个区（桥东、桥西、宣化、下花园、崇礼、万全）。张家口市土地总面积 3 679 652.99 公顷，其中农用地 2 499 936.97 公顷（耕地 932 203.72 公顷、园地 143 925.11 公顷、林地 1 101 076.65 公顷、草地 242 304.05 公顷、其他农用地 80 427.44 公顷）；建设用地 154 196.7 公顷（城市及独立工矿用地 126 411.1公顷、交通运输用地 18 308.61 公顷、水利设施用地 9 476.99 公顷）；未利用地 1 025 519.32公顷。

（6）承德市

承德市位于东经 115°54′~119°15′，北纬 40°11′~42°40′，处于华北和东北两个地区的连接过渡地带，地近京津，背靠蒙辽，省内与秦皇岛市、唐山市两个沿海城市以及张家口市相邻。距省会石家庄市 435 千米，距北京市 225 千米。全市地域面积 39 500 平方千米，占全省的五分之一，其中市辖区内面积 708 平方千米。承德市土地总面积 5 927 万亩，其中农用地面积 4 551 万亩，占土地总面积的 76.8%；建设用地 136.6 万亩，占土地总面积的 2.3%；未利用地 1 238.76 万亩，占土地总面积的 20.9%。在农用地中，耕地总面积 502.25 万亩，占农用地总面积的 11.04%；园地 119.69 万亩，占农用地总面积的 2.63%；林地 3 394 万亩，占农用地总面积的 74.57%；牧草地 403.86 万亩，占农用地总面积的 8.87%；其他农用地 131.6 万亩，占农用地总面积的 2.89%。在建设用地中，居民点及工矿用地 113.90 万亩，占建设地总面积的 83.39%；交通运输用地 1.36 万亩，占建设地总面积的 9.98%；水利设施用地 9.05 万亩，占建设地总面积的 6.63%。

（7）秦皇岛市

秦皇岛市位于河北省东北部，南临渤海，北依燕山，东接辽宁，西近京津，地处华北、东北两大经济区结合部，居环渤海经济圈中心地带，距北京市 280 千米，距天津市 220 千米，是国家历史文化名城、河北省唯一的零距离滨海城市，素有“长城滨海公园”“京津后花园”美誉，是京津冀经济圈中一颗璀璨明珠。秦皇岛市的占地面积 7 812.4 平方千米，全市辖区陆域界线长 435.8 千米，其中市区面积 502 平方千米，城市建成区 91.88 平方千米。截至 2004 年底，全市有耕地 279 万亩，人均耕地 1.02 亩，有园地 641.24 平方千米，居民点及工矿用地 542.51 平方千米，交通用地 126.85 平方千米，水域 443.52 平方千米，有未利用土地 2 010.92平方千米。

(8)衡水市

衡水市是河北省下辖的一个地级市，位于河北省东南部。衡水市位于东经115°10′～116°34′，北纬37°03′～38°23′。东部与沧州市和山东省德州市毗邻，西部与石家庄市接壤，南部与邢台市相连，北部同保定市和沧州市交界。市政府所在地桃城区北距首都北京市250千米，西距省会石家庄市119千米。衡水市占地面积1 325.7万亩。其中耕地856.3万亩，占全市土地总面积的64.6%，耕地中有旱地296.7万亩、水浇地550.3万亩、菜地9.3万亩，分别占耕地总面积34.7%、64.3%、1.0%；园地80.0万亩，占土地总面积的6.0%；林地18.9万亩，占土地总面积的1.8%；牧草地1.2万亩，占土地总面积的0.1%；居民点及工矿用地181.3万亩，占13.7%；交通用地10.3万亩，占土地总面积的0.8%；未利用土地47.3万亩，占土地总面积的3.6%。

(9)邢台市

邢台市土地总面积1 865.16万亩。农用地面积1 327.48万亩，占全市土地面积的71.17%。其中，耕地面积为972.26万亩，园地面积为75.00万亩，林地面积为204.49万亩，牧草地面积为0.03万亩，其他农用地面积75.70万亩。建设用地面积199.51万亩，占全市土地面积的10.70%，其中，居民点及工矿用地面积180.98万亩，交通运输用地面积10.54万亩，水利设施用地7.99万亩。未利用地面积338.17万亩，占全市土地总面积18.13%。

(10)邯郸市

邯郸市位于河北省南部，西依太行山脉，东接华北平原，与晋、鲁、豫三省接壤，辖6区、11县、1个县级市，拥有邯郸经济技术开发区、冀南新区两个副厅级开发区，共有242个乡(镇、街道)。

邯郸市地处河北省南端，太行山脉东麓。位于东经114°03′～114°40′，北纬36°20′～36°44′，西依太行山脉，东接华北平原，与晋、鲁、豫三省接壤。辖区广198千米，袤110千米。总面积12 066平方千米，其中市区面积419平方千米。邯郸市的占地面积为12 000平方千米。农用地总面积888 763公顷，占土地总面积的73.63%，其中耕地660 954公顷，占土地总面积的54.76%；园地27 248公顷，占土地总面积的2.26%；林地125 532公顷，占土地总面积的10.40%；牧草地面积为13 736公顷，占土地总面积的1.14%；其他农用地61 292公顷，占土地总面积的5.08%。建设用地总面积为149 600公顷，占土地总面积的12.39%，其中，城乡建设用地总面积131 801公顷，占土地总面积的10.92%；交通水利用地面积为15 508公顷，占土地总面积的1.28%；其他建设用地面积为2 292公顷，占土地总面积的0.19%。

(11)廊坊市

廊坊市自然资源丰富，有平坦肥沃的土地、四季分明的气候、类型多样的植被，且蕴藏丰富的矿产。良好的自然条件，为廊坊市经济提供了广阔发展空间。廊坊市土地资源比较丰富，除北部有76平方千米的低山丘陵外，98%的土地为平原，地势平坦开阔，地层深厚，土壤类型多样，适宜种植多种作物。廊坊市的土地面积641 937.57公顷。耕地358 850.41公顷,林地 43 525 公顷,园地 24 364.98 公顷,草地 10 532.26 公顷,城镇村及工矿用地 126 393.05公顷,交通运输用地 27 843.03 公顷(其中含农村道路 16 847.49 公顷),其他用地 9 881.99 公顷。高程为海拔 2.5 ~25 米,坡度为 1/2 500 ~1/10 000。大清河以北地势由西北向东南低平,大清河以南,地势由西向东北低平。著名的文安洼和东淀,分别处在大清河南北,洼淀总面积 7.9 万公顷,占全市总面积的 12.3%。其中文安洼面积 5.9 万公顷,平均海拔不到 4 米,马武营村北一带,海拔只有 2 米,为全市最低点。东淀面积 2 万公顷,平均海拔为 5 米,最低处 2.5 米。2005 年,中心城区总人口为 53.50 万人,现状建设用地规模为 48.10 平方千米(不含廊坊经济技术开发区和万庄新区),中心城区人均建设用地面积为 89.91 平方米。规划至 2010 年,廊坊市中心城区人口 92.00 万人,中心城区建设用地 100.00平方千米(含开发区和万庄区),人均建设用地面积上升至 108.70 平方米。规划至 2020 年,廊坊市中心城区人口 135.00 万人,建设用地 125.00 平方千米,人均建设用地面积 92.60 平方米。

第二节　水电资源开发与经济环境协调发展

经济全球化的加速发展使得人类对能源的需求量逐渐增大,同时,传统的化石燃料引发的如酸雨、温室效应和臭氧耗竭等环境问题也得到广泛重视,建立一个清洁和可再生的新型能源结构,从而逐步取代当前能源结构尤为重要。水电、核能等新能源在我国能源消耗和经济发展中发挥着越来越重要的作用。多年来,全球水电发展始终处于增长态势,尤其在进入 2000 年后出现了较大的提升。目前,全世界水力发电排名前十的国家中,占比最高的是中国,占全球 28%,巴西为 9%,加拿大、美国占比则均为 7%。中国水力资源技术可开发总量为 6.6 亿千瓦,年发电量可达 3 万亿千瓦时。在除中国外的 64 个“一带一路”沿线国家中,18 个国家的水力资源技术可开发量为 45 710 亿千瓦,占“一带一路”沿线所有国家总可开发量的 92.7%。

一、中国水电资源开发现状

水电资源不同于煤、石油和天然气这些不可再生能源,其主要依赖于河流和湖泊所提供的潜力和动能,而水电资源的储量与河流、蒸发、降水等因素有很大关系。我国大多数河流年内、年际径流分布不均,丰、枯季节流量相差悬殊,稳定性较差,且调节能力差,不同地区的水电资源差异很大。

根据全国水力资源复查结果,我国大陆水力资源理论蕴藏量在 1 万千瓦及以上的河流共 3 886 条,水力资源理论蕴藏量年发电量为 60 829 亿千瓦时,平均功率为 69 440 万千瓦;技术可开发装机容量 54 164 万千瓦,年发电量 24740 亿千瓦时;经济可开发装机容量 40 180 万千瓦,年发电量 17 534 亿千瓦时。截至 2004 年底,已开发装机容量约 1 亿千瓦,年发电量 3 310 亿千瓦时。本次水力资源复查成果与 1980 年的普查成果对比,理论蕴藏量略有增加,技术可开发量和已建、在建开发量均有较大幅度的增加。现理论蕴藏量和技术可开发量按装机容量分别增加了6.7%和43.1%,按发电量分别增加了6.7%和28.6%。据测算,全国水力资源技术可开发量最丰富的三省(区)的排序为:四川省第一、西藏自治区第二、云南省第三。全国江河水力资源技术可开发量排序前三位为:长江流域25 627.3万千瓦,雅鲁藏布江流域6 785万千瓦,黄河流域3 734.3万千瓦,分别占全国技术可开发量的47%、13%和7%。

从1949年中华人民共和国成立到2000年的50多年中,中国水电在世界水电界的地位发生了巨大的变化——从一个水电小国一跃而成为世界水电第一大国,英国《国际水电与大坝》(季刊)中采用中国水能资源理论蕴藏量为5.92×1 012千瓦时,技术可开发水能资源为1.92×1 012千瓦时,经济可开发水能资源为1.26×1 012千瓦时,3项指标均居世界第一位,50多年来中国在水电建设上也取得了巨大的成就,赢得了许多世界第一的称号,中国常规水电站的装机容量居世界第一,中国小水电装机容量居世界第一,中国微水电的发展规模居世界第一,中国长江三峡水电站的建设规模居世界第一,中国目前正在建设的水电站总规模居世界第一,中国水电勘测设计、科研、施工力量居世界第一。中国已公布的技术可开发、经济可开发水能资源已经遥遥领先于世界所有国家,从发展趋势来看,中国水电居世界水电第一的地位是稳固的,中国的一个举动对世界水电具有举足轻重的影响,中国应当以世界第一水电大国的形象领导世界水电建设的新潮流。

经过多年的发展,我国水电建设取得了很大的成就,2004年水电装机容量突破1亿千瓦,占全国电力总装机容量的1/4,提供了全国约1/5的电力需求。小水电的蓬勃发展,解决了3亿无电人口的用电问题,特别是解决了部分农村、贫困山区的用电问题。我国2004年建设的大中型水电站共180多座,总装机容量为92 500兆瓦,包括三峡22 400兆瓦(含计划扩建的地下厂房电站4 200兆瓦)、溪洛渡12 600兆瓦、龙滩5 400兆瓦、小湾4 200兆瓦、拉西瓦4 200兆瓦、瀑布沟3 000兆瓦、锦屏一级3 600兆瓦、水布垭1 840兆瓦、彭水1 750兆瓦等特大型水电站。

二、河北省水电开发现状

河北省太行山、燕山山区24个县市区拥有水电资源,水能理论蕴藏量304万千瓦,可开发量156万千瓦,其中农村水电可开发量为141万千瓦。南水北调中线工程实施后,在缓解我省水资源紧缺状况的同时,水能资源也将增加6%~8%。因此,河北省农村水电开发潜力很大,开发前景广阔。河北省近期及中长期的水电发展目标是:大力推行水电农村电气化建设,发展调峰调节电站,鼓励流域、梯级、滚动开发,提高山区县的供电能力;加快小水电代燃料生态工程建设,改善农民生活燃料结构,保护山区生态植被环境,涵养河北省和京津水源地,推进全省农村水电事业可持续发展。为有效遏制地下水超采,修复地下水环境,实现水资源的可持续利用,合理优化配置地表水资源,充分挖掘地表水利用空间,努力构建防洪除涝、调配蓄水、雨洪资源利用体系,扩大地表水工程受益范围,提高农业综合生产能力,改善生态环境是重中之重。

兴隆县属华北“津京唐”网线，位于河北省东北部，承德市南部，毗邻津京唐，属燕山山脉东缘，山高谷深坡陡，是地形崎岖的深山区。华北电网缺电较严重，兴隆县又位于津京唐电网末梢，拉闸限电现象时有发生，全县需电缺口较大。兴隆县具有极为丰富的水能资源，具有开发建设中小水电站优越条件。兴隆县水电开发始于20世纪60年代，到20世纪70年代末期建成水电站35处，总装机容量为2 583千瓦，年发电量480万千瓦时，全县水能资源总蕴藏量10.9万千瓦，可开发量5.21万千瓦，目前已开发0.159 5万千瓦，占可开发量的3.06%。水电资源的开发建设，将为兴隆县的经济发展开辟新的增长点，带动一大批相关产业，为地方增加新的财源。

绿色水电是水利部提出的“四个水电”建设的内容之一，代表着水电发展方向，从环境保护、社会发展、经济效益和运行安全四方面对小型水电站进行综合评价，水利部公布173座2019年度绿色小水电示范电站名单，河北省的十里坪水电站和秘家会水电站榜上有名。至此，全省有5座水电站获此殊荣。十里坪水电站位于大汪清河上，石家庄市平山县小觉镇，在汪清县东光镇境内，坝址以上控制流域面积494平方千米，设计水头10米，设计流量1.0立方米/秒，装机容量250千瓦，设计年发电量50万千瓦时。秘家会水电站位于河北省石家庄市平山县西部山区滹沱河干流上，总装机容量2 400千瓦(3×800千瓦)，设计水头26米，设计流量13.2立方米/秒，设计年发电量1 440万千瓦时。

潘家口水电站，位于河北省迁西县境内的滦河干流上，控制流域面积3.37万平方千米，是开发滦河水力资源，解决天津市、唐山市地区工农业和生活用水的大型水利枢纽，同时结合发电、兼顾防洪。水库总容量29.3亿立方米，安装2台单机容量15万千瓦的常规机组和三台单机容量9万千瓦的抽水蓄能机组，多年平均年发电量5.89亿千瓦时，其中径流发电量3.56亿千瓦时，抽水蓄能发电量约2.33亿千瓦时，以220千伏高压输电线路并入华北电网。潘家口水电站是国内最大的混合式抽水蓄能电站，带变频器的抽水蓄能机组变速运行和下池闸枢纽采用具有抗渗、抗冻性能的裸露全断面碾压混凝土设计在国内外属首创。

三、水电资源开发与经济环境协调发展

河北省水电开发对水源涵养、生态环境保护的意义十分重大。近些年来，人口增加、超载放牧、滥伐林木等，造成大量的水土流失、土壤沙化，“沙尘暴”一次比一次持续时间长、强度大。尤其是每年春季，北方气候异常干旱，气温较高，再加上冷空气活动频繁，形成了连续数次扬沙和“沙尘暴”天气，发生频率之高、范围之广、强度之大为所罕见，严重影响了首都及周边的生态环境和对外形象。加快小水电代燃料工程建设，以清洁水电代替燃料，既能使天然林保护工程、京津风沙源治理工程、退耕还林还草工程得以顺利实施，又能有效地保护区域内的植被和生态平衡，解决群众对燃料的需求，提供充足洁净的电力能源，调整农村能源结构，全面发挥绿色能源在保护和改善生态环境中所具有的显著优势，使区域内生态环境实现良性循环，达到人口、资源、环境的协调和可持续发展。

加快水电建设可促进农村经济发展，水电及农村电气化是农业和农村的重要基础设施。电网供电紧张会严重制约了区域经济的发展。充分开发廉价、清洁、可再生的水电资

源,可有效缓解供电不足。同时对减少砍柴造成的植被破坏,促进经济结构调整产业升级和生态建设也具有重要的意义。开发水电资源,推进农村电气化建设是关系到广大贫困地区农民脱贫致富,改善农村生产、生活条件、提高农民生活质量和发展农村经济的一项公益性事业,也是加快地方经济发展、增强财政收入、巩固退耕还林成果、改善生态环境和实现经济社会可持续发展的一件大事。

开发水电,推动电气化发展,实施小水电代燃料工程,可以改善能源结构,促进天然林保护和退耕还林。使用清洁的水电,节约大量的薪柴,减少森林砍伐,缓解水土流失,改善农业生产和农民生活条件。水电利用山区兴建水库后形成的落差装机发电,用售电收入弥补水价过低的问题,形成以小水电为龙头、以水办电、以电补水的水利发展格局,提高水利为农业服务的能力。

开发水电可以缓解供电不足,增加绿色 GDP,使得经济结构更加合理。同时解决农村缺电问题,增加就业,转移农村劳动力,增加调节库容,增加灌溉面积解决饮水困难,改善乡村道路等。通过开发水电资源及电网建设,可提高人均生活用电水平,保护森林植被,提高森林覆盖率,节约标准煤,减少二氧化碳排放量,减少二氧化硫排放量,减少烟尘排放量,减少水土流失,有效改善当地和京津周边的生态环境,促进人与社会、人与自然的和谐发展,综合开发,带动区域内多项事业发展,在进行水电开发的同时,兼顾蓄水、灌溉、航运、养殖等多种效益,既充分利用了水资源,又促进了流域内社会、经济多方面发展。

服务“三农”的效益。农村电气化建设是农民脱贫致富的有效途径,农民通过参加水电建设可直接增加劳务收入,电站集资入股是很好的投资渠道。用电水平提高也带来了农民生产生活质量的提高,生活质量提高可有效解放农村生产力,外出务工增加了收入。电站建设及道路的改善可使农村基础设施建设条件得到有效提高,为农民从事养殖、开发旅游资源创造条件,促进农村产业结构调整,改善农村群众生活用水质量和农业、林果、灌溉条件,水电站建设地的农民都可因此受益。

开发水电一要用新发展理念引领水网建设。坚持立足长远,结合实际,把“创新、协调、绿色、开放、共享”的发展理念贯穿于水网规划设计建设全过程,以新发展理念引领高质量发展。二要用原生态设计布局水网建设。充分利用原有河渠、坑塘旧址,最大程度保留原貌,以原生态设计理念推进水网建设。三要用科学的思维部署水网建设。坚持地表和地下相结合、新建和原始相结合、水网和路网林网相结合,既要考虑群众生产生活需求,也要发挥防洪、除涝、抗旱作用,确保水网建设科学、合理。四要以有力的组织领导推动水网建设。相关领导牵头,组织一支强有力的队伍,制定具体实施方案,综合运用行政、法律、经济等手段,加快推动工作开展。五要以强烈的使命担当保障水网建设。实施全域水网建设,各级各有关部门要义不容辞扛起责任,结合自身职责,积极主动作为,全力支持、服务、参与全域水网建设。

第三节　矿产资源开发与经济环境协调发展

河北省位于华北地区，成矿地质条件优越，煤、铁、金及各类非金属矿产资源丰富，矿产资源开发利用水平居于全国第九位，是京津冀地区重要的矿产资源供应地。近年来，随着京津冀协调发展战略深入开展，以及对于生态环境的保护的需求，河北省矿产资源的开发利用面临着环境压力与挑战，矿产资源开发结构仍需不断优化升级。同时，在京津冀协调发展战略深入开展的背景下，河北省矿产资源的开发利用也得到了发展的机遇。“京津冀一体化”和雄安新区的建设，河北省的矿产资源为其发展提供了丰富的原材料及燃料，达到了“就地取材”的目的，起到了节省生产成本的目的，促进了河北省经济的发展。

一、矿产资源开发现状

河北省矿产资源丰富，截至 2017 年河北省非油气持证矿山企业数量位居全国第八位，矿山数量以及从业人员都逐渐减少，部分小型非油气持证矿山数量逐渐减少，大中型矿山数量逐步增加。同时各大矿山企业开采矿石的数量逐渐增加，给工业产业带来的总产值也不断增加，企业的综合利用产值逐年提升。总体而言，河北省矿产资源开发在不断提能增效，促进利润不断增长。但在矿产资源开发的过程中，给生态环境带来巨大压力，造成土地生态退化等生态环境问题。

目前，河北省矿山数量以及从业人员都逐渐减少，这与全国的矿产资源开发利用形式是一致的。河北省矿产资源主管部门深入贯彻国家生态文明建设、大气污染防治、绿色矿山建设等一系列改革措施，促进实施矿产资源开发利用减量化管理。河北省矿产资源主管部门实施规范管理、资源整合以及露天矿山专项治理，矿山开发规模化显著，大中型矿山数量逐渐增加，小型矿山数量逐渐减少。自 2014 年以来，河北省地下热水开采企业数量、产量、产值以及利润总额出现不同程度的提升，河北省清洁能源利用势头增长。

国务院提出力争到 2020 年基本建立产权明晰、权能丰富、规则完善、监管有效、权益落实的全民所有自然资源资产有偿使用制度。河北省在生态环境保护优先的前提下，对于矿产资源开发进行严格的限制，一系列矿产资源开发制度和政策的密集出台，在一定程度上会促进河北省自然资源的保护和合理利用，在生态环境保护、经济环境协调发展等方面发挥积极的作用，对于河北省矿山企业的开采与经营产生深远的影响。

二、矿产资源开发对于生态环境的影响

自从京津冀的协同发展上升为国家发展战略后，对生态环境的保护提出了新的需求，然而随着河北省矿产资源的开发，生态系统承受的压力迅速增大，由于部分地区生态环境脆弱，不合理的矿产资源开发导致严重的土地生态退化。河北省矿产资源丰富，历史上采矿等生产建设活动导致生态环境受损严重。例如，富铁矿和煤矿集中于邯郸、邢台两市；煤矿资源主要分布在峰峰矿区、武安、磁县等地。铁矿主要分布在涉县、武安、内丘、沙河一

带;石灰岩主要分布于鹿泉、井陉、武安、唐县等;石棉矿、锌铅等有色金属分布在保定的阜平县。这些地区的矿产资源开发给当地的生态环境带来严重破坏。

矿产资源开发对环境造成扰动的形式,主要有井工开采、露天开采导致地面的植被剥离、尾矿与煤矸石压占、工业场地占用、排土场压占等;煤矿采空区地面一旦沉陷,较深的塌陷区会成为坑塘和沼泽。同时矿还可导致土壤沙化、水土流失、塌陷、变形和崩落等形式的土毁损与破坏;此外生产过程中的废水、废气、废渣对环境造成了破坏;在矿产资源开发生产的过程中,与之配套的基础设施、公路的修建同样会占用土地;在矿物资源运输途中,货物的扬撒会造成周边土地沙化、碱化,土地的生产力逐渐降低甚至消失。由此引发的一系列的生态环境问题成为不可逆转的问题。

但是目前在矿产资源开发的过程中不能使矿产资源的开采和固定土地用途共存,存在缺乏全面规划和规划管理不科学造成的布局不合理、重复建设、选址不当等问题。例如平山铁矿采选业和冶炼业,鹿泉的水泥矿山开采和水泥制造业(全市有160多家水泥厂。有126家分布在鹿泉市境内)、井陉县的石灰岩矿的开采与加工等,基本上没有考虑生态保护的要求,规划很不科学。

矿产资源开发利用的方式对于生态环境的改变是双向的,粗放的开发形式会对生态环境造成不良影响,节约与综合利用方式能够减少影响甚至能够改善生态环境。例如开采回采率与选矿回收率直接决定了废石、煤矸石、尾矿的量及压占土地面积的大小。此外,矿产资源开发的技术水平与大型化、自动化和智能化的设备之间存在差距。跨行业、跨区域矿山企业的技术交流共享不足,先进技术在大中小型矿山企业分布不均衡,普及推广率急需提高。

目前河北省针对矿产资源开发实施生态补偿机制。目前,我国矿产资源开发的生态补偿的方式和制度主要有资源税、生态补偿费、矿产资源补偿费、矿山生态环境恢复治理保证金等。这些法律制度的制定和实施,对于协调矿区生态环境保护与矿产资源开发之间的关系起到了一定的作用。但是由于法律本身存在"重经济补偿而轻生态保护"的局限性以及相关部门执法力度不够,在矿区生态环境功能的治理恢复,以及对矿产资源开发直接受损者的经济补偿方面,仍然存在着较大的问题。另一方面,当前实行的矿山环境恢复治理保证金制度,其主要对象为在建或者新建矿山,对已建成的矿山,甚至是已经荒废的矿山,没有指出具体的补偿和治理措施。治理保证金的额度,也仅仅是考虑了矿山生态环境的治理恢复成本,并没有将矿产资源开发对矿山及其周围生态环境造成的损失纳入补偿的范围,不足以补偿发展机会成本和生态价值,保证金征收标准明显偏低。除矿山地质环境恢复治理保证金以外,土地复垦费以及水土流失防治费,也存在着相似的问题,仅仅考虑了矿山生态环境的治理恢复成本,而没有考虑矿产资源开发对周边环境产生的损害。

三、矿产资源开发对于经济的影响

矿产资源作为人类社会生活中不可或缺的重要物资基础,当前人类工业生产和农业生产中所需要的大部分生产原料都来自矿产资源,矿产资源产业也是经济发展的重要基础。

通过矿产资源的开发，可以在一定程度上创造产值，促进国民生产总值指标的增加。同时矿产资源开发过程中需要大量的劳动力，可以有效减缓社会就业压力。同时通过矿产资源开发，还可以推进城市化的发展，促进城市化基础建设，促进公路、铁路等基础设施建设。

目前，针对矿产资源的开发，国家的财政补贴逐年下降。矿产经济发展随着当前经济的快速发展，工业产品开始呈现高技术含量及低材料的发展趋势，使其对于原材料的直接需求降低，矿产资源在市场上较为丰富，导致矿产资源价格低廉。同时，相关政府也开始减少对于矿产资源的投入，财政补贴开始倾向于高新产业，更是增加了矿产行业投资增值的难度。当前对于矿产资源的投资主要是针对矿产资源的品种，同时针对矿产资源的冶炼向深加工延伸，并且通过降低成本，将企业管理定位为价值管理，通过收购、合并等来获得一定的规模效益。

另外，矿产资源开发投资增值难度逐渐增大。目前随着科学技术的不断发展，纵使部分的资源稀缺也仍无法威胁到人们的生产与生活，单个矿产资源的耗竭也并不会对整个工业的发展带来较大的影响。特别是近年来许多金属供应迅速增长，但金属价格则呈现整体下降的趋势。这主要是一些替代材料的出现使人们对于金属的需求程度逐渐降低。基于这种情况，矿产资源对于经济环境的协调发展更为关注。同时，在矿产资源开发利用的基础上，需要做好环境保护工作，这样不仅有利于企业树立良好的社会形象，促进经济发展和环境保护，而且也是人类长远发展的重要前提和保障。

近年来，部分矿产资源开发公司通过合并和收购发展成为一个大的企业团体，以此来使企业价值提升，给企业利润增长带来较为可观的成绩。另外，企业之间也可以通过相互合作，有效扩大企业的发展规律，在企业之间吸收和合并过程中，矿产资源企业能够取长补短，不断地发展壮大。然而，按照目前矿产资源发展状况，矿产开发企业在实际的兼收并购和收购的过程中，仍然需要做好相关沟通协调工作，积极采取有效的管理措施，以此来促进矿产资源开发企业得到更好的发展。

第四节　河北省产业结构变动的生态环境效应

人类活动对生态环境的影响及其反馈机理是目前地理学、生态学及环境科学共同关心的热点问题，而产业结构是连接人类活动和环境的重要桥梁。产业结构是指各产业的构成及各产业之间的联系和比例关系。区域产业的变动及其组合关系、强度的变化不仅显著促进区域社会经济发展的同时，也对生态环境产生强烈影响，尤其当微观的环境污染治理效果越来越受到局限，资源的供给越来越紧缺，环境的自净能力越来越低下时，人们便把目光投向了产业转型。

产业部门的构成及相互之间的联系、比例关系不尽相同，对经济增长的贡献大小也不同。因此，把包括产业的构成、各产业之间的相互关系在内的结构特征概括为产业结构。产业对环境质量的影响主要是通过在生产过程中向环境排放有害废弃物造成的，对不同产业部门的废弃物排放情况进行分析，可以使我们清晰地了解河北省产业结构的变动与生态环境的关系。

一、河北省产业结构的变动分析

1. 河北省三次产业的产值构成

伴随着社会生产力不断发展而产生了社会分工，产业也随之出现，“产业”最初是指具有某种共同属性的生产性企业的集合。“结构”一词则是指组成事物整体的各部分的搭配和安排。关于产业结构，一般认为产业结构的基本含义包括两方面内容：从数量比例来看指的是产值、劳动力和资产的比例关系。这种比例关系可以从国民经济中第一、二、三次产业的结构，三次产业各自内部各行业的结构以及各行业内部各产品之间的结构这三个层次进行考察；从质的方面来看，产业结构则是指产业素质、经济效益、区域和所有制布局等方面的分布状态。

2015 年全省生产总值实现 29 806.1 亿元，比上年增长 6.8%。其中，第一产业增加值 3 439.4 亿元，增长 2.5%；第二产业增加值 14 388.0 亿元，增长 4.7%；第三产业增加值 11 978.7亿元，增长 11.2%。第一产业增加值占全省生产总值的比重为 11.5%，第二产业增加值比重为 48.3%，第三产业增加值比重为 40.2%。

2016 年全省生产总值实现 31 827.9 亿元，比上年增长 6.7%。其中，第一产业增加值 3 492.8亿元，增长 3.5%；第二产业增加值 15 058.5 亿元，增长 4.9%；第三产业增加值 13 276.6 亿元，增长9.9%。第一产业增加值占全省生产总值的比重为11.0%，第二产业增加值比重为 47.3%，第三产业增加值比重为 41.7%，比上年提高 1.5 个百分点。

2017 年全省生产总值实现 30 640.8 亿元，比上年增长 6.6%。其中，第一产业增加值 3 507.9亿元，增长 3.9%；第二产业增加值 17 416.5 亿元，增长 3.4%；第三产业增加值 15 039.6亿元，增长 11.3%。第一产业增加值占全省生产总值的比重为 9.8%，第二产业增加值比重为 48.4%，第三产业增加值比重为 41.8%。全省人均地区生产总值为 47 985元，比上年增长 6.0%。

2018 年全省生产总值实现 32 494.6亿元，比上年增长 6.5%。其中，第一产业增加值 3 338.0亿元，增长 3.0%；第二产业增加值 16 040.1 亿元，增长 4.3%；第三产业增加值 16 632.2亿元，增长 9.8%。三次产业比例由上年的 9.2:46.6:44.2，调整为 9.3:44.5:46.2，第三产业比重首次超过第二产业。全省人均地区生产总值为 47 772 元，比上年增长 6.0%。

2019 年全省生产总值实现 34 978.6亿元，比上年增长 6.7%。其中，第一产业增加值 3 518.4亿元，增长 1.6%；第二产业增加值 13 597.3亿元，增长 4.9%；第三产业增加值 17 988.8亿元，增长 9.4%。三次产业比例由上年的 10.3:39.7:50.0，调整为 10.0:38.7:51.3。全省人均生产总值为 46 348元，比上年增长 6.2%。在经济总量增长的同时经济发展的质量也得到了提升，产业结构也日趋合理。

2020 年全省生产总值实现 36 206.9亿元，比上年增长 3.9%。其中，第一产业增加值

3 880.1亿元,增长 3.2%;第二产业增加值 13 597.2亿元,增长 4.8%;第三产业增加值 18 729.5亿元,增长9.1%。全省人均生产总值为 48 564元,比上年增长 6.3%。在经济总量增长的同时经济发展的质量也得到了提升,产业结构也日趋合理。

2015—2020 年河北省生产总值如图 2-2 所示。2015—2020 年河北省三次产业增加值值如图 2-3 所示。

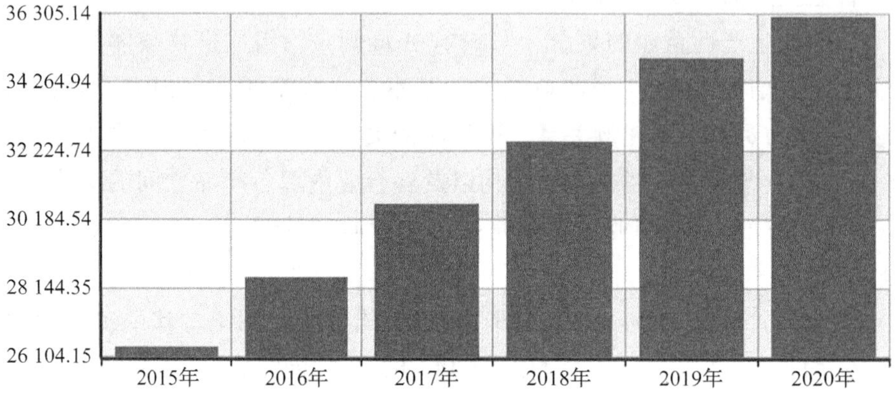

图 2-2　2015—2020 年河北省生产总值(亿元)

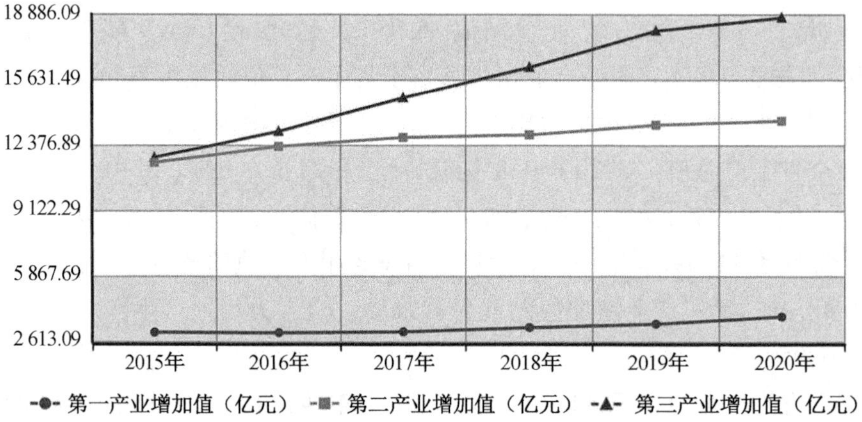

图 2-3　2015—2020 年河北省三次产业增加值

***数据来源于河北省统计年鉴**

2. 产业结构对经济增长的贡献

产业结构对经济增长的贡献,通常是指产业比例关系变化引起的经济总量的增加,这一增加额占同期经济总增加量的百分比,就是产业结构变动对经济增长的贡献率,可以根据统计分析中的因素分析方法的原理来考察产业结构变动对经济增长的贡献率。现代经济学界普遍认为产业结构与经济增长之间存在着非常密切的关系。经济增长本身就是一个结构变化过程。任何一个经济体,它在经历着经济增长的同时必然发生产业结构的调整。在一定条件下，产业结构的变动是经济增长的前提和基础，产业结构的差异会产生整体效益的差异，进而导致经济以不同的速度增长。而经济增长又会反过来进一步促进产业结构的变动，不同速度的经济增长对产业结构的要求也不一样，因此说产业结构和经济增长之间是相互促进、相互依赖的关系。运用下面的模型进行计量：

$$g = \sum_{i=1}^{3} w_i g_i$$

其中，g 表示国民生产总值的增长率；wi 为第 i 产业增加值占国民生产总值的比重；g_i 为第 i 产业增加值的增长率。

2015—2020 年国民生产总值增长率及产业增加值数据见表 2－1。

表 2－1　2015—2020 年国民生产总值增长率及产业增加值

年份	w_1	w_2	w_3	g_1	g_2	g_3	w_1g_1	w_2g_2	w_3g_3	g
2015	0.12	0.48	0.40	2.50%	4.70%	11.20%	0.29%	2.27%	4.50%	7.06%
2016	0.11	0.47	0.42	3.5%	4.9%	9.9%	0.39%	2.30%	4.16%	6.83%
2017	0.10	0.48	0.42	3.90%	3.40%	11.30%	0.38%	1.65%	4.73%	6.75%
2018	0.09	0.45	0.46	3.00%	4.30%	9.80%	0.28%	1.92%	4.53%	6.72%
2019	0.10	0.39	0.51	1.60%	4.90%	9.40%	0.16%	1.90%	4.82%	6.88%
2020	0.11	0.39	0.50	3.20%	4.80%	9.10%	0.35%	1.87%	4.55%	6.77%

＊基本数据来源于河北省统计年鉴

2015 年国民生产总值增长率 $g = w_1g_1 + w_2g_2 + w_3g_3 = 7.06\%$，2016 年国民生产总值增长率 $g = w_1g_1 + w_2g_2 + w_3g_3 = 6.83\%$，2017 年国民生产总值增长率 $g = w_1g_1 + w_2g_2 + w_3g_3 = 6.75\%$，2018 年国民生产总值增长率 $g = w_1g_1 + w_2g_2 + w_3g_3 = 6.72\%$，2019 年国民生产总值增长率 $g = w_1g_1 + w_2g_2 + w_3g_3 = 6.88\%$，2020 年国民生产总值增长率 $g = w_1g_1 + w_2g_2 + w_3g_3 = 6.77\%$。

公式表明，国内生产总值增长率的大小取决于两个因素，一是各产业增长率的大小，二是各产业增加值的比重。一般而言，假定各产业增长率一定，增加值比重较高的产业对国内生产总值的拉动作用就越大，因此要测定产业结构变动对经济增长的贡献率可以借鉴因素分析方法，以各产业的报告期增长率乘以基期的增加值比重来求得国内生产总值增长率，与报告期实际 GDP 增长率相减就是产业结构变动对经济增长的贡献率。从贡献率的角度分析，河北省产业结构对经济增长有很大的影响作用，可以说工业是推动河北省经济发展的主要推力，其次是第三产业。

二、河北省工业“三废”排放的趋势分析

环境污染主要包括大气污染、水污染、固体废弃物污染、噪音污染等，其中我们简称为“三废”的废气废水和固体废弃物污染是造成环境污染的主要污染物。二氧化硫是废气特

别是工业废气排放的主要产物，根据资料显示，2020 年河北省二氧化硫排放量 16.17 万吨，氮氧化物排放量 76.97 万吨，颗粒物排放量 37.07 万吨，废水排放总量 25 万吨。受数据资料限制，通过河北省二氧化硫排放量来反映河北省工业废气排放的走势，如图 2－4 所示。河北省历年工业废水排放量如图 2－5 所示。

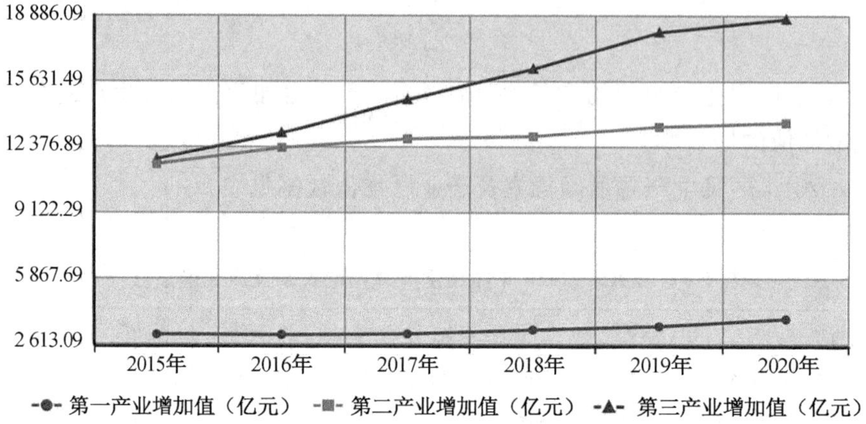

图 2－4　河北省历年二氧化硫排放量

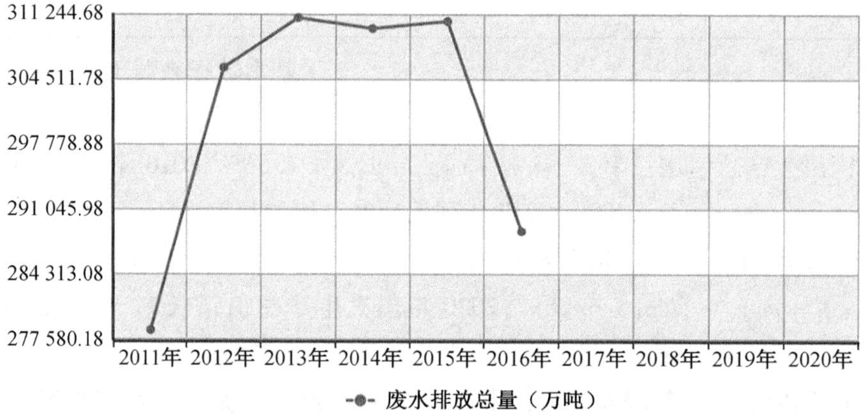

图 2－5　河北省历年工业废水排放量

1. 工业废气排放的产业分析

从河北省工业废气排放总量情况来看，工业废气的排放主要集中在电力热力的生产和供应业、非金属矿物制品业、黑色金属冶炼及压延加工业化学原料及化学制品制造业、石油加工炼焦及核燃料加工业五个行业。年废气排放共达到 20 816 亿标立方米，占到当年工业废气排放总量的 86.3%。河北省的机械制造行业的废气排放量也普遍较低，如通用设备制造业，专用设备制造行业，交通运输设备制造业，电气机械及器材制造业，通信设备、计算机及其他电子设备制造业，仪器仪表及文化办公用机械制造业，工艺品及其他制造业这些行业的废气排放量都比较低，总共占到河北省废气排放总量的 1.31%。我们用每单位工业增加值(按生产法计算)对应的废气排放量来衡量各行业的废气污染排放强度。从废气排放强度情况来看,单位工业增加值废气排放量最高的是电力热力的生产和供应业;其次非金属矿物制品业,黑色金属冶炼及压延加工业,化学纤维制造业,有色金属矿采选业,石油加工、炼焦及核燃料加工业等行业的单位工业增加值废气排放量也很高,也是河北省废气排放总量比较大的一些行业。说明这六大行业应该属于工业废气排放的高污染行业,不仅仅废气排放强度大,而且是河北省工业增加值比较大的几个行业。今后,随着工业增加值的迅速增长,这六大行业在废气治理方面需要加大力度。值得一提的是制造业中的仪器仪表及文化、办公用机械制造业虽然废气排放总量很低,但排放强度相对比较高,万元工业增加值的废气排放就达到 1.51 万标立方米,是制造业中废气排放强度唯一比较高的。2011—2020 年河北省工业废气排放物如图 2－6 所示。

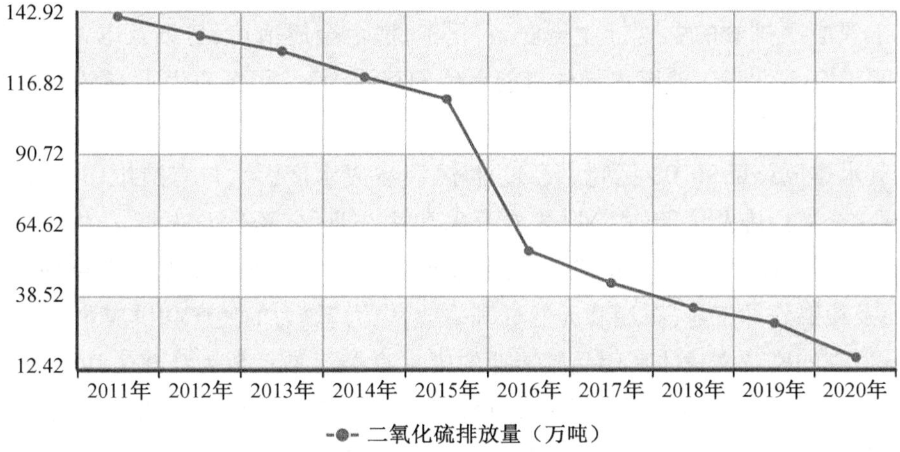

图 2－6　2011－2020 年河北省工业废气排放物

由上图可知,河北省工业废气排放总量在过去 10 年中处于下降阶段,平均降幅达到 14.6%。只有在 2014 年出现过短暂的上升。以 2014 年为例,2014 年河北省工业废气排放总量为 76 285 亿立方米;此外 2014 年河北省工业增加值占到全国 5%,却排放了全国工业废气总量的 11%。由此不难看出,河北省工业废气排放规模之大。

电力热力的生产和供应业的污染排放强度大大超过其他行业,对单位增加值污染排放的平均值造成了强烈的拉升,为了消除这种影响我们在按单位增加值污染排放进行行业分类时,将高于平均值 2 倍的行业划为高污染行业,低于平均值 2 倍的行业划分为低污染行业,见表 2－2。

表 2－2 按废气排放强度的行业分类

高污染行业	中污染行业	低污染行业
电力热力的生产和供应业 非金属矿物制品业 黑色金属冶炼及压延加工业 化学纤维制造业 有色金属矿采选业	石油加工 炼焦及核燃料加工业	机械制造行业 通用设备制造业、专用设备制造行业、交通运输设备制造业电气机械及器材制造业通信设备 计算机及其他电子设备制造业 仪器仪表及文化办公用机械制造业 工艺品及其他制造业

2. 工业废水排放的产业分析

我国工业废水排放的主要行业是食品、化工、黑色金属冶炼、造纸及电力、纺织印染业等行业。2020 年河北省工业废水排放量前六位的行业为造纸、石油化工、食品、医药、电力、黑色金属冶炼及压延加工业。

全省废水排放总量 96.08 亿吨。经过排序，我省废水产污大户有造纸印刷及文教体育用品制造业，金属冶炼及压延加工业，煤炭开采和洗选业，金属矿采选业，纺织业、纺织服装鞋帽皮革羽绒及其制品业，工艺品及其他制造业，化学工业，食品制造及烟草加工业，石油加工、炼焦及核燃料加工业，石油和天然气开采业，电力、热力的生产和供应业。

其中，造纸印刷及文教体育用品制造业的废水直接污染系数为 0.007 192，即该行业每千元产出产生废水 7.192 吨。废水直接治理污染系数为0.004 948 6，即该行业每产生千元产出将直接治理废水 4.94 867 吨。废水直接排放系数为 0.002 243 76，即该行业每千元产出将直接排放 2.243 76 吨废水。废水产生、治理和排放总量在全行业均排在前二位，是个名副其实的水污染大户。

金属冶炼及压延加工业的废水直接污染系数为 0.006 615，直接治理污染系数为 0.006 546，直接排放系数为 6.87E－05。废水产生量排在行业第三位，但治理情况不错，排在全行业首位，所以直接排放出的废水总量较低，位于全行业的第 9 位。

煤炭开采和洗选业的废水直接污染系数为 0.003 002，直接治理污染系数为 0.000 39，直接排放系数为 0.002 609 5。直接产生系数排在全行业的第四位，直接治理系数排在第十位，直接排放系数排在全行业的首位。所以该行业是产污、排污很严重，而在废水治理方面又很不足的行业。

3. 工业固体废物排放的产业分析

固体废弃物污染大户是金属矿采选业，电力、热力的生产和供应业，煤炭开采和洗选业，非金属矿及其他矿采选业，造纸印刷及文教体育用品制造业，化学工业，非金属矿物制品业。

金属矿采选业的固体废物直接产污系数为 6.192 5，位居全行业榜首；直接治理污染系数为 0.539，排在全行业的第四位；直接排放系数为 5.653，排在全行业的首位。该行业是名副其实的固体废物污染大户，并且对固体废物的治理能力远落后于产生和排放能力。

电力、热力的生产和供应业的固体废物直接产污系数为1.089 9，位居全行业第二位；直接治理污染系数为1.049 2，排在全行业第一位，治理固体废物能力较强；固体废物直接排放系数为0.040 668，排在全行业第三位。该行业是固体废物污染大户，但治理能力最强，可供借鉴。

煤炭开采和洗选业的固体废物直接污产系数为0.631 9，位居全行业的第四位；直接治理污染系数为0.602 98，排在全行业的第三位；直接排放系数为0.028 96，位居全行业的第四位。该行业也是固体废物污染大户，并且治理能力较产生和排放能力低。

三、河北省产业结构变动的环境效应分析

产业结构的变动促使资源得到有效配置，进而促进经济增长。产业结构的变动是经济增长的前提和基础，合理的产业结构能够使有限的资源得到合理的配置，如果产业结构不合理，就会造成资源的紧缺或闲置，此时产业结构如能及时得到调整，就会使稀缺的资源，如劳动力、资金、技术等在社会生产的各个行业各个部门重新进行有效的配置，促使生产要素从生产效率较低的部门向生产效率较高的部门转移，从而提高了资源的生产效益和边际收益，进而促进经济增长。由此可见，大量的资源投入虽然是经济增长的必然条件，但是其投入的效率往往在很大程度上取决于产业结构的状态。因此，产业结构的差异会导致整体经济效益的差异，进而产生不同经济增长速度和经济增长水平。其次，主导产业的更替对国民经济发展影响重大。产业结构中主导产业的更替是经济增长的主导力量。最后，科学技术的发展引起的产业结构变动进而促进经济增长。

河北省人口数量庞大，经济发展却相对落后，就业问题严峻。人口老龄化严重，农村人口众多，存在大量剩余劳动力，而城镇经济发展则面临着人力资源短缺的问题，“用工荒”的现象不时出现，不利于经济的均衡发展。经济的发展是人口发展的必要条件。只有经济发展了，人们的生活水平才能提高，对教育文化和医疗卫生的投入也会随之增加，人口素质会相应提高，人们的观念意识会发生变化，人口数量继而会得到有效控制。目前，河北省并不十分发达的经济，对人口的发展有着很大的制约。

河北省庞大的人口总量和日益增长的态势，加重了河北省有限资源的紧张状况，人均资源拥有量不断减少，必然会导致对自然环境的不合理开发利用，甚至掠夺性的开发，生态环境受到严重威胁，人口与资源环境之间的矛盾日益尖锐。人口素质低使得人们往往考虑眼前利益，为了追求短期的经济发展而对资源进行掠夺性的开发，对资源不能做到科学、合理、高效开发利用，对环境的保护意识也较弱，而且当环境遭到污染与破坏时，没有有效的治理手段和技术。资源的短缺制约了河北省人口的发展，环境的恶化也严重地威胁到了人的身体健康状况。

资源环境为经济发展提供物质基础，人类要生存，就要有衣食住行，就要有经济活动、就要发展经济，而经济发展所需要的各种原料都是来自自然环境。河北省粗放型的经济发展模式，使经济在快速发展的同时，自然资源不断受到破坏，环境的恶化使企业的经济活动

受到了很大限制，一些对环境要求较高的行业，如精密仪器、高科技研发企业缺乏生存的空间，这对河北省经济的发展产生了很大的阻力。目前河北省的人口、资源环境与经济在发展过程中存在着诸多不协调的因素，严重影响了河北省经济社会的健康发展，影响了和谐社会的构建。

综上所述，河北省产业结构和经济增长之间是双向因果关系，即经济增长引起产业结构的变动，经济增长促进了产业结构的合理化和高级化。同样产业结构演进也推动着经济增长，河北省第三产业对经济增长的促进作用较小，这就要求我们在今后的产业结构调整过程中不断加大对第三产业的投资，争取早日使第三产业成为河北省经济增长的主导力量。

第三章　经济与环境协调性研究

第一节　经济与环境系统评价指标体系的构建

十九大报告提出，建设生态文明是中华民族永续发展的千年大计。其中明确表示我们要建设的现代化是人与自然和谐共生的现代化，既要创造更多物质财富和精神财富以满足人民日益增长的美好生活需要，也要提供更多优质生态产品以满足人民日益增长的优美生态环境需要。十九大报告中提出的新目标“建成富强、民主、文明、和谐、美丽的社会主义现代化强国”，其中增加了一个词“美丽”，而三大攻坚战中的污染防治，是党和全国人民极为关心的，也是美丽的目标能否实现的关键战役。河北省作为京津冀经济圈的重要组成部分，随着京津冀协同发展战略的提出，经济地位不断提高，经济社会发展潜力巨大。但是，河北省在目前的全国大气和水污染以及生态环境与经济发展矛盾方面的地区排名靠后。由于长期以来的资源能源依赖型经济从而导致资源的高投入、高消耗、高污染、低效益矛盾产生，形成环京津的经济靠后和多个城市产生污染。随着工业污染企业由京津向河北省迁入，河北省面临着更为严峻的环境保护与经济发展双重压力。这不仅影响了河北省经济的可持续发展，而且导致河北省资源环境与经济的矛盾日益严峻，严重地制约了整个河北省和谐社会的构建。还直接关系到京津冀区域的整体发展，也正是生态环境问题促使京津冀区域协同发展提升为国家战略。《京津冀协同发展规划纲要》将生态环保作为 3 个率先突破之一，共建京津冀世界级城市群生态体系，作为生态环境支撑区的河北省任重道远。河北省未来发展不应是只发展经济或保护环境的两极化，而应是经济与环境协调发展，新的增长极只能是绿色增长极。因此，全面分析河北省经济与环境发展中存在的问题，力求实现河北省经济与环境协调发展已成为当务之急。

一、评价指标体系的构建原则

经济与环境系统是一个多层次、多因素的复杂系统，选取合适的指标是较好地反映经济与环境的真实发展水平的关键，选取的指标要能够直接或间接地反映地区经济，环境的内部特征、发展状态、两者之间的联系以及主要目标的实现程度，要有一定的代表性，典型性，有效性和科学性。为全面、真实地体现河北省经济与环境之间的，指标体系应满足以下几个原则：

1. 科学性原则。经济系统和环境系统是两个动态性的系统，随着社会经济水平的不断提高，生态环境也在发生变化，影响经济与环境之间协调状况的因素也在不断地发生改变。要做到指标体系选取的科学性，就要正确反映经济与环境协调发展战略目标的各个方面，在对同一地区不同时期做纵向比较或对不同地区进行横向比较时，要符合实际差距和变化，使评价结果更加准确，在指标体系建立过程中，要以协调发展、可持续发展等理论作为理论依据，以便赋予所构建的指标具有一定的科学内涵。同时，指标的构建需要概念明确，容易被人理解。

2. 实用性原则。本研究主要是用定量的方法来测度经济与环境系统之间耦合协调关系及其影响因素。因此，为保证指标体系中数据来源的可靠性以及各指标定量化的可行性，指标数据的选取尽量以易于收集、评价和比较为主，因此数据尽量选用政府网站公开发布的、权威性较高的统计指标和数据，在实际操作时，要选取易获得、易处理，能够使得普遍性和特殊性相统一的代表性较强的综合指标。

3. 综合性原则。经济系统和环境系统是两个比较复杂的系统，选取的指标体系应综合地考虑各系统的内部关系及其变化趋势。将经济与环境两大层次进行逐级分解，进行全盘思考，选取代表性强、可比性好的指标，以确保所选取的评价指标体系能够综合地反映区域经济与环境耦合协调关系的实际情况，指标体系内选取的指标要能够全面地反映系统的整体情况，能够分别将经济系统和环境系统的现状和发展情况全面客观地显示出来，包含足够多的系统属性，指标体系要有多个层次结构并且能够反映出各层次的特征。

二、评价指标体系的构成

经济与环境互相调节，他们两者的联系是由许多种因素相互作用产生的，基于这个联系，可将该指标体系整体分为两个系统，分别是经济系统和环境系统，两个大类，每一大类下又有多个方面影响着这两个系统，在每个小的方面下又分出若干个层次，从经济环境相作用的整体，一直到每个具体的枝节，通过查阅文献等多种渠道，本书共选取了20个影响指标，构建了经济与自然环境的相互作用体系，以此来多角度、全方位地获得经济与环境之间的作用关系，见表3－1。

表3－1　河北省经济与环境协调发展研究的指标体系

<table>
<tr><th>系统</th><th>类别</th><th>序号</th><th>具体指标</th><th>意义</th></tr>
<tr><td rowspan="6">经济系统</td><td rowspan="4">经济实力</td><td>X_1</td><td>GDP</td><td>反映国内生产总值</td></tr>
<tr><td>X_2</td><td>人均 GDP</td><td>反映经济发展水平的指标</td></tr>
<tr><td>X_3</td><td>社会消费品总额</td><td>反映国内消费需求水平</td></tr>
<tr><td>X_4</td><td>地方财政一般预算收入</td><td>反映政府保障和改善民生的能力</td></tr>
<tr><td rowspan="2">经济结构</td><td>X_5</td><td>第一产业占 GDP 比重</td><td>反映第一产业占国内生产总值的比例</td></tr>
<tr><td>X_6</td><td>第二产业占 GDP 比重</td><td>反映第二产业占国内生产总值的比例</td></tr>
</table>

表 3－1(续)

系统	类别	序号	具体指标	意义
经济系统	经济活力	X_7	GDP 增长率	反映国内生产总值的增长速度
		X_8	第三产业增长率	反映第三产业的增长速度
	人口活力	X_9	人口自然增长率	反映人口对区域经济系统的压力
	生活质量	X_{10}	居民人均可支配收入	反映居民收入水平和生活水平
		X_{11}	居民人均消费支出	反映居民的消费水平
		X_{12}	城镇基本医疗保险年末参保人数	反映基本医疗保险的覆盖率
		X_{13}	电话普及率	反映居民文化生活质量的指标
环境系统	环境现状	X_{14}	废水排放总量	反映影响河流湖泊的水质程度
		X_{15}	SO_2 排放量	反映空气质量状况
		X_{16}	生活垃圾清运量	反映垃圾的清理情况
	环境治理	X_{17}	工业治理投资	反映在治理工业方面的投入力度
		X_{18}	生活垃圾无害化处理量	反映垃圾的处理情况
	生态环境	X_{19}	森林覆盖率	反映区域整体环境的优劣
		X_{20}	造林总面积	反映建造森林的占地面积

1. 经济系统的评价指标体系的构建

经济系统是由许多子系统构成的一个非常庞大复杂的大系统，且构成大系统的各个子系统都可以用一个指标来表示。找出能够代表经济与环境协调发展点的指标，并对其进行排列组合，构建河北省经济与环境耦合协调发展的指标体系。所构建的指标体系一方面要揭示出经济与环境耦合协调发展的水平，另一方面要能分别反映经济与环境的整体布局、发展现状以及未来的变化趋势。本书在阅读了大量文献的基础上，根据前面提出的指标选取的原则，构建了河北省经济与生态环境协调发展的评价指标体系，具体见表 3－2。

表 3－2　河北省经济子系统发展指标

系统	类别	序号	具体指标	意义
经济系统	经济实力	X_1	GDP	反映国内生产总值
		X_2	人均 GDP	反映经济发展水平的指标
		X_3	社会消费品零售总额	反映国内消费需求水平
		X_4	地方财政一般预算收入	反映政府保障和改善民生的能力
	经济结构	X_5	第一产业占 GDP 比重	反映第一产业占国内生产总值的比例
		X_6	第二产业占 GDP 比重	反映第二产业占国内生产总值的比例
	经济活力	X_7	GDP 增长率	反映国内生产总值的增长速度
		X_8	第三产业增长率	反映第三产业的增长速度

表3-2(续)

系统	类别	序号	具体指标	意义
经济系统	人口情况	X_9	人口自然增长率	反映人口对区域经济系统的压力
	生活质量	X_{10}	居民人均可支配收入	反映居民收入水平和生活水平
		X_{11}	居民人均消费支出	反映居民的消费水平
		X_{12}	城镇基本医疗保险年末参保人数	反映基本医疗保险的覆盖率
		X_{13}	电话普及率	反映居民文化生活质量的指标

经济发展指标是第一大类指标,经济发展的目标是发展生产、扩大生产规模,改善经济结构、提高经济效益,从而提高整体综合实力,为社会创造更多、更好的产品,以满足人民日益增长的物质和文化需要经济发展指标,主要以生产和发展经济为主体,反映经济发展总体水平经济结构、经济效率,以及人们生活质量的提高程度等各个方面,从不同方面衡量经济发展水平。它主要包括经济指标和生活质量指标。经济系统指标的选取和说明:经济系统的指标主要从五个方面来选取,分别是经济实力、经济结构、经济活力、人口情况和生活质量五个方面。

经济实力指的是社会价值总量,它能够从整体上反映一个国家或地区的经济发展水平,包括一切可以用货币衡量的和不能用货币衡量的社会财富。但是在经济实力不断增加、社会财富不断积累的同时,必然会造成资源的消耗和对生态环境造成消极的影响。通过参考湖南大学王博的硕士论文《基于耦合模型的我国区域经济与生态环境协调发展动态研究》,并联系河北省实际情况,本书主要选取了 GDP、人均 GDP、社会消费品总额和地方财政一般预算收入四个指标作为代表。“地方财政一般预算收入”是考核一个地区社会生产活动成果和水平,体现地方政府有效宏观调控的重要指标。社会消费品零售总额是指企业(单位)通过交易售给个人、社会集团,非生产、非经营用的实物商品金额,以及提供餐饮服务所取得的收入金额。社会消费品零售总额包括实物商品网上零售额,但不包括非实物商品网上零售额。而网上零售额是指通过公共网络交易平台(包括自建网站和第三方平台)实现的商品和服务零售额之和。商品和服务包括实物商品和非实物商品(如虚拟商品、服务类商品等)。

经济结构能够反映三大产业对经济增长的贡献程度,是经济总量增长的主要来源。经济结构是指企业所在地区的生产力布局情况,是经济系统中各个要素之间的空间关系,包括企业结构、产业结构、区域结构等,经济结构状况是衡量国家和地区经济发展水平的重要尺度。本书选取了第一产业产值占 GDP 比重和第二产业产值占 GDP 比重两个指标来分析河北省的产业结构。

经济活力指标可以反映出经济的成长性以及其对资本和生产要素的吸引力。经济活力是指一国一定时期内经济中总供给和总需求的增长速度及其潜力。通过参考西安科技大学栾晓燕的硕士论文《西安市经济与环境协调发展对策研究》,并在结合河北省实际情况的基础上，本书选取了 GDP 增长率、和第三产业增长率两个指标，从国内国外两个角度分析河北省的经济活力。

人口情况选取了人口自然增长率这个指标，可以反映出人口对区域经济系统的压力，同时也是反映人口发展速度和制定人口计划的重要指标，用来表明人口自然增长的程度和趋势。人口自然增长率是指在一定时期内（通常为一年）人口自然增加数（出生人数减死亡人数）与该时期内平均人数（或期中人数）之比。人口自然增长水平取决于出生率和死亡率两者之间的相对水平，它是反映人口再生产活动的综合性指标。

生活质量又被称为生存质量或生命质量，是全面评价生活优劣的概念。通常指社会政策与计划发展的一种结果。生活质量主要反映人们生活的社会条件的质量特征，特别是社会关系的状况，而不能全面反映人们生活的社会条件的数量特征，因此生活质量较高而生活水平不一定较高。所以在反映人们生活的社会条件时，必须将生活质量与生活水平范畴结合运用。生活质量是影响生活方式的重要因素，不同的国家或地区，生活质量不同，人们的生活方式也必然存在差异。本书主要选取了居民人均可支配收入、居民人均消费支出、城镇基本医疗保险年末参保人数和电话普及率四个指标。

2. 环境系统的评价指标体系的构建

环境系统是环境各要素及其相互关系的总和。环境系统各要素之间彼此联系、相互作用，构成一个不可分割的整体。本书选取了环境现状、环境治理和生态环境三个指标，且这三个指标都与经济发展尤其是工业发展密切相关，能更好地反映环境质量状况。

环境现状评价一般是根据近两、三年的环境监测资料对某地区的环境质量所进行的评价。一般以国家颁布的环境质量标准或环境背景值作为依据。同时环境现状评价要求阐明生态系统的类型、基本结构和特点（整体性特点、稳定性等），评价区内居优势的生态系统及其环境功能或生态功能规划、自然资源赋存和优势资源及其利用情况等。在工业化进程加速的同时，大量工业污染源的排放导致环境质量的下降，在很大程度上依然是工业三废排放制约着经济的发展。本书选取了废水排放量、SO_2 排放量、生活垃圾清运量三个污染物排放强度指标作为代表，从污染物的排放情况可以反映出人类社会发展、GDP 不断提高对生态环境造成的最直接伤害。

水污染现状与废水排放量密切相关，据前瞻产业研究院发布的《污水处理行业市场前瞻与投资战略规划分析报告》数据显示，2011 年以来我国废水排放总量呈上升趋势，污水治理需求不断提升。基于对水环境的深切担忧，加强水污染防范与城镇污水治理被列为“十三五”期间环境治理的重点内容；二氧化硫是大气中最常见的污染物之一，大气中二氧化硫主要来源于含硫金属矿的冶炼、含硫煤和石油的燃烧所排放的废气。其次，大气中的二氧化硫会对环境造成直接危害。大气中的二氧化硫其同空气中的水结合能够形成酸性物质，引发酸雨。而酸雨会对植物、建筑物的伤害很大。还有，二氧化硫可以对环境进行二次伤害。二氧化硫形成酸雨降落到地面后，不但直接损伤植物、建筑物，还可能随着雨水的沉积下渗进入到土壤和水源中，从而造成二次污染危害；生活垃圾清运量指在生活垃圾产量中能够被清运至垃圾消纳场所或转运场所的量，受生活垃圾产生量、垃圾回收比率、清运率等影响。人口增长以及城乡一体化脚步加快，城镇人口越来越集中，生活习惯和环境均有了较大的改变，而伴随而来的还有越积越多的生活垃圾，生活垃圾处理成了和我们生活息息相关的事情。

环境治理指标是反映生态环境建设和治理水平的综合类指标。国家治理环境污染，对实现经济的可持续发展、建设小康社会、最终实现人类社会的全面和谐有着重大理论和实践意义。有利于中国经济的可持续发展，我国是发展中国家，面临的最大问题就是发展经济，而经济的发展有赖于环境和资源的支撑。生态环境治理有利于全面建设社会主义现代化国家，我国经济的高速发展已造成了严重的环境污染，环境污染成为当今的一大公害，政府治理环境，正确处理好经济与环境的关系，治理环境，保护环境，将会为我们建设小康社会提供重要的基础与前提，是我国早日实现全民的小康的有力保障。国家治理环境污染有利于构建社会主义和谐社会，人与自然和谐是和谐社会的重要组成部分，是人类文明得以延续和发展的载体，它可以减少或消除因生态破坏、环境污染和资源短缺导致的各种社会矛盾。重要的是，要实现人与自然和谐，就必须发挥政府在环境治理中的主体地位与作用，大力加强环境保护、正确处理人与资源的关系。本书选取了工业治理投资和生活垃圾无害化处理量两个指标作为代表，侧重于反映对于污染排放控制、污染治理以及生态建设的支持能力。

过去五年，我国工业总产值在 GDP 占比虽然呈现下降趋势，但仍维持在 30% + 的比重，显著高于欧美发达国家。2016 年，我国工业总产值占 GDP 的比重为 33.3%，远超美国（20%左右）。工业在我国经济结构中的比重至关重要，而恰恰是工业由于环保设施缺乏、技术落后、排放标准不严、配套监管缺失等原因，成了最大的污染源，工业环保任重道远。根据发达国家环保产业发展经验来看，当治理环境污染投资占 GDP 比例达到 1% –1.5% 时，可以控制环境恶化的趋势；比重高达到 3% 时才能使环境质量得到明显改善，且投资高峰期一般可持续 10 年以上。中国的环境污染治理投资总额占比最高在 2010 年，达到 1.84%，仍然未超过 2%。截至 2016 年，占比下降到 1.24%，我国的环保投资结构不甚合理，工业污染治理投资总额增长明显占比偏低，与工业发展阶段相背离；生活垃圾无害化处理是指在处理生活垃圾过程中采用先进的工艺和科学的技术，降低垃圾及其衍生物对环境的影响，减少废物排放，做到资源回收利用的过程。生活垃圾无害化处理是全面改善人们的生产生活条件，优化社会发展环境，提升现代化水平，促进经济社会协调统一发展的一项重要举措。

生态环境指标主要反映的是与人类密切相关的、影响人类生活和生产的各种自然力量的总和，包括大气、水、森林和土地等一系列因素。生态环境质量评价就是根据特定的目的，选择具有代表性、可比性、可操作性的评价指标和方法，对生态环境质量的优劣程度进行定性或定量的分析和判别。通过参考与环境质量研究相关的文献以及查阅“美丽中国评价指标体系”“可持续发展评价指标体系”，本书选取了森林覆盖率、造林面积两个指标，可以反映生态环境治理的效果。

植树造林对于改善生态环境具有十分重要的意义，能够有效缓解环境压力，促进经济发展与生态保护的双重发展。并且植树造林在很大程度上也提高了森林覆盖率,更新并拓展森林资源,使得生态系统得以稳定地循环。同时植树造林能进一步提高林业经济效率,促进经济的可持续发展,在改善生态环境的基础上实现社会的稳定发展。

第二节　数据收集与处理

一、原始数据的来源

在对河北省经济与环境协调发展的评价过程中,指标数据的收集是至关重要的一个步骤。本书中所建立的指标体系涉及的具体指标有 20 种,所需数据来源于《中国统计年鉴》《中国能源统计年鉴》《河北经济年鉴》以及国家统计局网站、河北省历年的国民经济与社会发展公报及环境状况公报等。截止到 2021 年数据收集日期,由于各大网站均未公布 2021 年关于环境指标的数据,因此本书选取了河北省 2009 年至 2020 年 11 年间的数据,其中有部分缺失的数据主要通过相关专家的计算与推理得出。在原始数据的基础上进行科学合理计算,然后运用耦合协调度模型进行实证分析,得出河北省经济与环境协调发展的整体水平。观测 2009 年到 2020 年河北省经济与环境变化情况。

二、指标标准化处理

经济与环境系统指标体系包含了多个指标,这些指标涉及了经济、人口、人民生活质量以及自然资源环境等多个方面,具有多重属性。这些指标具有不同的数量级差和量纲,如果直接将获得的原始数据应用到经济与环境耦合协调发展的计算中,必然会影响计算结果,降低最终评价结果的准确性和科学性。因此,我们必须对获得的原始数据进行标准化,即将不同量纲的指标,通过一定的方法转化为无量纲的标准化指标,用来达到消除不同量纲对评价结果的影响,使不同的数据指标之间具有可比性。我们常见的指标标准化方法有向量归一化法、极差变换法、标准样本变换法、取倒数法,等等。

本书采用极差法对原始数据进行标准化处理。通过分析各个指标的特性,可以把指标分为两类:一类是正向指标,即该类指标的数值越大就越表明经济与环境的发展状况越好,二者呈正比关系;一类是负向指标,即该类指标的数值越小越表明经济与环境的发展状况越好,二者呈反比关系。

设描述环境系统和经济系统的特征向量为:$\overline{x_{ij}} = (x_{i1}、x_{i2}、x_{i3}\cdots\cdots x_{ij})$;对 x_{ij}进行标准化处理得到:

$$\overline{x_{ij}} = \frac{x_{ij} - x_{j,\min}}{x_{j,\max} - x_{j,\min}}$$

当 x_{ij}为正相关指标时(1)

$$\overline{x_{ij}} = \frac{x_{j,\max} - x_{xj}}{x_{j,\max} - x_{j,\min}}$$

当 x_{ij} 为负相关指标时(2)

即当 $\overline{x_{ij}}$ 的取值按照公式(1)的表达式来进行标准化处理，当指标为负相关指标时，x_{ij} 的取值按照公式(2)中的表达式来进行标准化处理。其中 x_{ij} 表示第 j 项指标的第 i 个实际观测值，$x_{j,\max}$ 和 $x_{j,\min}$ 分别表示为第 j 项指标的最大值和最小值，$\overline{x_{ij}}$ 为经过标准化处理后的数据。通过对 2009 年至 2020 年河北省经济系统与环境系统的原始数据进行标准化处理，得到数据如下表 3－3 和表 3－4 所示。

表 3－3　2009—2020 年经济系统指标标准化数据结果

年份	GDP	人均 GDP	社会消费品总额	地方财政一般预算收入	第二产业占 GDP 比重	第三产业占 GDP 比重	GDP 增长率	第三产业增长率
2009 年	0	0	0	0	0.8551	0.0785	1.0000	0.6383
2010 年	0.188 2	0.196 4	0.098 1	0.108 2	0.891 3	0.061 0	0.027 3	1.000 0
2011 年	0.433 8	0.451 2	0.210 8	0.274 1	1.000 0	0	0.029 2	0.446 8
2012 年	0.556 6	0.576 9	0.323 9	0.415 7	0.903 8	0.085 3	0.017 4	0.042 6
2013 年	0.667 9	0.688 6	0.441 1	0.502 1	0.856 4	0.133 9	0.015 7	0
2014 年	0.726 2	0.740 3	0.562 2	0.563 8	0.786 8	0.208 6	0.011 1	0.276 6
2015 年	0.749 1	0.753 3	0.670 8	0.646 6	0.596 5	0.388 5	0.008 3	0.595 7
2016 年	0.884 0	0.888 3	0.798 3	0.728 6	0.590 9	0.505 6	0.016 5	0.319 1
2017 年	1.000 0	1.000 0	0.941 6	0.885 5	0.478 7	0.638 9	0.014 6	0.617 0
2018 年	0.909 3	0.890 5	1.000 0	1.000 0	0	1.000 0	0	0.340 4
2019 年	0.973 2	0.886 4	0.987 6	0.956 7	0.495 4	0.834 9	0.018 7	0.463 9
2020 年	0.981 9	0.934 6	0.879 6	0.887 9	0.452 7	0.862 7	0.019 8	0.564 7

表 3－4　2009—2020 年环境系统指标标准化数据结果

年份	废水排放总量	二氧化碳排放量	生活垃圾清除量	工业治理投资	生活垃圾无害化处理	森林覆盖率	造林总面积
2009 年	0	0.882 5	0.564 7	0.030 3	0	0.213 8	0.235 0
2010 年	0.266 3	0.867 9	0.066 4	0	0.032 4	0	0.176 6
2011 年	0.509 1	1.000 0	0.040 2	0.172 6	0.068 3	0	0
2012 年	0.921 9	0.947 5	0	0.163 5	0.197 6	0	0.250 6
2013 年	1.000 0	0.905 6	0.044 1	0.516 3	0.246 9	0.249 4	0.2671
2014 年	0.983 4	0.835 4	0.205 7	1.000 0	0.372 3	0.249 4	0.322 4
2015 年	0.994 6	0.775 1	0.327 9	0.554 5	0.594 3	0.247 2	0.391 2
2016 年	0.664 4	0.538 9	0.828 9	0.179 1	0.873 0	0.247 2	0.954 3
2017 年	0.131 9	0.400 3	0.685 1	0.299 8	0.841 4	0.249 4	0.689 2

表 3－4(续)

年份	废水排放总量	二氧化碳排放量	生活垃圾清除量	工业治理投资	生活垃圾无害化处理	森林覆盖率	造林总面积
2018 年	0.278 1	0	1.000 0	0.415 1	1.000 0	1.000 0	1.000 0
2019 年	0.252 9	0.342 9	1.000 0	0.563 7	0.978 2	0.282 6	0.829 0
2020 年	0.1672	0.228 9	0.987 2	0.627 8	0.891 0	0.296 5	0.883 7

三、指标体系权重的确定

在本书建立的河北省经济环境与经济系统评价指标体系中，将指标分别分为了七大类，这七个大类中又包含了很多小指标，各个指标测算的角度不同，并且其对于河北省经济与环境耦合协调发展的影响程度也各不相同，因此，为了最大程度上保证评估结果的科学性和准确性，就要求我们对各项指标进行赋值。其中给指标复制的方法有很多，如熵值法、因子分析法等，但是每种方法都有其优缺点。本书根据研究对象的特点以减少错误，提高评估结果的准确性的原则，决定采用熵值法确定各项权重。熵值法是根据各项指标值的变异程度来确定指标权数的，是一种客观赋权法，避免了人为因素带来的偏差。

确定熵值法的计算步骤如下：

对于统计数据进行标准化后就可以计算各指标的信息熵，第 j 个指标的信息熵可以定义为：

$$Ej = -\frac{1}{lnm}\left(\sum_{i}^{m} FijLnFij\right)$$

式中，$Fij = \frac{Yij}{\sum_{i}^{m} Yij}$，$Yij$ 为数据 Xij 的标准化处理。

在指标熵值确定后就可以根据下式确定第 j 个指标的熵权 Wj：

$$Wj = \frac{1 - Ej}{n = \sum_{j}^{n} Ej}\ (i,j\text{ 都从 1 开始},\ 0 < Wj \leqslant 1,\ \sum in_j Wj = 1)$$

式中，m 为年份，n 为指标的个数。

在信息论中，熵是对不确定性的一种度量。信息量越大，不确定性就越小，熵也就越小；信息量越小，不确定性就越大，熵也就越大。我们可以用熵值来判断某个指标的离散程度，指标的离散程度越大，该指标对于综合评价的影响越大。

根据上述熵值法确定指标权重的步骤，计算河北省经济与环境系统的各项指标的权重，如表 3－5 所示。

表 3-5　河北省经济与环境系统的指标权重

经济系统	权重	环境系统	权重
GDP	0.025	废水排放总量 0.103	
人均 GDP	0.029	二氧化碳排放量	0.052
社会消费品总额	0.045	生活垃圾清除量	0.191
地方财政一般预算收入	0.038	工业治理投资	0.15
第二产业占 GDP 比重	0.022	生活垃圾无害化处理	0.164
第三产业占 GDP 比重	0.079	森林覆盖率	0.225
GDP 增长率	0.282	造林总面积	0.116
第三产业增长率 0.045			
人口自然增长率 0.024			
城镇居民人均可支配收入	0.175		
城镇居民人均消费支出	0.053		
城镇基本医疗保险年末参保人数	0.152		
电话普及率 0.031			

第三节　模型的建立

一、河北省经济与环境耦合度与耦合协调度模型

耦合度是度量在发展过程中系统之间以及系统内部各要素之间是否和谐一致的尺度，体现了系统由无序走向有序的趋势，可以用来判定一个国家或地区经济与环境协调发展状况的水平。依照耦合度的概念，本文采用变异系数来进行经济与环境耦合度计算模型的推导，变异系数也叫离散系数，可以反映两组数据的变异或离散程度。变异系数公式为：

$$C = \frac{2\sqrt{U_1 U_2}}{(U_1 + U_2)}$$

式中，$U_i(i=1,2)$ 可在一定程度上体现各子系统发展的整体水平，显然，$C \in [0,1]$，C 越接近 1，说明系统间的耦合度越强，反之，则越弱。当 $C=1$ 时，耦合度达到最大，表明系统间的相关性极强，当 $C=0$ 时，耦合度最小，表明系统间互不相关，彼此互不影响。

为使计算出的协调度具有一定的层次性，定义经济与环境协调度的计算公式为：

$$D = (C \cdot T)^{1/2}\ ,\ T = aU_1 + \beta U_2$$

式中，D 为所求的耦合协调度，T 为经济与环境综合发展评价指数，α 为经济发展水平的权重，β 为环境水平的权重，因为在一个国家或地区的发展过程中保护环境和发展经济是同等重要的，所以赋值 $\alpha = \beta = 0.5$。耦合协调度 D 的取值在 0 到 1 之间，当 D 取值越接近于 1 时，表明经济与环境的耦合协调发展水平越高，协调状况良好，反之当 D 越接近于 0 时，表

明经济与环境之间越不协调。耦合协调度模型与耦合度模型相比,有效地避免了当经济与环境的综合发展水平都很低时,计算得出的耦合程度却很高的情况。本书将经济与环境的协调发展水平按等级分为五个等级,如表3-6所示。

表3-6 协调度等级及其划分标准

D	协调度等级
0<D≤0.2	严重失调
0.2<D≤0.4	中度失调
0.4<D≤0.6	低度协调
0.6<D≤0.8	中度协调
0.8<D≤1	良好协调

第四节 河北省经济与环境综合发展水平结果评价分析

在对原始数据进行标准化,确定权重之后,根据建立的经济综合评价模型和环境综合评价模型,计算出经济系统和环境系统的综合发展水平,结果如表3-7所示。

表3-7 河北省经济与环境综合评价水平结果

年份	经济综合水平 $f(x)$	环境综合水平 $g(x)$	经济与环境发展综合评价指数 T
2009	0.354 5	0.233 4	0.294 0
2010	0.130 8	0.110 9	0.120 8
2011	0.311 7	0.149 2	0.230 5
2012	0.151 8	0.230 0	0.190 9
2013	0.179 3	0.363 3	0.271 3
2014	0.223 4	0.488 3	0.355 8
2015	0.244 7	0.486 6	0.365 7
2016	0.419 9	0.590 2	0.505 1
2017	0.482 9	0.483 6	0.483 3
2018	0.480 2	0.785 9	0.633 0
2019	0.334 0	0.639 6	0.486 8
2020	0.234 1	0.627 2	0.430 7

根据计算得出的经济综合水平,环境综合水平及经济与环境发展综合评价指数的计算结果,绘制出三者在12年间的趋势发展图,如图3-1所示。

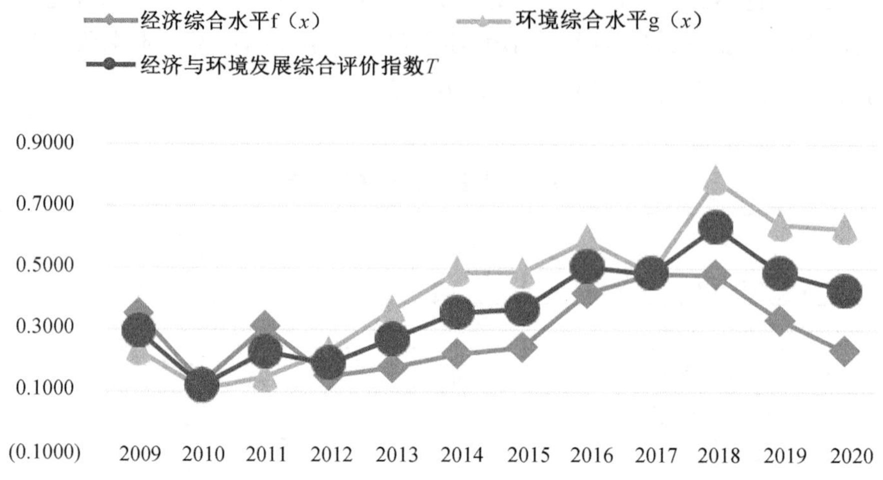

图3－1　河北省经济与环境综合发展水平趋势图

一、河北省经济综合发展水平结果分析

由表3－7的数据以及图3－1的折线图分析得出，2009—2018年河北省经济系统的综合发展水平整体呈现波动上升的趋势。其中2009—2010年，河北省经济发展水平呈现短暂下降趋势，由0.354 5下降到0.130 8。国内生产总值、固定资产投资以及外商直接投资等都在减少，经济发展形势不乐观。2009—2010年，经济发展水平有一个较大幅度的下降，主要是受2008年金融危机的影响，经济发展大环境不好，工业增加值增长率和外商直接投资占GDP的比重受金融危机的影响下降幅度很大，尤其是工业增加值下降了近30个百分点。2011—2012年，河北省经济发展水平呈现下降态势，由0.311 7下降到0.151 8，主要是2012年欧债危机从希腊向西班牙等大国蔓延，发达经济体增长乏力，新兴经济体经济增速回落，世界经济复苏进程艰难曲折。复杂多变的内外部环境使得我国经济下行风险加大，特别是4月份以来主要宏观经济指标呈全面趋弱态势。2013—2018年河北省经济发展水平呈现平稳上升态势，经济实力明显提升，主要是因为国家果断进行宏观调控，规范股市发展、改善对投资的调控和管理、扩大消费、稳定外贸出口以，使得经济逐渐回暖，同样河北省受国家政策的影响，经济发展也开始稳步上升，发展形势良好。

二、河北省环境综合发展水平结果分析

2009—2018年河北省环境系统的综合发展水平在波动中缓慢上升，但与经济系统综合发展水平的轨迹相比，还是有差异的。其中，与经济系统综合水平相同的是在2010和2017年，出现低值，分别是0.110 9和0.483 6。不同的是，2010—2016年环境质量缓慢上升，由0.110 9上升到0.590 2，但是在2016—2017年有很大程度的下降，之后2018年迅速回升到0.785 9。在2010年和2017年出现低值，主要是因为该时期全省二氧化硫、粉尘、工业粉尘

等都比上年有所增加，且环境建设投资力度小，环境治理能力有限造成的。环境系统的综合发展水平在2010—2016年逐步上升，因为按照河北省环境保护“十一五”计划的指导思想，紧紧围绕科学发展和富民强省主题，以科学发展观为统领，以污染减排为主线，全面落实环境保护规划，重点流域水环境质量不断得到改善。反映环境质量水平的化学需氧量浓度和二氧化硫浓度均有较大程度的下降，环境污染治理（工业固体废物综合利用率、环保投资占GDP比重）出现了较为明显的上升，主要是因为河北省对造成污染的企业实施了监督与管理，并且在全省范围内开展了工业三废排放及噪声污染排放的申报工作。其中2011—2014年，环境质量迅速好转，回升速度十分快，主要原因是生态资源例如人均绿地面积、森林覆盖率的不断提高，污染物排放量（主要是工业三废排放）的减小综合作用而成，并且随着河北省对环境保护的重视，逐渐增加环境保护投资，提高资源利用效率等，使得河北省的环境综合发展水平不断提高。

三、河北省经济与环境耦合度及耦合协调度计算结果

上一节中根据经济综合评价模型和环境综合评价模型公式分别计算出两者的综合发展水平，本节进一步运用耦合度及耦合协调度公式，计算了河北省2009—2020年经济与环境协调发展的耦合度及耦合协调度，并根据协调度等级及其划分标准对河北省经济与环境的协调发展情况进行了分类，结果如表3－8所示。2009年到2020年河北省经济与环境协调发展耦合度数值略有波动。其中，2010年河北省经济与环境协调发展耦合度水平最低，为0.347 0；2018年河北省经济与环境协调发展耦合度水平最高，为0.783 8；整体来看，近年来，河北省经济与环境协调发展耦合度关联水平处于逐年提高的阶段。2010—2018年河北省经济与环境协调发展耦合度基本呈现上升趋势，由2010年的0.347 0逐步提高到2018年的0.783 8，提高了43.68%，虽然2012年和2017年相比上年协调度有所降低，但幅度不大。在这一段时间内，河北省经济与环境协调发展耦合度由低度协调过渡到了中度协调。具体表现为：2011年到2015年为低度协调耦合，2016年到2018年为高度协调耦合，这表明河北省经济与环境发展水平的整体效应和协同效应正在保持平稳增长的趋势。

表3－8　河北省经济与环境耦合发展协调度

年份	经济系统（u_1）	环境系统（u_2）	综合协调指数（T）	耦合度（C）	协调度（D）	协调度等级
2009年	0.354 5	0.233 4	0.294 0	0.978 6	0.536 3	低度协调
2010年	0.130 8	0.110 9	0.120 8	0.996 6	0.347 0	中度失调
2011年	0.311 7	0.149 2	0.230 5	0.935 8	0.464 4	低度协调
2012年	0.151 8	0.230 0	0.190 9	0.978 8	0.432 2	低度协调
2013年	0.179 3	0.363 3	0.271 3	0.940 8	0.505 2	低度协调
2014年	0.223 4	0.488 3	0.355 8	0.928 2	0.574 7	低度协调

表 3－8(续)

年份	经济系统(u_1)	环境系统(u_2)	综合协调指数(T)	耦合度(C)	协调度(D)	协调度等级
2015 年	0.244 7	0.486 6	0.365 7	0.943 7	0.587 4	低度协调
2016 年	0.419 9	0.590 2	0.505 1	0.985 7	0.705 6	中度协调
2017 年	0.482 9	0.483 6	0.483 3	1.000 0	0.695 2	中度协调
2018 年	0.480 2	0.785 9	0.633 0	0.970 4	0.783 8	中度协调
2019 年	0.334 0	0.639 6	0.486 8	0.949 5	0.679 9	中度协调
2020 年	0.234 1	0.627 2	0.430 7	0.889 8	0.619 1	中度协调

四、河北省经济与环境耦合协调发展结果评析

根据计算出的河北省经济与环境耦合协调发展的结果绘制出河北省 2009 年至 2018 年两者的协调发展水平的趋势图(图 3－2),通过分析表 3－8,可以看出,河北省在 2009—2018 年期间经济与环境的总体协调发展水平处于上升的态势。其中 2009—2010 年经济与环境的协调发展呈现下降的趋势,2010—2012 年处于过度调和区间,此后河北省经济与环境的协调度逐渐呈现上升的趋势,随着京津冀协调发展背景下对于生态环境的不断改善,环境系统发展水平逐渐超过经济发展水平。

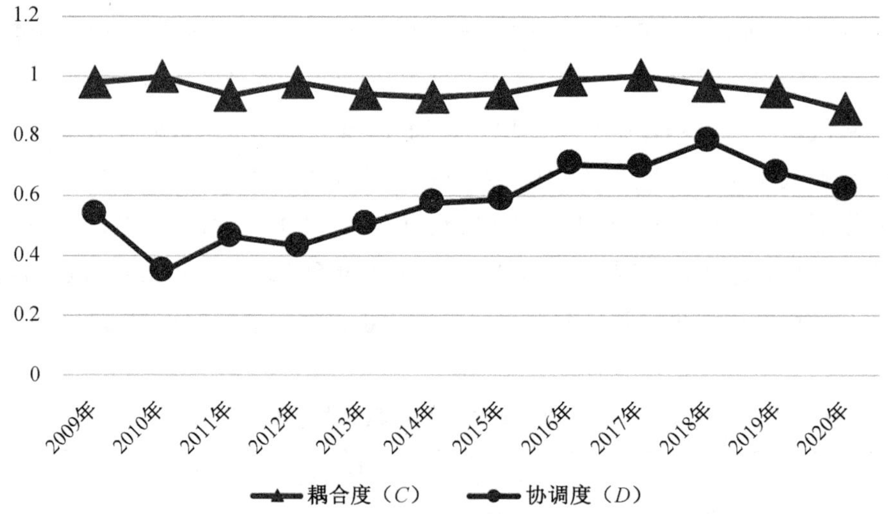

图 3－2　河北省 2009 年至 2018 年经济与环境耦合协调发展水平趋势图

综上,通过对河北省经济与环境综合发展水平,以及经济与环境发展耦合协调发展水平的分析,得出以下结论。

从总体来看,河北省经济与环境的发展在 2009—2010 年期间,河北省经济与环境的耦合协调发展在波动中不断改善,逐渐向协调阶段转变。从 0.348 到 0.784 的转变,耦合协调

度变化明显，表明研究期间，河北省经济与环境的协调发展关系不断改善，逐渐趋于协调。2009—2011 年经济综合发展水平和环境综合发展水平的运动轨迹不一致导致了综合发展指数、协调发展指数的较大的波动，进而使耦合协调度的波动趋势也受到了一定程度的影响。2011 年以后经济与环境综合发展水平的曲线波动逐渐一致，使得受其影响的综合发展指数、协调发展指数都呈现出稳定上升的趋势，说明在京津冀协调发展战略的执行下，经济与环境在一定程度上都得到了发展与改善，二者都获得了较高的发展水平。因此，可以看出经济综合发展水平与环境综合发展水平互相影响、共同发展。

一方面来看，2009 年至 2012 年河北省的经济发展水平呈现一个波动发展的趋势，此后开始呈现一个稳步上升的趋势，尤其是 2015 年京津冀协同发展战略实施以后，河北省经济更是加速发展。另一方面，对于生态环境建设，自 2010 年，河北省的环境建设一直呈现上升的趋势，自 2015 年京津冀协同发展战略实施后，由于工厂等产业的转移，河北省的环境发展出现波动态势。

2009—2020 年，根据经济与环境耦合协调发展的轨迹来看，大致可将其分为几个阶段。2009—2012 年，经济与环境综合协调指数呈现波动发展，总体综合协调指数处于较低的水平，协调发展水平不容乐观。造成不协调的主要原因是在这期间河北省重点加快经济的发展，尤其是高污染、高耗能的重工业，没有给予环境足够的保护，以牺牲环境为代价发展经济。在之后的 2013—2015 年，经济与环境的耦合协调水平提升到了协调发展阶段。在这段时间环境水平在不断发展。自 2015 年以后，京津冀协同发展战略不断深入发展，经济与环境协调发展又进入一个新的高度，经济与环境的综合协调指数稳步发展。GDP 发展水平从 298 06.11 亿元发展到 32 494.61 亿元，城镇居民人均可支配收入从 26 152.16 元发展到 32 977.18亿元，同时，废水排放量、二氧化碳排放量、生活垃圾产生量等呈现逐渐下降的态势。说明近几年河北省深刻意识到环境保护的重要性，把对环境的保护提升到了战略高度，逐渐加大环境治理投资力度，下大决心来保护环境。所以近几年经济与环境的协调水平不断得到提升。

当前经济发展与生态环境之间的关系仍是脆弱的 ，如果不想让生态环境破坏殆尽，资源严重缺乏，人类健康受到威胁等后果发生 ，我们必须保证工业产业与生态环境合理和谐地共处，必须以和谐生态理念为基础来发展规划，必须用科学合理的方式实现边污染边治理、低污染高产量 ，从而实现经济与环境的协调发展。

第五节　河北省生态环境与经济协调发展的时空演化机理

一、宏观政策调控

宏观政策不仅是地区发展的驱动机制，更是风向标，影响着生态环境、经济发展子系统及其发展耦合协调度。河北省生态环境子系统及生态环境与经济协调发展耦合度所呈现出的 3 个发展阶段基本对应“十五”至“十二五”3 个国民经济与社会发展规划期。“十五”

时期河北省坚持以经济建设为中心不动摇,扭住发展第一要务不放松,环境问题并未提上议程、得到重视,所以这一时期生态环境逐年下降;"十一五"是转入科学发展轨道的关键时期,坚持"以人为本、全面协调可持续"的科学发展观,更加重视增长方式转变,建设资源节约型、环境友好型社会,所以生态环境与经济发展均取得较大成果;"十二五"时期是推进经济结构战略性调整、加快发展方式转变的关键时期,加之河北省支柱的传统重工业不景气及经济和环境发展进入瓶颈期,生态环境与经济发展增速放缓.宏观政策也影响各地级市发展的空间分异。例如,张家口市由于特殊区位环境,其发展一直受宏观政策严格控制,所以经济发展水平长期落后,2014 年其经济发展系统仅为 0.380,远低于同期唐山市的 0.779,耦合协调发展度也一直处于河北省下游。所以,宏观政策调控对生态环境和经济协调发展度的影响非常显著。

二、经济发展水平

经济发展水平不仅直接影响到耦合协调度,还影响到生态环境系统。从时间维度看,经济发展初期单纯追逐经济效益及产业机构不合理,往往带来环境质量下降;但随着环境问题日益严峻,会逐步走上环境和经济协同发展道路。良好的经济发展系统才会带来优质的生态环境,而优质的生态环境才能带来良好长效的经济发展潜力。从空间维度看,传统经济发展模式下,经济发展水平较高地区(例如石家庄市)由于大量工业生产排放,导致环境压力较大;经济发展落后地区(例如张家口市)由于高度关注经济发展、忽视了环境问题,导致环境压力也较大;而发展水平居中地区的环境压力相对较小。此外,经济发展水平较高地区(例如石家庄市、唐山市)的环境响应较好,也有较多能力进行生态建设投资;经济发展水平落后地区(例如张家口市、承德市、衡水市)虽然由于工业起步晚、规模小,导致其生态环境要素具有优势,但在环境响应和生态建设方面往往相对较弱,重视程度不够,且生态环境保护能力不足。所以,经济发展水平不仅直接影响到耦合协调度结果,也深刻影响着生态环境系统发展水平。

三、产业结构基础

不合理的产业结构和高投入、高消耗、高污染、低效益为支柱产业的资源能源依赖型经济模式,会使生态环境与经济发展对立。河北省是重工业大省,长期以来钢铁、石化、建材、玻璃等传统产业占到全省工业比重的 80%,例如 2014 年河北省粗钢产量占全国的 22.5%。所以邯郸市、唐山市等重工业城市,亟须进行产业结构调整升级,否则不仅传统重工业产业衰退会带来经济发展水平持续下行,而且生态环境加速下滑将加剧协调发展度的下降,不利于地区的可持续发展。而生态环境基础较好但经济发展滞后的张家口市、承德市、秦皇岛市等市,则需因地制宜、探索绿色经济发展模式,将生态环境资源转化为生态绿色经济,才能尽快实现生态环境与经济协调增长。所以,因地制宜调整经济结构、化解过剩产能,探索质量更高、效益更好、结构更优的可持续发展新路,是实现生态环境与经济协调发展的必经之路。

四、区位交通条件

区位交通显著影响生态环境与经济协调发展度的格局演化。协调发展度第一梯队的石家庄市是省会且地处南北交通大动脉，唐山市则紧邻天津市，处于环渤海经济圈，二者具有显著优势。第二梯队的保定市和廊坊市不仅与京津接壤，更处于京津与石家庄市连线上，区位优势明显；秦皇岛市作为沿海城市，处于环渤海经济圈；而承德市紧邻京津、背靠蒙、辽，省内与秦皇岛市、唐山市两个沿海城市相邻，是国家甲类开放城市，且地理位置赋予其优良的生态环境基础。第三梯队的邢台市、邯郸市和沧州市则地处河北南端，距离京津政治经济中心较远，石家庄对其辐射带动作用弱。第四梯队的张家口市生态基础薄弱，又因处于北京市上风、上水地区，工业发展长期受制约，且因特殊地理区位，是河北省最后对外开放的地级市，交通不具优势，经济发展长期落后。故应努力缩小地区间区位条件差异，为落后地区创造区位条件优势。

第六节　本 章 小 结

本章采用耦合度模型和耦合协调度模型，实证分析并判断了河北省经济与环境的耦合协调发展水平，由数据可知近年来河北省经济与环境的协调发展度表现出先上升后下降继而又上升的趋势。由于受到金融危机以及环境意识的影响，河北省的经济—环境协调发展度并不稳定，但可以肯定的是，协调度仍处于较低的水平，河北省经济与环境的协调发展未来还有很长的一段路需要走。2009 年由于受到金融危机的影响，出现了环境发展优于经济发展的现象。在这之后，一切步入正轨，伴随着产业转移力度的增大，其所带来的经济效益与环境效应逐渐变得明显，在 2010 年之后，整体的复合效应得到一定的提高，但是环境发展变得缓慢，而经济却在加速发展，这在一定程度上阻碍了经济环境的协调发展。2015 年我国发布京津冀协同发展生态环境保护规划，河北省作为京津冀协同发展的大后方，更应该为京津冀协调发展贡献力量。政府和社会公众的环境意识进一步提高，2016 年河北省经济与环境的耦合协调度等级也由低度协调进步到中度协调，这离不开政府政策的指引与社会公众的共同努力。

这些研究结果向我们表明河北省的协调发展水平由中度失调逐渐过渡到低度协调再到中度协调，协调发展水平在不断地提高，较好地实现了经济与环境的耦合协调发展，但是环境综合发展水平还是明显落后于经济发展水平，因此，河北省在未来发展过程中，环境保护与经济发展要两手一起抓。转变理念，以科学发展观引领经济发展。各地各部门要牢固树立科学发展观，改变过去以牺牲环境换取经济增长的做法，依靠科技创新和技术进步，大力发展循环经济，促进经济增长方式从粗放型向集约型、从消耗型向循环型、从投资推动型向创新推动型转变；改变过去重经济增长轻环境保护的观念，坚持经济增长与环境保护并重，在环境保护上实现污染的“低排放”甚至“零排放”；促进相关产业加快技术改进和产业升级，调整能源使用结构和能源品种结构，实现能源品种的多元化，提高能源利用效率，加快研究开发替代煤炭的新型能源,减轻环境压力和能源价格波动对经济的影响;多措并举,以政策、科学技术等多种手段综合解决环境保护问题,形成环境保护的合力,不能以损害环境获得经济的发展,只有这样环境质量才能得到改善,经济与环境才能达到更高的耦合协调发展水平。

第四章　国内外经济与环境协调发展经验以及河北省资源环境与经济协调发展对策建议

第一节　国外经济与环境协调发展

一、日本北海道

第二次世界大战以后，开发北海道成为了日本的一项重要国策，为了保证北海道开发的顺利进行，日本制定了《北海道开发法》，这为北海道开发的顺利进行提供了一个重要保证；日本建立了中央直辖和地方辅助的双重开发体制，这能保证有效地贯彻中央政府的开发政策；此外，日本政府还确立了有利于北海道开发的财政金融制度，从经济方面基本保证了北海道开发骨干项目稳进推进。1945 年至 1997 年，日本根据五期《北海道综合开发规划》进行了有序开发，取得了巨大的成就，北海道综合开发的成功经验值得参考。日本对北海道的综合开发，是日本国土综合开发的一个重要方面，也是世界区域开发史上欠发达地区成功开发的一个著名案例。

1. 北海道的开发史简要

北海道是日本的四大岛屿之一，位于日本北端，面积约 8.3 万平方千米，占日本国土总面积的 22%，人口 557 万人，占日本总人口的 4.3%。其地处寒带，多雪寒冷，年平均气温仅为 6℃ ~10℃，由于北海道气候寒冷，一年中约有半年时间被冰雪覆盖，长期以来一直没有得到较好的开发，岛上只有少数阿伊努人靠捕鱼和打猎为生，自然环境几乎处于原始状态。北海道重黏土和泥炭土分布广，土壤条件差。日本对北海道的开发始于明治维新时期，迄今为止已有 140 多年的历史，在明治维新前期，北海道人烟稀少(1869 年时仅有 5 万人口)，经济文化十分落后。由日本官方主导的北海道综合开发自 1869 年正式开始，二战后日本加大了对北海道的开发力度，将其作为日本战后经济的特殊资源供应地，先后实施了 6 期综合开发计划，在基础设施、产业开发、环境保护、民生改善等方面均取得了很好的成绩。其粮食自给率达到 200%，掌握着日本粮食安全保障的命脉；城市化率达到了 73%，高于全国 66% 的平均水平，森林覆盖率达到 71%。日本在推进北海道开发的同时采取一系列措施推进环境保护工作，创造了值得借鉴的成功经验。

在日本北海道开发期间，虽然每期北海道综合开发规划的奋斗目标有所不同，但是，各个时期的开发明显具有连续性和递进性。例如，在北海道产业振兴方面，始终重视农业的发展，使其规模化、机械化和高效化；始终重视交通的开发，从一般的公路、港口、铁路发展为陆、海、空高速交通网(青函隧道、高速公路、机场、高速铁路);1980年以后,北海道综合开发由重视经济转向重视国民生活。今天的北海道与日本本州地区相差无几,并成为日本国内屈指可数的粮仓和旅游胜地。尤其值得称道的是,由于整个开发过程基本上是在有序、适度和科学的基础上进行的,北海道并没有因为人口剧增(人口由原来的10万增加到目前的570万)、经济腾飞而发生环境逆转。目前,北海道森林覆盖率为70%(其中天然林占64%),空气、水质质量良好,均达到国家规定标准。日本北海道有山皆绿,有水皆清,在蓝天白云的衬托下,显得格外优美,基本上实现了社会、经济和环境的良性循环。

2. 日本北海道开发过程中的举措

开发始终在中央直接管理下协调有序进行。为确保开发的顺利进行,日本先在中央政府内设立北海道开拓使,统一掌管开发事宜。后来,又将开拓使提升为北海道开发厅,继续行使这一职能。时至今日,在中央政府中仍一直保留着北海道开发厅。为使开发有序进行,他们制定了分期开发计划,明确了各个时期开发的优先顺序和开发重点。初期计划是用10年时间,由国家投资1 000万元,重点完成煤矿、农牧业,以及相关的铁路、码头的开发建设。在初期的农业开发中,开发厅参照欧美的方法,在进行充分调查和测量的基础上,综合考虑面积、地形、土壤等因子,对农村进行区划,按一农户5公顷的基本面积接收移民。北海道开发初期主要集中在西部原石狩地区,随着移民的急增,开发区逐步向北部和东部地区延伸,从而避免了一哄而上和无序开发的状况。

建立和完善环境保护法律法规。在北海道开发初期,虽然环境保护工作尚未摆在重要位置,但由于开发强度不大,开发过程中尽管对环境造成了一定的影响,从总体上看,开发对环境没有造成大的破坏。但随着开发强度的不断加大,环境问题逐渐暴露出来。针对这种状况,北海道把加强环境法制建设作为重点工作来抓,依法保护生态环境。目前,北海道除了严格执行国家有关的环境法律法规和标准外,还从当地的实际出发,制定了不少地方性法规和标准。如,在自然保护方面,在严格执行国家《自然环境保护法》《自然公园法》和《野生动物、鸟类保护法》的同时,还制定颁布了《北海道自然公园保护条例》《自然环境保护条例》等地方法规及标准。据介绍,北海道很多地方法规和标准都严于国家的要求。

严格实行环境影响评价制度。二战后,随着北海道经济的高速发展,环境问题日显突出。为把开发建设对环境的影响减少到最低程度,北海道率先于1978年制定实施了《环境影响评价制度》,比日本国家颁布实施的《环境影响评价法》提前20年。该条例有以下几个显著特点:一是评价对象的普遍性,明确规定公路、铁路、矿山、农业、旅游等16类项目的开发必须进行环境影响评价;二是综合考虑多个环境要素,包括对人类健康的影响、生物多样性保护、自然景观保护和温室气体排放等19个因子;三是充分考虑环境容量,如在林区进行开发建设,开发面积不得超过森林总面积的20%;四是充分听取周围社区居民的意见。条例明确规定在编制项目环境影响评价书、项目审查及项目后评估等各个环节时,必须广泛听取周围社区居民的意见。我们实地考察了雅马哈集团高山滑雪场项目,在一个面积3 000公顷的森林集水小区,由于建滑雪场、宾馆和道路开发,为使开发面积严格控制在20%的范围内,业主不得不缩小滑雪道宽度。同时,为满足下游居民的要求,保护渔业资源,饭店专门建立了污水处理厂,对排放的污水进行严格处理,经处理后的污水 BOD 浓度达到 8ppm 以内,为此,饭店每年需支出高昂的污水处理费用。

注重引进先进技术和培养人才。在北海道开发初期,日本政府为了增强经济和军事实力,把引进欧美的技术和文化作为重要一环来抓。早在 1871 年,日本就邀请在美国专门负责中西部开发多年的农业部长凯普伦作为北海道开发的最高顾问,借鉴他的丰富经验,为北海道开发提供重要思路,引进人才和资金技术,收到了明显的效果。与此同时,在测量、土木、地质、矿山、工学和农学等各领域,广泛邀请美国的技术人员,通过他们的调查和技术指导进行开发。为了发展新产业,他们还建立各种试验场,引进欧美的农作物、家畜和农业机械,开办能充分发挥北海道资源优势的制材、啤酒、砂糖、罐头和钢厂等,使北海道的开发在较高的起点上进行。为了培养专业技术人才,他们在北海道开发初期就开办了札幌农校。到了 21 世纪初,日本政府又在北海道建立了帝国大学(现为北海道大学),为后来的开发建设培养造就了大批人才,其中包括大批高素质的环境保护人才。

重视公园和自然保护区建设。北海道的公园和自然保护区建设起步于 20 世纪 30 年代,到目前,全道共有 6 个国立公园、5 个国家公园、12 个道立自然公园,总面积约达 86 万公顷,约占北海道总面积的 13%。此外,还有原始自然环境保护区、自然景观保护区、科研自然保护区等 180 处,面积达 3 万公顷。公园和自然保护区实行土地所有权和经营管理权分离,即不论是在国有土地、道有土地,还是私有土地,一旦划为公园或自然保护区,一律交由环保部门统一管理,经费纳入同级政府财政预算,公园免费向游人开放。

分析日本北海道开发中推进环境保护的各项措施之所以能够落到实处,取得实效,主要有四个方面的原因。一是找准了产业发展与环境保护的结合点。高度重视产业结构调整,合理确定地方主导产业,注重发展绿色产业、循环经济。产业发展不以牺牲环境为代价,努力追求经济发展与环境保护的相互促进。二是发挥了政府在推进环境保护中的主导作用。北海道综合开发计划的制定、环保法律法规的建立、新能源开发补助政策的出台等无不体现了政府的主导和决定作用,是一种自上而下、上下联动政策性推动的结果。三是广泛动员组织各方主体积极参与。强化全体国民的环境保护意识,明确了政府、企业、社会团体、公民在环境保护方面的责任和义务,使保护环境成为一种社会共识、一种工作责任、一种自觉行动、一种道德规范。促成各个社会主体积极参与其中,这是日本北海道环境保护取得成功的关键因素之一。四是注重科技创新。日本是一个技术立国的国家,高度重视技术创新,以技术创新推动产业升级、环境改善在北海道开发的历史进程中表现得尤为突出。

3. 日本北海道开发中环境保护经验

不断调整优化产业结构,努力减轻产业发展带来的环境承载压力。日本最初对北海道的开发主要是鼓励移民、资源开发和开垦农田。二战失败后日本为恢复经济,把北海道作为重要的煤炭和粮食基地来进行规划建设,随着煤炭等资源的大量开采和沿太平洋海岸工业的发展,也给北海道的环境带来了一定的压力。但日本在环境问题上觉醒早、行动快,随着经济的恢复发展,他们及时调整了产业结构,能源由自给及时调整为依靠进口,重点发展农业、渔业和以物流、电子信息、旅游观光等为主的第三产业，即使是工业也以组装加工为主，这样就大大减少了产业发展带来的环境压力。产业结构的及时调整和日本人在环保问题上的及时觉醒，使北海道避免了走重度污染、高难度治理的老路。

加强环保立法，依法推进环境保护和污染治理。日本环境保护法律法规的制定上升到了政府和全体公民的层面，以环境保护的法律法规为指导，北海道开展了一系列的污染治理和环境保护的活动，并取得了很好的成效，法律的保障和国民的认同促进了环境保护工作的顺利推进。可以说，比较完备的法律体系和日本国民超强的执行力是推进环境保护的根本保证。

坚持开发与保护并重，努力实现人与自然的和谐共生。有序、有度开发，努力实现人与自然的和谐共生，是推进可持续发展的关键。日本包括北海道主要采取了三大措施。一是划定保护区域。为了保护环境，日本划定了大量的自然保护区、国立公园、国定公园等，来加强对重点生态区域的环境保护。北海道人也深知北海道的环境对国家来说是一笔宝贵的财富，是支撑北海道品牌价值的重要因素。因此对生态环境、生物物种的保护高度重视。二是加强重点污染区域治理。如网走湖因海水流入和污水超负荷发生了严重的绿藻、绿潮等水质障碍后，网走市采取盐淡分界层控制、水质净化、水草割除、底泥清淤等多种措施加以整治，使网走湖的水质得到了大的改善，保住了该湖水产养殖产业。三是开展与环境和谐的旅游观光。加强对景点地区垃圾的无害化处理，展开造林运动以吸收旅游所产生的二氧化碳等，通过北海道创建具有先驱性的植树技术开展造林活动，新造了大量的道路防雪林、泥石缓冲林和利用混播技术再造接近自然的树林，以此推动旅游观光产业的可持续发展。

积极开发新能源，大力发展循环经济。降低资源、能源消耗，促进循环利用，是推动环境保护的重要一环。北海道对此高度重视，积极探索。一是加强对废弃物的回收利用和无害化处理。北海道认真审视自身的生活方式和经济活动，并寻求建立一个限制自然资源消耗和减轻环境负担的社会，认真开始做三件事，即首先尽量避免产生废弃物；尽量将已产生的废弃物作为资源加以利用；对不能以任何方式再利用的废弃物进行合理处理。为此他们动员每一个公民组成一个整体，促进循环型社会的创建，实行严格的垃圾分类，建立起白石清扫工场和山本垃圾处理场等垃圾处理设施，对可燃烧垃圾进行焚烧发电，不能焚烧的集中填埋，对产生的垃圾尽可能回收利用和无害化处理，同时也促进了垃圾的减量化。二是积极开发新能源。积极利用国家对新能源开发利用的补助政策，北海道积极开发新能源。2009 年共有 10 个项目成功入选日本国内“新能源百选”项目得到政府支持。如雪冰热利用、太阳能发电、天然气汽电共生、绿色能源汽车、风力发电等在北海道都有了一定的利用。三是厉行节约，减少资源消耗。日本也包括北海道人都深知本国资源的缺乏，有很强的危机意识，特别注重资源能源的节约，这种观念已深入到他们衣食住行、生产生活的各个方面和各个环节，以切实减少资源消耗带来的环境压力。

4. 日本北海道开发经验给中国的启示

（1）找准产业发展与环境保护的结合点。高度重视产业结构调整，合理确定地方主导产业，注重发展绿色产业、循环经济。产业发展不以牺牲环境为代价，努力追求经济发展与环境保护的相互促进。重视科技创新，充分发挥科技对环境保护的支撑作用，走高科技含量的环境保护之路。一是要强化科技关注环保的意识。环保问题是最重要的民生问题之一，关注环保就是关注民生。我们要将更多的环保问题纳入科技研发的范围，通过技术创新引领环境保护工作向前发展。二是要加强先进环保技术的引进、示范和推广。要结合我国实际有选择地引进一批先进实用的环保技术，采取先示范，后逐步推广的方式。不断提高我国的环境保护水平。三是要加大对重大关键环保技术的科技攻关。对制约我国各地产业发展升级的重大关键的环保技术要组织力量进行重点攻关，力求通过技术突破来实现环境改善、产业升级。

(2)发挥政府在推进环境保护中的主导作用。北海道综合开发计划的制定、环保法律法规的建立、新能源开发补助政策的出台等无不体现了政府的主导和决定作用，是一种自上而下、上下联动政策性推动的结果。因此，我国要实行更加严格的环保政策，充分体现后发优势，走低成本的环境保护之路。与东部发达地区相比，目前我国总体上还处在环境友好、生态良好阶段，但局部环境污染正呈加剧态势，为了赢得未来发展的优势，我们一定要实行更加严格的环境保护政策，宁可牺牲发展的速度，也要保住脚下的青山绿水。一是要进一步提高环保门槛。无论是新建企业、招商引资，还是承接沿海地区产业梯度转移，都要严把环境保护这一关，严防高污染、高能耗企业向民族贫困地区集聚，使仅有的一点生态优势也在渴望加速发展的盲动中丧失殆尽。二是要超前研究环境保护对策。在推进新型工业化、城镇化和新农村建设的进程中一定要超前谋划，充分考虑产业发展、人口聚集、城镇扩容有可能带来的环境压力，超前研究化解对策，积极推进农村小康环保行动，努力建设环境优美乡镇和生态村寨，严防再走先破坏后修复、先污染后治理的老路。三是要切实抓好现有污染源的治理。要着力解决突出环境问题，积极防范环境风险，针对不同的污染情况通过落实责任、配套设施、技术改造等多种措施加快对现有各种污染源的治理，对于限期不能完成整改目标的该关则关、该停则停，不可任其泛滥，造成更大危害。

(3)辩证地处理政府干预和培养市场机制的关系，使开发能够顺利进行。各国形成后进地区的原因是多方面的，但其中一个重要的原因是市场机制不健全，为此，建立、健全该地区的市场机制就成为至关重要的问题。然而市场机制的发育不良不是偶然出现的，它受到历史和现实众多要素的影响，要从根本上理顺这些关系，就不能消极地等待，要采取种种措施，促使其发育和成长。在日本市场机制的培育中，充分借助了政府的行政干预职能，通过给予一定的优惠政策，保证其初期的开发资金和人才支持，使其具有一定的生长空间，同时，政府干预不仅仅停留在行政干预的初级水平上，而是随着开发的深入，比较强调市场和资源的有效配置，使资源配置符合市场经济发展的内在要求，促进和完善市场机制的建立，形成政府干预启动市场机制—市场机制的建立和发展又需借助于适当的政府干预—市场机制的建立更有效地促进政府干预的发挥—政府干预与市场机制有机结合起来的良性循环，实现开发成果的最优化目标。

(4)广泛动员组织各方主体积极参与。强化全体国民的环境保护意识，明确政府、企业、社会团体、公民的在环境保护方面的责任和义务，使保护环境成为一种社会共识、一种工作责任、一种自觉行动、一种道德规范。强化全民环保意识，推动多元主体的联动与协作，走全民参与的环境保护之路。要实行政府主导，多主体联动，全民参与的环境保护政策。国家以及各省市要加大对环境保护工作的政策支持力度，对大江大河源头、重点生态地区国家要实行生态补偿政策，使重视生态保护的地区获得一定的经济补偿，以保护他们的积极性。要强化企业、民间团体及广大公民的社会责任，动员更多的社会力量参与到环境保护的行动中来，形成强大的合力，特别是要加强对企业的监管和教育，严防为了经济利益而不惜牺牲环境的短视做法出现。要进一步加强环保教育。要通过有效的宣传教育和舆论引导，让生态意识成为大众文化意识，让绿色消费、适度消费成为全体公民的自觉行动；要组织多种形式方便全民参与的环保活动，使环境保护意识通过各种活动深入人心，走全民参与的环境保护之路。

二、英国伦敦（烟雾事件）

1. 英国“伦敦烟雾事件”简介

工业革命以来，伦敦就以“雾都”扬名。煤炭是支持工业革命的核心燃料，经济和技术飞速发展，伴随而来的是城市污染急剧加重。当时的大多数工厂都建在市内和近郊，居民家庭大量烧煤取暖，煤烟排放量急剧增加。城市发电也主要靠煤，以煤为动力的蒸汽机车拉着一节节燃煤专列开进伦敦。

1952 年 12 月 4 日至 9 日，伦敦上空受高压系统控制，大量工厂生产和居民燃煤取暖排出的废气难以扩散，积聚在城市上空。伦敦城被黑暗的迷雾所笼罩，直至 12 月 10 日，强劲的西风吹散了笼罩在伦敦上空的恐怖烟雾。当时，伦敦正在举办一场牛展览会，参展的牛首先对烟雾产生了反应，350 头牛中有 52 头严重中毒，14 头奄奄一息，1 头当场死亡。伦敦空气中的污染物浓度持续上升，许多人出现胸闷、窒息等不适感，发病率和死亡率急剧增加。在大雾持续的 5 天时间里，据英国官方的统计，丧生者达 5 000 多人，在大雾过去之后的两个月内有 8 000 多人相继死亡。此次事件被称为“伦敦烟雾事件”，成为 20 世纪十大环境公害事件之一。“伦敦烟雾事件”发生后，英国人开始反思空气污染造成的后果。之后英国政府制定了一系列的法律措施整治环境。

发生 1952 年“伦敦烟雾事件”的直接原因是燃煤产生的二氧化硫和粉尘污染，间接原因是开始于 12 月 4 日的逆温层所造成的大气污染物蓄积。“伦敦烟雾事件”属于煤烟型污染。由于伦敦居民当时都用烟煤取暖，烟煤中不仅硫含量高，而且一吨家庭用煤排放的飘尘要比工业用煤高 3 至 4 倍。在当时的气象条件下，导致伦敦上空烟尘蓄积，经久不散，大气中烟尘最高浓度达每立方米 4.5 毫米，二氧化硫达 3.8 毫克，造成了震惊一时的烟雾事件。据统计，“伦敦烟雾事件”期间每天仍有 1 000 吨烟尘粒子、2 000 吨二氧化碳、140 吨盐酸和 14 吨氟化物被排放到无力自我清洁的空气里。此外，空气中还弥漫着由 370 吨二氧化硫转换成的 800 吨硫酸。

燃煤产生的粉尘表面会大量吸附水，成为形成烟雾的凝聚核，这样便形成了浓雾。另外燃煤粉尘中含有三氧化二铁成分，可以催化另一种来自燃煤的污染物二氧化硫氧化生成三氧化硫，进而与吸附在粉尘表面的水化合生成硫酸雾滴。这些硫酸雾滴吸入呼吸系统后会产生强烈的刺激作用，使体弱者发病甚至死亡，所以主要污染是大气污染和粉尘污染。

烟雾事件对伦敦市民产生巨大危害，许多人感到呼吸困难、眼睛刺痛，发生哮喘、咳嗽等呼吸道症状的病人明显增多，进而死亡率陡增，据史料记载从1952年12月5日到12月8日的4天里，伦敦市死亡人数达4 000人。根据事后统计，在发生烟雾事件的一周中，48岁以上人群死亡率为平时的3倍；1岁以下人群的死亡率为平时的2倍，在这一周内，伦敦市因支气管炎死亡704人，冠心病死亡281人，心脏衰竭死亡244人，结核病死亡77人，分别为前一周的9.5、2.4、2.8和5.5倍，此外肺炎、肺癌、流行性感冒等呼吸系统疾病的发病率也有显著性增加。1952年12月9日之后，由于天气变化，毒雾逐渐消散，但在此之后两个月内，由于又有近8 000人因为烟雾事件而死于呼吸系统疾病。

2. 英国“伦敦烟雾事件”的措施

1952年伦敦经历了著名的“大烟雾事件”，使得整个城市陷入一片恐慌。类似的烟雾事件从1948年到1962年，伦敦发生了多次，其中数1952年烟雾事件影响最为严重。1953年空气中SO_2年均浓度高达402微克/立方米，高于欧盟空气质量标准的20倍。烟雾事件使英国政府认识到清洁空气对人类的重要性。

治理工业污染，出台空气污染防治法案。英国政府制定了世界上第一部空气污染防治法《清洁空气法》，法律规定在伦敦城内的电厂都必须关闭，只能在大伦敦区重建。要求工业企业建造高大的烟囱，加强疏散大气污染物。还包括要求大规模改造城市居民的传统炉灶，减少煤炭用量，逐步实现居民生活天然气化，冬季采取集中供暖，1968年修正《清洁空气法》，以加强对空气质量的改善，1974年出台《空气污染控制法》规定了工业燃料里的含硫上限。这些措施有效地减少了烧煤产生的烟尘和二氧化硫污染，产生了良好的效果，这一系列的空气污染防控法案针对各种废气排放进行了严格约束，并制定了明确的处罚措施，有效减少了烟尘和颗粒物，英国对空气质量的立法规制并不止步于此。到20世纪80年代，交通污染已取代工业污染，成为伦敦空气污染的首要来源，英国政府又出台一系列举措对小汽车尾气排放进行严格限制，同时大力推广新能源汽车，公共交通和自行车交通，从1993年1月开始，所有在英国出售的新车都必须加装催化器以减少氮氧化物污染，1995年通过《环境法》，旨在制定一个治理污染的全国战略。英国政府要求工业部门、交通管理部门和地方政府共同努力，减少一氧化碳、氮氧化物、二氧化硫等8种常见污染物的排放量，并根据英国国内、欧盟及世界卫生组织的标准，设立了必须在2005年前实现污染控制定量的目标，2007年出台《空气质量战略草案》，该法案致力于进一步提高伦敦的空气质量，消除大气污染对公众健康和日常生活的影响。2007年，英国修订《空气质量战略》，新增对PM2.5可吸入颗粒物的监控要求。2007年的《空气质量战略》提出，到2020年前将空气中PM2.5的年平均浓度控制在每立方米25微克以下，道路等高污染区域不能超出这一上限，而在乡村等空气较好的区域，还会实行更严格的监控规定。政府定期制定空气污染治理的工作报告。政府部门在治理空气污染方面做出了极大的努力，不仅落实各项政策，还针对不同的污染物以及同体的空气质量状况进行监测统计，制定相关的统计数据，撰写政府工作报告和白皮书等。

第二，防治交通污染，大力发展公共交通。20 世纪 80 年代后，交通污染取代工业污染成为伦敦空气质量的首要威胁，为此，政府出台了一系列措施来抑制交通污染。包括优先发展公共交通网络，抑制私车发展，以及减少汽车尾气排放、整治交通拥堵等。首先是优先发展公共交通网络。伦敦有着强大的公共交通系统。有 140 多年历史的地铁是大多数伦敦人出行首选，11 条线路，全城 270 多个站点，每天 300 余万人次搭乘地铁出行，市中心的地铁站之间都步行可达，密如蛛网的线路覆盖整个伦敦，除了地铁，还有城市火车、港区轻轨和几百条公交线路分流路面人群。发达的公共交通以及政府对非公交系统用车的高压手段，让公众更乐意选择地铁或公交出行。其次是抑制私车发展，整治交通拥堵。英国除对汽车本身和燃料等做出种规定和管制外，一直致力于控制市区内的汽车数量，在 2003 年更是通过收取交通堵塞费的手段限制私家车进入市区，到 2008 年 2 月，伦敦针对大排量汽车的进城费已升至 25 英镑/天，折合人民币 350 元/天，导致大笔收入都花在了公共交通上面，对拥堵费制度虽然民众抱怨很多，但事实是收费地区交通拥堵程度减少了 30%，伦敦正计划在今后 20 年内，把伦敦的私车流量减少 9%，2010 年 7 月，一条 8.5 英里的自行车高速公路，从伦敦南部一直通向市中心。作为伦敦计划中 12 条自行车高速公路中的第一批试验线路，这条道路目前每天约有 5 000 辆自行车通过，预计 2025 年的自行车骑行量将比 2000 年增加 4 倍。最后是减少汽车尾气排放，1995 年起，英国又制定了国家空气质量战略，规定各个城市都要进行空气质量的评价与回顾，对达不到标准的地区，政府必须划出空气质量管理区域，并强制在规定期限内达标，欧盟要求其成员国 2012 年空气不达标的天数不能超过 35 天，不然将面临 4.5 亿美元的巨额罚款，同时伦敦计划在 2015 年之前建立 2.5 万套电动车充电装置，将伦敦打造为欧洲电动汽车之都。

第三，将低碳产业作为新的经济增长点。2009 年 4 月，布朗政府宣布将“碳预算”纳入政府预算框架，使之应用于经济社会各方面，并在与低碳经济相关的产业上追加了 104 亿英镑的投资，英国也因此成为世界上第一个公布“碳预算”的国家。与此同时，政府通过运用气候变化税，碳基金和温室气体排放贸易计划等财税激励政策，建立了涵盖建筑部门、工业部门、交通部门、居民部门以及节能减排咨询服务等产业发展的政策体系，具体内容包括以下三个方面，一是大力发展新能源，到 2020 年可再生源在能源供应中要占 15% 的份额，其中 40% 的电力来自低碳领域（30% 来源于风能，波浪能和潮汐能等可再生能源，10% 来自核能），二是推广新的节能生活方式，在住房方面，美国政府拨款 32 亿英镑用于住房的节能改造，对那些主动在房屋中安装清洁能源设备的家庭进行补偿，预计将有 700 万家庭因此受益。在交通方面，新生产汽车的二氧化碳排放标准在 2007 年基础上平均降低 40%。三是向全球推广低碳经济的新模式，目前英国低碳经济及相关产业每年能创造超过 100 亿英镑的产值，为 88 万人创造就业机会。

第四，利用新型胶水“黏”住污染物。20 世纪 80 年代，伦敦市在城市外围建有大型环形绿地 4 434 平方千米，政府尝试在街道使用一种钙基黏合剂治理空气污染，这种黏合剂类似胶水,可吸附空气中的尘埃,街道清扫工已将这种新产品用于人口嘈杂,污染严重的城区,日前监测结果称这些区域的微粒已经下降了14%,英国民众也可以通过网络查询每日空气质量的发布情况。

3.英国“伦敦烟雾事件”的主要经验

第一,制定完备的法律,从上述内容可以看出英国伦敦在治理空气污染上花费了巨大立法成本,几乎每隔几年都会出台一部治理空气污染的法律,而且根据污染的不同形式,或制定新的法律,或对原有的法律进行相应的修正,以适应治理污染的新形势,一般来说,按照惯例,英国国会的立法程序向来严谨审慎且耗时费力,但“伦敦烟雾事件”之后,为了让治理空气污染有法可依,议员们拟定草案,提出动议,委员会一读审议,下院二读辩争修正,三读表决策通过等程序三年内全部完结。上述各种法律,政令的颁布,对伦敦的大气污染治理和保护城市环境发挥了至关重要作用。

第二,严厉的处罚措施和加大财政收入。法律制定得再完备,如果不实施,那就无异于没有爪牙的老虎,为了有效地治理空气污染问题,英国政府对排污行为采取了严格的控制措施,例如,《工作场所健康和安全法》等法律规定,污染企业必须采取手段,以免将有害气体排入大气,否则将面临严厉处罚,近年来,英国政府出台了一系列举措对小汽车尾气排放进行严格限制。另外,伦敦市中心还设立了污染检测点,警察可拦截有过多排污迹象的汽车对其进行测试,并有权对未通过测试的车主实施罚款。对烟尘控制区内肆意排放污染气体的工厂企业进行罚款数额越来越多,大伦敦区低污染排放区域范围越来越大,低污染排放区内机动车辆的排放标准越来越严格,伦敦市政通过《交通2025》方案,严格限制私家车辆数量、控制排放标准。为鼓励节能减排,2009年英国政府在住房节能改造上拨款32亿,对主动进行节能减排设备更新的住户家庭进行财政补贴。2014年12月,英国政府为绿色运输燃料厂提供2 500万英镑,支持绿色燃料行业发展。2016年7月英国推行低排量巴士计划,政府向英国和地方当局和运营商提供3 000万英镑资金,计划将增加低排放巴士的使用量。

第三,完善的配套措施法律在治理空气污染过程中固然发挥着关键的作用,但法律手段并不是万能的,还需要相关配套措施的完善。从20世纪50年代,英国在不断完善《清洁空气法》《污染控制法》的基础上,又制定《汽车燃料法》(1979)、《空气质量标准》(1989)、《环境法》(1995)、《国家空气质量战略》(1997)、《伦敦市空气质量战略》(2004)等。根据英国的“立法为主,补贴为辅,全面推进,最终建立低碳社会”的发展模式,将建设低碳社会作为其基本国策,提出2020年将实现降低26%~32%的温室气体排放目标,2050年实现80%的长期目标。彻底改善城市的空气质量,绝不仅仅是环保部门的责任,还需要各级政府的全面统筹、规划,将城市可持续发展的理念贯穿城市总体发展规划始终,并且科学地,前瞻性地制定各种城市发展、城市环境管理的方针政策。

第四,注重防治污染新技术的运用,英国官方对空气污染的治理不只是立法,也着力推广更有效率的新技术,大量的创新技术投入治理监测空气质量中。1956年《清洁空气法》规定烟囱和壁炉都要安装记录熔炉释放黑烟浓度的仪器,改造使用清洁燃料的壁炉,如燃烧天然气、油等，如果不进行相关的改造，则必须使用无烟煤。1974 年《污染控制法》规定石油燃料和燃烧石油燃料的设备(如机动车、壁炉)的种类、规格以及污染监测。2008 年开始实行低污染排放区政策以来，促进了低污染排放区域内车辆的更新换代，增加配置减排装置。1987 年伦敦开始投资建立空气质量自动监测网络，1990 年设立综合污染控制系统，1993 年伦敦空气质量监测网络系统形成。2008 年，欧盟委员会通过《环境空气质量指令》。根据该指令，就各成员国整体而言，可吸入颗粒物含量须控制在年平均浓度 25 微克/立方米的水平，这个目标须在 2010 年至 2015 年达到。伦敦空气中的悬浮颗粒物水平已超过欧盟标准上限，因此从 2011 年起，配备特殊装备的卡车开始在伦敦市各处巡游，并在交通最繁忙的重点路段喷喷洒"醋酸钙镁溶剂"，这种化学溶剂能像"胶水"般将悬浮颗粒污染物"黏"起来用以改善空气质量。

第五，生态环境保护的全面参与，伦敦空气污染的防控和治理，成绩并不全归功于政府，作为世界上第一批代议制民主国家之一，英国公民在公共措施的讨论、决策、监督和执行上，都有深厚的自治传统和强大的社会根基，环境问题自然也不例外，如果政府在治理空气方面稍有疏忽，主流媒体不会替政府粉饰掩盖而是大胆抨击。市民和主流媒体积极主动参与监督治理。英国作为最早向市民公开空气污染信息的国家。市民可以通过政府开设的英国空气质量档案官方网站、伦敦空气官方网站以及伦敦空气的手机 APP 和 Twitter、Facebook 官方账号查看实时空气质量；一些高校组织知名医院举办研讨会，倡导改善空气质量市民应从自身做起；开通伦敦市政大厅官方网站、伦敦空气官方网站上空气质量反馈通道，让市民对居住地污染空气的工业企业进行及时监督和反馈。政府在空气治理上的各项行为，英国主流媒体都会跟踪评价分析及时报道。另外有专门的评估、管理、咨询和研究机构参与治理。大伦敦议会为了治理空气污染，确定 17 个不同行业的评估咨询机构，负责相关政策的落实以及政策落实情况的评估反馈。一些全国性的科研机构，大型工厂和企业积极参与了科研工作；高等院校如帝国理工学院、伦敦国王学院等对机动车尾气、空气质量标准以及环保产品的研制等进行了深入的研究。

经过 60 多年的时间，伦敦在空气污染治理方面取得了显著的成绩。伦敦作为世界上首先展开治理空气污染的城市，从污染到治理，出台了大量的空气污染治理政策，逐渐摆脱"雾都"这一城市标签，形成了现在的"花园城市"。近年来，中国随着经济飞速发展，空气污染日益凸显，尤其是作为中国政治和文化中心的北京市。根据北京市环保局官方统计的 2015 年空气质量状况，北京市空气质量达标天数仅 186 天，占全年天数的 51%，其中 PM2.5 重度污染天数 42 天，占全年天数的 12%。面对如此严峻的空气污染问题，中国各省市逐渐重视空气质量状况，制定和运用各项政策措施来治理空气污染。伦敦 60 多年的空气污染治理政策的发展历程，值得我们挖掘和分析，其在治理中积累的大量宝贵经验，对中国治理空气污染，重见丽日蓝天有非常重要的借鉴意义。

三、新加坡

1. 新加坡情况简介

新加坡地处马来半岛南端，是一个热带岛国，周围围绕63个小岛，南边还有新加坡海峡和印尼隔海相望。其地理位置优越是世界的十字路口之一，得天独厚的地理条件使之发展成为一个主要的商业、运输、通讯、旅游中心。

（1）新加坡是国际航运、航空和贸易中心。新加坡具有得天独厚的地理位置，而且其位于热带气候条件宜人，其港口的货物吞吐量每年能达一亿吨以上，货运量居世界前列。同时其国际航运量位于世界第五位，仅次于美、英、法、日。新加坡依据其优越的地理位置从邻国大量进口各种初级产品，然后经过加工包装后再行出口，形成了以转口贸易和航运业为主体的独特经济类型。

（2）新加坡是工业和技术服务中心。新加坡四面环海，其形成了以炼油和造船为核心的工业部分对于世界经济的发展具有重大的意义。新加坡共建有五大炼油厂，每年的加工量能达到4 000多万吨，成品油的出口量仅次于荷兰。其四面环海因此其造船业也是其优势产业，不仅能修造繁多的各项船舶，还是世界上海洋石油钻井平台的主要生产基地之一。在20世纪70年代以后，其工业制造技术开始向技术密集型转型，大力发展电子工业，电视传真设备、按钮式电话、光纤光缆、电脑化列车控制系统等均进入世界先进行列。近几年，其对于科技人才的培养也是十分重视，发展高新科技，创造新兴生产力。

（3）新加坡是投资和金融中心。新加坡本地经济充满活力，政治相对保持稳定，海陆空交通网络良好，有一个勤奋精通英语的智力团队和人才储备库，有良好的通讯和互联网基础设施，发达的法律、会计、保险和航运金融服务，高效率低腐败的公务员队伍，使外国资本大量投入，推动了新加坡经济的腾飞。新加坡有一个蓬勃发展的外汇交易市场，是名列伦敦、纽约和东京之后的世界第四个最活跃的外汇交易中心。同时新加坡也是亚洲首要的财富管理中心，通过众多世界级金融机构的在新加坡的分支机构提供一系列的服务。

新加坡是近年来世界上经济发展最快和富裕程度最高的国家，80年代已成为亚洲的四小龙之一。近年，更在转口贸易、货运业、制造业、金融服务等原有优势产业的基础上，积极发展资讯科技产业，高密度、大容积半导体芯片，生物科技等以作为今后经济发展和科技竞争的动力。由于新加坡经济连续保持着近二十年的高速增长，为国人提供了大量的就业机会。

新加坡没有任何天然资源，要维持稳定的经济增长，则有赖于人力资源的开发，培养人才及提高竞争力，所以特别重视教育质量。由于新加坡独特的地理位置和历史背景，使新加坡成为亚洲学生通往澳大利亚、加拿大、新西兰以及欧美各国的重要桥梁。

新加坡在工业化、经济发展及环境保护方面成功地取得了平衡，但现在，这套发展模式正面临多方面的威胁。新加坡的情况十分特殊，因为全世界没有一个国家像新加坡这样面积小、高度城市化同时保持空气质量良好。但是，环境在不断变化，加上气候变化的威胁越来越显著，无论政府或个人都必须做出调整，才能让新加坡在经济成就和环保上继续保持双赢。

新加坡多年来沿用的发展模式正面临“内忧外患”的侵扰。外来威胁一般是跨国界的，比如每年因邻国农民火耕引起的区域烟害较难控制；内忧则是这个国家人口不断增长，如何在这个大前提下继续保持环境清洁与绿化，绝对是个大挑战。

提高能源效率是新加坡应付气候变化的首要对策。分别代表发电、工业、交通运输、建筑物和住家这五大能源消耗领域的能源市场管理局、经济发展局、陆路交通管理局、建设局及科技研究局携手成立了能源效率计划委员会，以提高各领域的能源使用效率。

新加坡政府可通过制定政策加强发电、工业、交通运输和建筑物等四个领域的能源效率，但住家方面则须由新加坡人共同参与才能取得成效。新加坡人应改变目前的生活习惯，从减少垃圾、节约用水用电开始，增强废物循环利用的意识。

总之，新加坡利用本国特殊的地理条件，扬长避短，引进和运用外国资金、技术和管理经验，使生产力水平得到了迅速提高，走出了一条独特的成功的经济发展道路。这一成功道路不仅为类似新加坡这样的国家提供了发展模式，同时也为世界各国经济的发展提供了宝贵经验。当然，由于新加坡在许多方面对外国依赖较深，容易受到外部因素的影响，经济发展存在着一定的脆弱性和不稳定性 。

2. 新加坡协调经济发展与环境保护的主要做法

(1)新加坡环境治理高度法治化

①完备的立法

新加坡政府在20世纪60年代开始就将环境治理法治化，制定一系列环境治理的法律法规，严格监管工业企业的污染排放问题。例如会产生大气污染物的工业企业必须安装处理及监管设备来确保其合格性。同时世界上一些国家可能也制定相关法规来保护环境，但新加坡政府的优点是法规条例非常详尽，权责规定清晰，处罚规定透明度高，具有很强的可操作性。

②严苛的执法

在详细制定相关法律法规后，新加坡的执法也是非常严密严格。在执行方面，新加坡采取的是预防、执法、监督、教育为一体的系统模式。新加坡的优点之处就是制定完整的行为措施流程，从前期预防到后期处理，系统化的管理措施，严格执法，营造人人遵法守法爱法的社会氛围。在新加坡的公共汽车上到处可以看到“乱扔垃圾罚款新元”的告示。乱扔烟蒂、随地吐痰、攀花折木、破坏草坪、驾驶冒黑烟的车辆等违规者必会收到罚单，如果不按时缴纳罚款，就会受到法院的传讯。新加坡的执法之严厉到了“不近人情”，甚至侵犯人权的程度，如对信手涂鸦等恶意破坏环境的行为，甚至规定了严酷的鞭刑。

③高普及度的国民环保教育

在严格执法的同时，新加坡也意识到保护生态环境的根本还是要社会公众人人具备环保意识、养成爱护环境的习惯。因此新加坡将环保教育纳入学校的课程教育，形成终生环保教育的文化传统。在社会生活方面，新加坡政府鼓励人人参与环境保护，新加坡每年都开展“清洁绿化周”活动，推动环境保护团体、学校与公司参与环境保护。最值得一提的是，新加坡政府把新生水厂、垃圾无害化填埋人工岛等环境工程作为环保教育基地，并要求各机构组织员工、学校组织学生等进行参观，现场接受环保教育，一举多得。

(2)健全的机构、合理的规划、高额的投入

①建立健全的机构

新加坡政府在意识到保护环境的重要性后，成立了国家环境发展部。国家环境发展部主要负责环境基础设施建设和环境保护的最高行政机构，其在经济发展的同时考虑到环境保护问题，将生态环境保护上升到战略层面，由国家环境发展部统一管理，便于统一管理，提高行政效率。

②对资源的使用管理进行合理的规划

新加坡的自有资源非常少，一般依靠进口来实现生活保障，但其对于资源利用上进行了合理的规划，对于资源的保护与可持续发展具有重大的意义。在对于水资源的合理管理方面，新加坡实行“全民水源”的政策，制定了合理使用天然降水、进口水、新生水和淡化海水的计划，通过实施该计划保证居民和企业能使用合乎标准的用水。新加坡的水资源是非常短缺的，但新加坡政府通过机构改革，将与水有关的行政部门结合起来，行政效率得到提高，将水资源和水环境问题协调起来。另一方面，新加坡特别注重“新生水”的开发与利用，则是对水源保护和污水处理有效结合的成果。新加坡在污水处理方面一直走在时代的前端，因为新加坡这个国家是以小岛的形式所存在的，岛上淡水资源匮乏，仅仅依靠天然降水，是远远不够的。所以，注重水资源的保护和利用就显得特别重要。

③对于环保事业高额的投入

新加坡政府在环保事业的发展列为国家重大发展战略，对于其进行大额的资金支持来保证环保事业的健康发展。在垃圾、废气和废水的处理上，国家设立了专门的机构，帮助厂家和居民提高资源的利用率，减少废弃物的产生。对于垃圾废物的处理上，新加坡政府投入几亿新元在新加坡南部的实马南岸外建立了垃圾填埋场，填埋垃圾焚烧后的灰烬和不可焚化的固体垃圾。一旦达到土方填埋总量，它将成为世界上第一个主要由垃圾灰烬填埋而成，而又具有商业开发价值的人工岛屿。岛上阳光充沛、海水清澈，岛周围则是一片很有规模的红树林，吸引着众多的动物在那里栖息生长。“垃圾岛”已对公众开放，经必要的申请程序，人们可以在岛上进行钓鱼、观鸟等娱乐休闲活动。可以说，“垃圾岛”是一个非常成功的变废为宝的环境保护事业，同时也体现了新加坡政府对环境建设和保护规划的水平。

④积极推行无污染、少污染产品项目，倡导绿色生活方式

新加坡政府倡导绿色消费、推广绿色服装、引导绿色饮食、鼓励绿色居住、普及绿色出行、发展绿色休闲，是构建生活方式绿色化理念的重要支撑。对于政府，加大政府采购环境标志产品力度，鼓励公众优先购买节水节电环保产品，是带动生活方式绿色化的“领头羊”。对于个人，鼓励使用节能家电、绿色建材、绿色服装、绿色食品等产品，是使全社会实现生活方式绿色化的基础。进一步加强宣传教育，强化生活方式绿色化理念，提高公众生态文明社会责任意识。

新加坡政府意识到不能单靠执法来应对日益严重的随意抛弃垃圾问题。如果公众能

养成正确抛弃垃圾的习惯,效果将会更好。因此,进行群众教育,向群众灌输环境意识和社会责任就成为新加坡长期解决问题的关键。环境教育成为学校课程,鼓励每所学校至少成立一个环保俱乐部,并设法在大专学府培养环保大使。新加坡主流华文媒体《联合早报》每逢星期一和星期四登载《绿色行动》专栏,定期提供环保信息和小"贴士",让大家在日常生活中减少浪费,把环保意识落实为行动,养成日常生活中环保、节能的生活方式,并提出"点一盏节能灯,为环保尽一份力"的倡议。

⑤建立科学的环境保护监督管理机构

为了更好地保护环境,新加坡政府于 1972 年成立了国家环境发展部(现改为环境及水资源部)。在保护环境的各项事务中环境及水资源部起到了积极的作用,因为新加坡政府负责环境基础建设和环境保护的最高行政机构就是环境及水资源部。国家环境局和公用事业局是环境及水资源部下设两个法定机构,分别负责新加坡环境保护管理和环境基础设施建设。新加坡更是严格地规定了各个部门的职责和权力,防止各个部门出现推诿的现象。每个部门都能对自己权限范围内的事情尽职尽责,不仅提高了效率,而且能够保证类似的事情得到相同的解决,保证了环境保护方面的公平性,这与我国也有本质的不同。我国并没有专门的环境保护监督管理机构,而是把环境保护划分为很多方面,由多个机构共同监督实行,这在制度上给很多投机分子创造了机会,某一方面可能有很多部门管理,在某些方面可能存在着空白。多部门管理容易造成互相推诿的现象或是争着管理,容易造成混乱。因此,我们应该建立专门的环境保护监督管理机构,以确保法律得到执行。

3. 新加坡经济发展与环境治理主要经验

新加坡十分重视社会环境治理这一促进社会稳定、推动经济发展的重要环节,并将其作为一项常抓不懈的社会系统工程来对待。其成功的经验主要有以下几点。

(1)出现问题时及时解决

在 20 世纪 60 年代时,新加坡就面临人口膨胀和失业率不断增高的问题,于是新加坡政府立即采取行动,通过运动倡导家庭计划的观念,取得良好的成效。针对殖民时期的环境脏乱差局面,通过一系列的社会环境改造运动彻底解决环境局面,建立了市容美丽的花园国家。新加坡政府在化解社会矛盾时,切实负起责任,建立协调机制,发现问题及时解决。20 世纪 80 年代末,新加坡政府又针对人们国家意识淡漠,不守公德,不遵守公共秩序,享乐主义现象日趋严重以及有些政府官员挪用公款和受贿等现象,开展了"培养国家意识运动""礼貌运动""敬老尊贤运动""睦邻运动""搞好社会秩序运动""整治治安运动"和"干部廉政运动"等,其目的就是要使新加坡成为一个"温馨优雅的社会",并通过建立良好的安全的社会环境,为吸引更多的投资者和游客创造条件。

(2)注意防范,将事件的影响控制在最小范围

新加坡政府更是十分注重事情的事前防范,处处贯彻防范原则。在发现一些不良事件出现苗头时,便立即下达相关指令提醒公众注意,并通过媒体传播造成一种社会压力,使得不良事件的倾向受到抑制。新加坡的进口需求非常大,很容易受到外来文化的侵扰,因此新加坡对于外来文化的管控更是十分严格,凡是有可能危害国家利益或者导致人民道德败

坏的都不让进口，同时还会限制出口范围，使影响面限制在最小范围内。

（3）利用罚款、传播媒介等手段强制社会秩序

新加坡有一个别致的称号——Fine City，其实这是一个一语双关的词，一是指新加坡是一个“优美”的城市，另外则是指新加坡是一个“罚款”的城市。新加坡罚款不仅名目繁多，且数额也颇为可观。乱扔烟头被罚300新币，如果高空抛烟头，罚得则会更重，曾经有位居民在楼上抛烟头，被摄像头拍下30多次，每次罚款600新币，一共被罚19 800新币，还有5小时劳动改造。新加坡禁止游客携带口香糖入境，如果被发现私带口香糖入境的，做走私处理，罚款2 000新元以上；在新加坡贩卖口香糖要罚款，随地吐口香糖有也会有罚款，所以去新加坡就做好禁吃口香糖的准备。新加坡对地铁、公交之类公共设施的环境和安全方面的考虑尤为细致，因此新加坡地铁、公交内严禁吃喝。婴儿、老弱病残孕人群一视同仁。见到有人吃喝举报可得50新币报酬，违规者还会接受高达500新币的罚款，公共交通内吸烟罚款1 000新币，携带易燃物品上车罚款5 000新币，高额罚款使许多新加坡人自觉地养成约束自己的社会行为。新加坡还善于发挥大众传播媒介的作用。从一项政策的推行到年底的追踪调查，广播、电视、报纸无不全力配合。经过长期努力，现在的新加坡人已经养成重视国家利益的观念，并在公共生活中，相互影响、相互制约，形成一种新型的“新加坡人气质”。

（4）建立完整的法律体系

新加坡环境污染管制法令，对各类废物处理和排放都规定了明确的标准，使各项工程建设、工商活动和日常生活都有法可依。新加坡也设立了相应的专门机构，新加坡法制之严厉举世闻名，其环境法制也不例外。对于信手涂鸦、破坏环境者，其法律甚至规定了严酷的鞭刑。对于一些破坏环境与公共卫生者，其罚金之高当冠世界之最。如对于一些破坏公共环境者会被有关部门召去充当反面教员，穿上标志垃圾虫的服装当众扫街，以示警惩。

（5）创造公平的法治环境

新加坡是一个高度法治化的国家，其立法完备，覆盖面广，几乎遍及社会生活的方方面面。大到国家体制，小到阴沟的清扫，几乎无所不包，以致像“口香糖不得在新加坡生产和销售”也以法律形式加以明确规定。新加坡现行的法律、法规有400多种，其立法之多，法律调整的范围之广，内容之详尽，条文之具体，实属罕见。不仅涉及社会经济方方面面，而且囊括寻常百姓生活的细枝末节，真正是“法律就在你身边，人人心中都有法”。正因为处处有法律的规范，加之有效的法律监督机制，因而使人不能违法。此外，新加坡执法相当严格，真正体现了“法律面前人人平等”。无论是本国公民还是外国人，无论是高级官员还是普通百姓，只要触犯法律，都毫无例外地受到相应的制裁。正是由于对违法犯罪行为惩处的严厉和公平，使人不敢违法。

（6）正确处理好经济发展与环境保护的关系

新加坡政府在发展经济的同时时刻注意保护生态环境，十分重视对环境的保护和建设工作，经济发展与环境保护并重是新加坡发展的根本原则。新加坡由于是一个生活在小岛上的国家，而且本身国土面积较小，土地资源较为紧张。近几年来，新加坡政府在尚未开发

的三分之一国土上不再进行建筑建造，转而依靠填海和拆旧换新来解决土地短缺的问题，把尚存的自然地段留给子孙后代。目前中国从短期看，加强环境保护可能给一些地方的经济发展带来一定压力，但这种压力并非源于加大了环境保护的力度，而是源于这些地方的产业结构不合理、企业绿色发展的技术储备不足、推动环境保护的体制机制不完善等，是尚未建立起较为完善的绿色发展的体制机制的问题，是很多企业乃至产业的发展方式有待转变的问题，归根结底，是没有认识好、处理好经济发展与环境保护关系的问题。

（7）借鉴其环境管理的经济手段，加以实践

由于我国目前没有把消耗的资源和修复被破坏的环境的投入（即溢出成本）列入 GDP 计算体系中，政府长期为企业发展造成的污染后果买单。因此，应大力宣传环境资源价值理念，同时，对企业生产征收环境资源税，把企业发展过程中的溢出成本交由企业支付，从而推动企业加强对污染的治理，减少环境压力。还应加快修改制定绿色 GDP 考核体系，切实实行在任期间环境目标考核制度。随着社会主义市场经济体制的逐步完善，今后我国自然资源和环境的管理也必然更多地采用经济管理手段，对我们来说，这不论是在理论上还是在实践上都是一个新的课题。

上述经验系新加坡在经济发展中取得成功的一些做法。此外，新加坡在公积金制度、建立经济开发区、开发科技人力资源等方面也取得了成效。当然，新加坡与我国的社会制度不同，人口少，没有农业，缺乏资源。就其本国经济发展，目前仍存在许多隐忧，如劳动力严重短缺，生产力提高缓慢，人口日趋老化，等等，其中有些已成为严重困扰新加坡经济发展的难题。但是，“他山之石，可以攻玉”，新加坡在经济发展中的某些做法，对促进我国的经济建设与发展，仍有可鉴之处。

第二节　国内经济与环境协调发展

一、长江经济带

1. 长江经济带战略地位

作为新时期国家三大发展战略之一，长江经济带是继我国沿海经济带之后最具活力的经济带，也是未来“中国经济的脊梁”。2016 年 9 月，国务院发布了《长江经济带发展规划纲要》。提出了“生态优先，流域互动，集约发展”的发展思路，建立了“一轴两翼，三极，多点”的发展模式。“一轴”是指以长江黄金水道为基础的上海市、武汉市、重庆市的核心作用，沿江建设绿色发展轴线，长江沿岸主要城镇为节点。“两翼”是指利用长江干线的辐射带，延伸到南北腹地，增强南北翼的支撑。“三极”是指长江三角洲城市群，长江中游和成渝城市群，它们起着辐射作用，创造了长江经济带的三个增长极。“多点”是指在资源和环境承载力的基础上，支持三大城市群以外的地级市，在不断完善城市功能，发展优势产业，建设特色城市，加强经济联系方面的作用。与中心城市的互动，促进区域经济发展。

此外，长江经济带是中国重要的生态屏障之一。长江经济带横跨上海市、江苏省、浙江

省、安徽省、江西省、湖北省、湖南省、重庆市、四川省、贵州省、云南省等 11 个省市，面积约 205 万平方千米。它的人口和 GDP 占全国总人口的 40% 以上。生态系统种类繁多，山水林田湖浑然一体，森林覆盖率达全国的 41.3%，河湖、水库、湿地面积占全国的 20%，珍稀濒危动物占全国总数的 39.7%，淡水鱼类占全国总数的 33%。长江年均水资源约 9 958 亿立方米，约占全国水资源总量的 35%。长江年供水量超过 2 000 亿立方米，保障了长江沿岸 4 亿人口的生活和生产需要。它是我国南水北调工程取水水源，年均输水 95 亿立方米。

长江经济带是我国矿产资源支撑区域之一。改革开放以来，在社会主义市场经济体制的大力推动下，截至 1989 年，长江流域已探明矿产 109 种（不含铀、钚），占全国已探明矿产资源的 80%。区域内矿产资源十分丰富，主要矿产资源优势明显。随后经过数十年的发展，长江经济带的矿业产值持续增长，开采的种类和数量不断增加，矿业经济已具备一定的规模。长江经济带内有云南省、贵州省、四川省、湖南省、安徽省等矿业大省，有铜陵市、安庆市、鄂州市、攀枝花市等矿业城市 13 座，有安徽淮北 – 煤化工矿业经济区、湖北鄂州 – 黄石铁铜金矿业经济区等全国重点矿业经济区 29 个，有宝武钢铁、江西铜业、云铝股份等众多大型矿业企业 200 多家。1949 年以来，长江经济带矿产资源的开发为国家和地区经济社会发展提供了重要的原材料。资源供应保障一直是该区域矿产资源开发的主基调，矿业产值及经济总量不断提高。

2. 长江经济带“重化工围江”局面

长江经济带面临严重的“重化工围江”局面：长江沿岸分布着 40 余万家化工企业、五大钢铁基地、七大炼油厂，以及上海市、南京市、仪征市等大型石油化工基地。2007 年以来，长江流域废污水排放量突破 300 亿吨，相当于每年有一条黄河水量的污水被排入长江，长江经济带的环境承载力已接近上限。长期违规、过量的矿产开发导致生态退化与环境污染问题日益恶化。大量的矿产资源开发造成了全国近一半的重金属重点防控区位于长江经济带；湘江流域、长江三角洲、长江中游、成渝城市群等地区的矿区周边污染排放问题突出；矿产资源开发挤占自然保护区以及地质灾害频发等现象不断产生。环境污染问题日渐突出。

（1）工业废水随意排放，长江水污染问题日益严重。长江经济带分布着众多重化工园区和企业，大量的工业废水未经处理就直接排入长江，导致长江水污染情况日趋严重。相关数据显示，目前长江已形成近 600 千米的岸边污染带，有毒污染物 300 余种。长江干流中约 60% 的水体都受到不同程度的污染，多种重金属如铬、汞、镉等严重超标，长江经济带的河水、湖水中蓝藻、绿藻等现象日趋严重。在工业和人口都比较密集的长江中下游的上千千米河段，沿岸水质基本都在三类和四类之间。目前长江江苏段水质已降为三类，沿江 8 个城市污水排放量约占江苏全省总量的 80%，沿江的 103 条支流约有排污口 130 个。

（2）工业废气大量排放，导致大气污染不断加剧。长江经济带聚集了大量重化工企业，以镇江、常州、无锡和苏州江段为例，在不足 200 千米的江段内，化工企业多达 100 余家。这些高污染的化工企业在生产过程中会排放大量工业废气，如 CO_2、SO_2、NOx、烟尘，以及生产性粉尘等。1999—2014 年，长江经济带工业废气排放量呈持续上升态势，2014 年工业废气排放量达到 251 432 亿立方米，其中，NOx、SO_2、烟粉尘等大气污染物排放量分别为 666、679

和480万吨,在全国相应污染物排放中占比分别达到32%、34%和28%,大气污染问题日趋严重。长三角和成都平原地区已成为我国霾天数最高的地区之一。

(3)工业固体废弃物大量产生,加剧了长江经济带的环境污染程度。长期以来,密集分布在长江经济带的数十万家重化工企业还产生了大量的固体废弃物,这些固体废弃物常年堆积在长江沿岸。未经处理的固体废弃物会随天然降水或地表径流进入河流、湖泊,其中的有害物质会严重污染水体。同时,固体废弃物中的干物质或轻质随风飘散,会对空气造成大面积污染。1999年以来,长江经济带的工业固体废弃物产生量呈持续上升趋势,2012年有小幅下降,之后又继续保持上升态势。2014年,长江经济带工业固体废弃物产生量约为94 342万吨,与1999年相比,增长了近6.6亿吨。同年,地处长江上游的云南省工业固体废弃物产生量位居长江经济带11个省市之首,达到14 481万吨;四川省次之,达到14 246万吨。

(4)重化工企业密集分布,导致重大环境事件频发。重化工企业的密集分布,不仅严重破坏了河湖湿地的生态,对长江岸线的不合理占用,还导致重大环境突发事件频繁发生,严重威胁着所在地及其下游地区的供水安全。据统计,长江经济带是我国突发性环境事件的集中发生地区,2010—2014年,11省市突发环境事件分别占到全国的17%、63%、68%、64%和54%,其中,上海市和江苏省占比最高(2014年两省市占到全国的38%)。并且,近年来较大和重大环境事件也大多发生在长江经济带内,2014年全国3起重大环境污染事件中,有2起发生在湖北省;16起较大环境事件,有10起发生在长江沿岸11省市。

3. 长江经济带采取的措施

(1)加强顶层设计,科学合理编制发展规划。治理“重化工围江”,需要在国家和区域层面进行统一规划的同时,着力加强顶层设计。进一步优化国家推进长江经济带发展领导小组及其下属部门的构成,强化其规划、监管和问责等功能;考虑建立长江经济带化解“重化工围江”部际联席会议制度,推动各地就重化工产业发展造成的环境污染和生态破坏进行联防联治,建立沿江各省市参与的协商合作机制,推进各省市之间在治理“重化工围江”时的产业转移和互动合作。抓紧编制出台《长江经济带生态环境保护规划》并作为纲领性规划,同时建议出台国家层面的长江经济带重化工产业发展规划,在统筹考虑整个长江水系的生态环境承载力和运输系统承载力的基础上,对目前长江两岸重化工产业的发展布局进行整顿、规范和优化。探索和完善多元化的生态补偿机制,建议组建“长江经济带生态补偿委员会”,争取将长江流域跨省生态补偿纳入国家试点范围。

(2)优化国土空间开发格局,推进沿江各地产业转型升级。加快长江经济带各省市经济发展方式转变,不断优化长江流域国土空间开发格局,摒弃以GDP为中心的竞赛模式,提升长江沿岸各地区的经济增长质量。构建长江经济带环境分区管制和风险分区防控体系,为沿江地区重化工企业及相关项目的准入与退出提供标准和规范。按照“关停淘汰一批、梯度转移一批、提升优化一批”的思路,不断优化存量,合理搬迁,有效化解过剩产能,实现转型发展,彻底扭转长江沿线重化工业分散布局、污染和风险难以控制的局面。鼓励长江经济带内的各省市运用高新技术改造和提升重化工等传统产业,大力发展战略性新兴产业，不断提高服务业比重，力推产业结构优化升级，构建起分工协作的现代产业体系。

(3)落实严格的管理制度，加大生态环境保护考核问责力度。为破解长江经济带“重化工围江”难题，必须落实严格的管理制度，加大生态环境保护考核问责力度。督促长江沿岸各地严格执行国家环境保护、水资源管理等一系列管理制度和法律法规，推动新的《环保法》和《水法》等法律出台，为新时期长江经济带的工业开发管理提供法律保障。按照中央“生态红线”追责的要求，建立沿江地区领导干部任期生态文明建设责任制，同时建立健全环境损害赔偿制度和以环境损害赔偿为基础的环境责任追究制度，改变工业领域内环境损害“群众受害、政府买单、企业赚钱”的不合理现象，对造成工业领域内生态环境损害的重大决策失误，实行问题追溯和责任终生追究。实施最严格的环保排放措施，不断加大对重化工相关企业污染排放的惩罚力度，在对污染企业处以重罚的同时，还要追究严重违法者的法律责任。

(4)完善政务公开制度，提高公众参与程度。进一步完善和执行政务公开制度，以方便广大社会公众参与政务和加强社会监督。长江沿岸各地方政府应定期向社会公众全面公开热点信息，比如重大工业发展布局规划、大型重化工项目建设及搬迁等，让公众了解、理解其环境的安全性和潜在风险，通过公示、听证会等形式，广泛听取意见和建议，接受社会监督和公众质询，以阻止有问题的重化工项目上马，并有效避免“重化工围江”再度演变为“重化工围城”。积极引导和鼓励社会公众参与大型重化工项目的选址、决策及运营，使其成为政府监管的有力补充。同时，要进一步完善社会公众参与的相关制度和机制，从法律层面明确公众参与的地位与权利。

4. 长江经济带破解“重化工围江”的经验

(1)努力形成良性发展循环机制，建立客观多元化考核体系。根据前文分析可以得知，良好的资源环境是经济增长的前提，经济提升是进一步优化环境、保护环境的基础，两者互为相关，互相促进。进一步而言，良好的自然环境与丰富的资源将成为经济发展的不竭动力，而出于对资源环境的最大化利用，也需要在长期发展中走技术路线，优化产业结构，形成新的经济增长点，从而实现可持续发展的良性循环。“生态文明建设”是未来长江经济带建设的关键词。在区域经济发展的同时，根据可持续发展的要求，将环境考核指标纳入地方考核机制中，同时对于不同发展地区实行不同的考核机制，有针对性地对待区域发展差异化现象。对于长江经济带东部地区，需要强化其经济结构，主要针对资源消耗和自主创新等方面考核，在注重经济总量的同时加强对经济增长持续力、经济增长消耗率等方面的考察。对于长江经济带中部地区，由于其资源环境承载力及其与经济协调发展状况均较弱，要注重全面发展，尤其是中部地区在承接东部地区产业转移过程中，要摒弃那些对资源环境消耗程度过高的产业，推广新技术，构建新的经济增长点。对于长江经济带西部地区，要在以往单纯考核经济增长的情形下加入其环境保护的考核。西部地区开发较浅，污染较少，要客观评价其自然资源保护方面的贡献。为使考核结果公平公正，除传统考核方法外，第三方中介机构考核或多种方式加权考核，确保对地方发展评价的多元性和客观性。

(2)加强区域间合作交流，建立区域信息互通机制。区域间合作有利于区域经济一体化的发展,帮助区域协调发展。长江经济带覆盖11省市,地方政府间由于各自利益考虑,政策行动不统一,甚至以邻为壑的现象也屡有发生。“建立常态化的地方政府间联系和对话机制,有利于解决在主体功能区建设与区域经济一体化过程中各自为政、属地封闭型经济建设、恶性竞争等各种资源浪费问题”。长江经济带内各地区加强合作,通过信息互通机制,减少重复建设和资源浪费的现象,为整个经济圈形成良好的共建气氛,打破资源与技术壁垒,帮助形成一体化的协调快速发展。积极推动经济、文化、旅游、农业、工业、生态等多领域多方面交流,通过联席对话等形式共享各自发展中发生的问题;逐步实现公共服务、公共资源一体化,实现区域公共服务联网,保障各地居民享受区域一体化的便捷。东部地区提供技术、中部地区提供人力、西部地区提供资源,由联席会议统一部署协调,最大幅度降低生产要素在流动过程中的损耗,充分优化经济损耗率,实现可持续发展。

(3)创新发展体系,实行分类管理,推行特色化的发展目标。长江经济带空间特征明显,对于未来长期发展不应一概而论。长江中西部地区要注重产业集聚力的增强。中西部地区是未来长期产业承接的重要地区,具有资源优势,这是经济发展的基础和潜力。因此要着眼于高层次产业结构,有针对性地进行专门化建设,形成各地“龙头产业”;基础建设是承接关键,在基础建设过程中要具有长远眼光,避免重复建设的同时注重对自然环境的保护,杜绝“先发展后治理”的老思路。东部地区经济发达,对人口转移具有较强吸引力,从而容易造成人均资源占有量降低,增大了资源环境承载压力。因此,东部地区的发展要尤其注意外来人口的安置,在落实好就业等社会问题的同时也应关注过多人类活动对自然资源的消耗和破坏,一方面逐步放宽中小城市的落户问题,增强中小城市的人口吸引力,缓解大城市人口压力;另一方面加大对环境改善的力度,优化技术,增强资源环境承载力。

(4)以省会城市为核心,提升城市群作用,建设美丽城镇。形成三核心聚散式发展,突出省会城市优势,构建多点式网络状发展形式,以散发式为主促进周边地区发展,在经济城镇化与生态城镇化的耦合协调关系中做到协调发展,既要发展经济,又要及时保护生态,利用地区优势资源,整合产业,提高资源利用率,加大对整体区域协调发展的建设。促进区域产业结构转型升级,生态环境健康发展坚持以人为本的理念,坚持以环境保护为前提,坚持以协调发展为主旨,减轻城镇化带来的压力,积极妥善处理城镇化进程中产业结构的问题。研究中发现,环境治理是关键问题,因此,保护环境重中之重,对于三省局部地区要强治理。构建具有湖北省、湖南省、江西省三省独有的特色城市,以城市群为主体,省会城市为中心,依托周边城市支撑,带动周边城市发展,先局部再整体,构建特色城镇和新型乡镇,建设符合中国特色的新型城镇化。依托长江经济带的有利政策促进长江中游城市群整体健康发展,建设生态文明城市保护自然生态,把生态文明建设融入城镇化发展以及经济建设等各个方面和全过程中。促进城镇化、产业结构、生态环境三者稳定协调发展,推动新型城镇化建设,维护城市生态,将环境治理工作放在经济发展前位,根据各个地市生态环境状况不同,建立不同的产业结构政策,发挥对生态环境保护的积极作用。

二、大连

1. 大连市简介

大连市城市建设也为河北省的经济建设提供了经验。大连，别称滨城，旧名达里尼、青泥洼，是辽宁省副省级市、计划单列市。位于辽宁省辽东半岛南端，地处黄渤海之滨，背依中国东北腹地，与山东半岛隔海相望，是中国东部沿海重要的经济、贸易、港口、工业、旅游城市，也是新一线城市。2016 年 6 月 14 日，中科院对外发布《中国宜居城市研究报告》显示，大连宜居指数在全国 40 个城市中排名第四。2016 年 12 月 30 日，国家发改委等四部门确定大连市等 13 个城市为东北地区民营经济发展改革示范城市。2017 年，大连市复查确认继续保留全国文明城市荣誉称号。2017 年中国地级市全面小康指数排名第 39。2017 年 12 月，大连被誉为“2017 美丽山水城市”。

大连市处于东北亚经济圈的中心位置，是国家首批“生态环保模范城市”，是我国环渤海经济圈的中心城市之一，是东北地区和内蒙古自治区最大的出海口。大连市委市政府提出了“开放引领、转型发展、民生优先、品质立市”的发展战略，为大连市的社会经济发展指明了方向。

2. 大连生态环境治理现状

近几年来，大连空气质量较高，环境形势向好，这都得益于找到了一系列适合它本身发展的方法，例如，实施挥发性有机物的综合治理工作，燃煤电厂转型升级，实现超低能排放，同时设置了工地“红黑榜”评价指标、制定了扬尘问题清单销号的规则制度，大力促进散流体车辆全封闭升级，完成了工地扬尘全方位、多指标检测等一系列的方案措施，通过大连市的综合治理工作，大连生态环境治理现状如下。

(1)水体环境持续向好。经过大连市认真开展水源环境的综合整治，加大对水源地保护。开展河流集中管制工作，着眼于河流污染的重点问题。对入河道、海洋的各个排污口进行严密的排查，加强污染治理，经过这些具体的防范措施，使得该市多处县区的水质达到合格标准。六条主要河流以及多处断面的水质优良程度更是达到了 81%。全市近岸海域水质在持续向好，优良水质面积也在不断扩大。

(2)土壤中所含的危险物也得到进一步管控。在市政府有关部门的安排下，完成了对农用土壤污染状况的检测工作。并根据污染地的实际使用状况，修复保护土壤共计 11.3 万立方米。将农村相关卫生部门所产生的医疗废品进行集中处置，基本覆盖处理了农村卫生机构的医疗废物，均由专项处理机构进行合理处置回收，该市运用的农村医疗废物处置体系也为多地处置医疗废物提供了方向。

(3)农村的环境质量得到显著提高。在全市内大力提倡农村环境综合治理行动，全力打好农村污染综合治理保卫战，各级相关领导单位验收治理成果，并监督工作执行过程，最终，辖区内各单位顺利完成美丽示范村的建设任务，并得到省领导机构认可。

(4)建设项目管理工作成效显著。根据实际生态环境，逐步调整评价管理模式，完善改革体制，两项创新工作被纳入中国自由贸易试验区第二批可借鉴推广创新经验做法。全年共审批环评项目 887 个，完成多个大中小企业的排污许可证核发工作。

（5）生态环境执法力度取得成效。新修订的《大连市环境保护条例》经省人大常委批准后正式施行。组织开展了关于秸秆集中回收治理等一系列生态环境保护事项，同时查处违法企业 387 家，收缴罚款共计 2 105 万元。与此同时，市内投诉举报的次数逐年下降。

（6）环境宣传力度不断加大。市内举办了纪念“六五”环境日暨环保“三个十佳”典礼。创立了多家环境教育基地。共开创实施了环保项目近 20 个，组织开展了多项相关环境保护活动，并提供了环保志愿服务近 20 万个工时。在环境治理方面的各项工作也得到稳步提升。

3. 大连市经济与环境的协调经验

随着大连市经济的发展，人们的综合生活水平提高，但经济的发展也使得海域的污染问题越来越严重，因此，各地方政府必须加强城市环境的综合整治，加强城市化宏观调控，使大连市的环境与经济协调发展。

企业是治理环境的主体。就环境污染的根源来说，人们的生产活动和生活活动中，生产活动所产生的污染是主要的。日常生产活动中，工业发展对环境的污染最大。因此，要想在发展经济的基础上最大化保护环境，最主要的就是要生产活动主体企业参与环境保护，积极遵守各项当地的环境保护相关政策。只有该地区各个企业都纷纷积极加入到了环境保护这项任务中，采取切实可行的措施，未来大连全市的环境与经济才能走可持续发展之路。

（1）加强水环境的综合整治

在企业积极参与环境保护工作的同时，加强水环境综合整治。大连市采取了增加对水污染治理工作的投资，增加污水集中分类处理的基础设施建设等多种综合治理方法，这样使得污水处理的效率和废水达标率显著提高。与此同时，大连市也实行对污染物总量的严格把控，在有效地把握控制环境污染源的基础上，尤其是在处理重点污染源的主要污染物排放的同时，还要对已超过海洋最高允许标准范围的污染物进行全方位控制。大海是大连经济发展的最重要的生态资源，因此，保护海洋环境不被破坏，实现海洋环境优良与大连自贸区经济发展同步进行意义重大。为达到这个目标，大连市也根据每个具体地区的实际情况来建立健全有关海洋管理法律法规，然后严格执法，进而完善相关政策的管理制度。并通过多媒体、互联网等多种现代化传播手段来加强环保宣传工作，从而使全民提高环境意识。

（2）加强城市化宏观调控

为了大连自贸区在未来的城市化进程中，能够更加有效地充分发挥其经济核心的作用，使其经济效益发挥到最大，就必须加强城市化的宏观调控。同时，大连市吸取以前的以及其他地区的管理经验，将“增长导向型”的方法转化为“规划导向型”。加大力度去扶持那些高新技术产，并对一些环境污染型企业进行综合评估，全方位促进其转型升级，最终大连市的产业结构得到了明显的优化升级。

(3)选择合理的城市化发展模式

区域城市化的空间结构模式直接影响大连的经济与环境综合发展,影响自贸区的可持续发展。大连市已形成了点轴的发展体系,该体系是以市区为中心,不断带动相邻区域的经济环境建设。这种方式可以产生十分有效的经济效果,但它几乎很少考虑生态环境因素在空间结构和空间规划中发挥的作用,作为模式的补充,大连市在原发展策略的基础上,随后又选择土地利用分区的补充模式。这种补充的模式比之前在环境保护与发展方面更加完善。根据已有的实践经验来看,只有充分发挥土地利用分区这一模式,才能最大化提高土地的利用效率,也会使生态保护的效果充分发挥出来。大连市采用的这一模式,不但为本市环境与经济协调发展奠定了坚实的政策基础,也为其他地区的经济与生态环境结合提供了可供参考借鉴的思路。

(4)大力发展城市经济

大连市应坚持以经济发展为中心,也抓住一带一路的大时代背景,积极调整产业结构,发挥大连交通便利、濒临渤海的天然地理优势,使得经济取得较为快速的发展。目前,大连市还充分利用自身的优势,大力发展海滨旅游、海运等第二、三产业绿色经济。利用这些产业,既拉动了大连市整体经济,同时也减少了对生态环境的污染。进一步贯彻既定的发展目标,依托沿海优势,积极创办海洋博览会,开办海洋论坛,推广海洋产品产销,进行海洋科技推广,培养海洋人才,拉动城市经济再上规模。发展滨海旅游、温泉旅游,深化交通枢纽的作用,完善海陆空立体交通网络。

(5)合理利用土地资源

自建立自贸区以来,为农村人口也提供了大量的劳动岗位,使得越来越多的人口涌入市区,造成城市住房紧张、交通拥堵、生态环境恶化等一系列生存问题,使城市人居环境总体水平严重下降。到目前为止,大连市面临的土地利用问题主要还是体现在土地资源不足、土地退化严重、水土流失严重、以及海水倒灌损毁农田。大连市人口多,但可利用的土地资源较少,城市用地需求逐步增大与可用地资源少的矛盾问题越来越严重。于是大连市合理利用土地,切实保护耕地,严格控制建设用地总量过快增长,以此来有效确保社会经济可持续发展运行。市政府高度重视土地的综合利用率,并颁布出台了一系列用于提高土地利用效率的政策法规,通过多种渠道对公众进行宣传介绍,切实提高了本市居民对节约使用土地资源的意识,确立土地资源节约的新的政府工作目标,争取从有限的土地资源中创造最大的利用效益,合理规划大连土地空间的利用。

(6)加大科技创新和成果转化

调整产业结构、转变发展方式,都离不开科技创新。由此可见,科技创新对一个地区的各方位发挥均起着重要的支撑作用。众所周知,大连是传统的老工业基地,工业基础实力雄厚。但与工业发展相互影响的是生态环境问题,由于过度发展工业,导致环境问题日益严重,实现传统产业升级改造,是完成产业结构调整的重要内容。于是大连市政府决定借鉴国内外产业转型的成功经验,依靠自主创新,把产业,特别是对生态环境影响较大的工业企业的转型升级作为政府工作的重中之重来抓,使大连企业由资源驱动型向创新驱动型转变。大连随后利用自身优势和一些大力度的吸引高技术人才和企业的相关政策，吸引到了许多国内先进水平的知名企业和人才，加大各类高校、科研院所等科研力度，提高科研水平，将企业与高校建立产业联盟机制，提高了科技成果快速转化为企业生产力的效率，同时也为高校学生提供了与专业技术相吻合的工作岗位，吸引更多优秀人才留在大连创业，培养更具实用性的人才。

(7)加快调整产业结构不断升级

沿海地区作为改革开放政策当中的最大受惠者，在经济实力日趋雄厚的同时，内部产业结构也在根据各地区实际情况进行不同深度的变革。大连市作为滨海城市之一，一直把调整产业结构放在十分重要的位置，产业结构不断调整。1998 年大连全市产业结构为 11:45.4:43.6，大连市区为 6.2:41.7:52.1。大连全市第三产业比重逐渐升高，但第一产业变化较小。现在，大连市不断加大一些技术落后或污染严重的企业进行技术转型，新兴产业比重不断上升，生产高新技术产品的产业化步伐不断加快。大连全市的产业结构将达到 6:44:50，产业结构更加趋于合理。

4.大连市发展对生态环境保护的启示

大连市在建设前期，由于过度开发水资源，河流生态环境用水被挤占，生态服务功能衰减，入海水量减少，地下水超采严重，海水入侵面积扩大，海陆域生态环境日渐恶化。另一方面，由于污水入河量持续增加，水体水质趋于恶化，部分河流水质较差。大沙河、登沙河等南部滨海区的河流现状水功能区的 COD 和氨氮入河流量远超过其纳污能力，削减形势严峻。因此，对于大连市水质生态的建设很快得到实施。

对于生态环境保护与水源涵养区，可以通过水源保护区水土保持、隔离防护设施建设、生态修复等措施涵养水源。按照饮用水水源保护区划方案划定的饮用水水源地一级、二级保护区和准保护区，严格落实保区管理规定。在重要水源地建立水质监测信息系统，加强水质动态监测预警，全面保障饮用水水源地安全。对主城区周边的中小型水库所在河流上游进行治理，加大点源污染的收集处理力度，加大农业面源污染的防治力度，建立隔离防护设施，有效保护和改善主城区备用水源地水质。河流水环境治理按照点源、面源、内源统筹治理的原则，实行源头控制、全面收集、有效处理、合理回用，从加强工业污染减排、生活污染减排、农业面源污染减排来严格控制污染物入河总量，加大水域综合治理力度。优化产业结构和布局，加大点源源头治理力度，加大产业结构调整力度，着力发展循环经济，推动工业企业清洁生产，执行最严格的排放标准，从源头减少污染物排放量。

加大农业面源污染控制力度，减少面源污染物入河流量。围绕现代都市型农业发展战略，引导农业种植结构调整，发展生态、绿色、观光农业，结合生态清洁型流域治理，推进有机农业、设施农业建设，实现种植业生态化，修建河道堤防、缓冲带，防止农田径流直排河道；建设隔离带和湿地，减少面源污染物入河量。通过水源置换和加强控制性水利工程联合调度与生态调度，保障河流生态需水量，保障河道内生态环境用水，提高水体的自净能力和水环境容量。地下水保护对于生态脆弱区、地质灾害易发区、地下水水源涵养区等区域，严格保护，防止地下水超采和水质恶化。对于应急水源等区域，限制开采加强水源涵养与保护。水土保持侵蚀较严重的丘陵地区、沿海地带为重点治理区域,按照“预防为主,全面规划,综合治理,因地制宜,加强管理,注重效益”的原则。水力侵蚀地区,以小流域为单元,采取工程措施和生物措施相结合,进行集中、连续、综合治理。风力侵蚀地区,采取开发水源、植树种草、设置海防林、防风固沙林、农田防护林带等措施进行治理。

目前,一个沿黄海和渤海岸线纵向延伸拓展的V字形大连生态科技创新城正在形成以旅顺为起点,南路沿黄海海岸由旅顺南路软件产业带至金州新区电子、生物等新兴产业区向花园口绿色材料基地延伸;北路沿渤海海岸由甘井子大连生态科技创新城高端科技服务业核心区至普湾新区新能源等高附加值产业聚集区向长兴岛先进制造基地拓展,它的开发建设也标志着在全域城市化进程中,大连市科技创新空间布局的重新调整。

三、神农架林区

河北省在京津冀协同发展背景下,重中之重是促进经济与环境协调发展,河北省在改革的过程中应积极吸取中国国内其他地区取得成就的经验教训,从而更好地实现本省经济与环境协调发展的目标。湖北省神农架林区以及大连市城市建设就是很好的借鉴范例。

1. 神农架国家森林公园简介

神农架林区,简称神农架,直属湖北省管辖,是中国唯一以“林区”命名的县级行政区。位于湖北省西部边陲,东与湖北省襄阳市保康县接壤,西与重庆市巫山县毗邻,南依兴山、巴东而濒长江三峡,北倚十堰市房县、竹山县,坐拥联合国“世界地质公园”,辖六镇两乡和一个国家级自然保护区、一个国有森工企业林业管理局、一个国家湿地公园,林地占85%以上。2016年7月17日,正在土耳其伊斯坦布尔举行的第40届世界遗产大会,把中国湖北神农架列入世界遗产名录。

2. 神农架发展相关措施

(1)国家相关政策的大力支持。神农架国家公园开发较早已经具备了较高的品牌知名度。在国家政策的大力支持下,目前它不仅是中国首个获得联合国教科文组织人与生物圈自然保护区,世界地质公园,世界遗产三大保护制度共同录入的名录遗产地,也是湖北省第一处、中国第十一处世界自然遗产,“华中屋脊”的嘉誉为其生态旅游市场的开发提供了条件。加之当地政府为了促进神农架生态旅游的健康发展,早在2007年就先后采纳了政协提出的51件提案,而且为了促进当地生态旅游业的发展,上级政府与当地政府出台了一系列积极支持政策,如编制与推行了《湖北神农架国家级自然保护区总体规划(2005—2014)》《湖北神农架国家级自然保护区生态旅游规划》《神农顶景区旅游解说系统规划与标识标牌设计》等规划文本,为神农架生态旅游业的发展设计了一套科学、完整的规划方案。可见湖北省政府对于生态环境建设投入的力度之大。

(2)加强神农架地区区域管理。神农架通过协调区域整体发展与居民获益,注重多样化的地域要素与区域整体形象塑造。进一步解决了战略定位、产业空间布局、产品系统打造、形象再造等问题。另外,神农架顺应区域一体化趋势,在区域合作中营销神农架。区域合作的前提是区域相邻、功能相近、市场相同、利益共享,神农架在市场营销方面,也曾经与三峡、武当山、张家界合作共赢，取得巨大经济发展。神农架国家公园管理局充分发挥管理优势，一是全面实施生态修复。二是实现了国家公园范围内集镇垃圾污水全收集全处理。三是全面落实河湖长制，明确自然资源所有权人，逐步建立和完善河湖管理体系，解决了之前自然资源的所有人和管理者不到位的问题。四是对园区范围内所有小水电按标准施行生态放水，并将监测和预警系统接入神农架国家公园信息中心，实时监测和预警。

(3)神农架林区加快产业转型升级，大力发展旅游业满足了民众的旅游需求。神农架当地全面把握游客旅游资格，促进和完善旅游景点的建设。神农架国家公园一方面借助双向互动的方式了解游客的动向，另一方面又根据游客的反馈结果进行分析，利用数据库等先进技术总结出旅游景点建设完善的方案，及时推进旅游景点的建设。同时积极顺应国家公园体制建设，引导社区居民广泛参与生态旅游业的发展。民众较高的参与积极性是落实国家公园社区共管机制的前提。目前神农架社区居民生态保护意识较强，并且对于生态旅游的热情较高，神农架当地旅游管理部门积极引导民众参与到生态环境建设当中，并且在前期全面收集社区居民对于家庭参与生态旅游业的保障条件，以完善生态旅游与社区共建发展模式。

3. 神农架地区经济环境协调发展经验与启示

神农架地区的经济与环境协调发展为京津冀协调发展提供了借鉴。河北省应积极制定相关的政策，加快北京等非首都职能的转移。同时针对河北省地区加快塞罕坝国家级景区的基础设施的完善，通过制定相关的法律法规，实现各大国家级公园的建立与完善。

相关的管理部门加大对于区域经济与环境的协调发展的管理。加强河北省各地区与北京天津等地的经济发展联系，促进各地区的沟通与合作，加快经济与环境协调发展进程。管理局充分发挥管理优势，全面实施生态修复。加快实现集镇垃圾污水全收集全处理。全面落实河湖长制，明确自然资源所有权人，逐步建立和完善河湖管理体系，解决了之前自然资源所有人和管理者不到位的问题。一定范围内所有小水电按标准施行生态放水，并将监测和预警系统接入地区生态环境管理局实时监测和预警。

加快促进河北省地区产业转型升级。国家公园景区积极收集游客的反馈结果进行分析，利用数据库等先进技术总结出旅游景点建设完善的方案，及时推进旅游景点的建设。同时积极引导社区居民广泛参与生态旅游业的发展。促进塞罕坝旅游管理部门积极引导民众参与到生态环境建设当中，加快河北省旅游业的快速发展。

第三节　河北省资源环境与经济发展的对策建议

一、调整结构，发挥京津冀一体化的优势经济

经济发展与环境保护之间是相互依存的，良好的环境、丰富的资源储备能够为经济的发展保驾护航，但过度注重对环境的保护，使得经济的发展受到阻碍也是不可取的。良好的经济增长态势能够为环境保护提供物质保障，但过度追求经济发展，使得环境受到不可

恢复性的破坏反而也会阻碍经济的发展。因此，经济发展与环境保护是社会发展的左膀右臂，只有它们同时前进，社会才能取得向上向好的发展。失去环境资源的供给，经济发展就无从、谈起；而失去经济资本的来源，也无法进一步完善对环境资源的保护工作，根据河北省经济发展及生态环境的特点，提出以下基本思路。

1. 调整产业结构，促进经济快速发展

当今河北省面临的主要问题之一就是产业结构调整，产业结构调整包含产业结构合理化和高级化两方面，合理化指的是当前的产业结构已经具备较强的转换能力和良好的适应性，能够适应市场需求的变化，并带来最佳效益的产业结构，具体表现为产业之间的数量比例关系、经济技术联系和相互作用关系趋向协调平衡的过程；产业结构高级化，又称为产业结构升级。是指产业结构系统从较低级形式向较高级形式的转化过程。产业结构的高级化一般遵循产业结构演变规律，由低级到高级演进。近几年河北省的产业结构布局为“二、三、一”，第三产业与第二产业基本持平但后劲不足，而且原来河北省的经济发展过度依赖于工业，尤其是高能耗、高污染的工业，其能耗过大，环境污染严重，生态趋于恶化。因此，河北省要将产业结构由低级向较高级演变，在夯实农业基础的同时，加速发展第三产业，对节能减排，减轻环境污染，改善生态。

(1)发挥河北省农业资源优势，夯实农业基础

河北省农业资源优厚，农业问题是河北省经济发展和社会稳定的重要问题，但随着经济全球化深入发展，我国农产品市场国际化趋势明显，加上现代网络化、数字化的大潮流、大趋势，都将对河北省农业产生不可逆转的冲击，面向国际市场，发展高新科技、改造河北传统农业已成为人们关注的热点、难点问题。如今网络技术的发挥已经远超所有人的想象，信息数字化已经成为不可阻挡的时代趋势。基于此时代背景和省内水土资源紧张的现实，河北省必须要发展高效信息化农业，做到资源的充分利用。

首先，整合现有的农业资源实现集约化管理。河北省的平原分布较为集中，农业信息服务体系逐渐健全，河北省可以通过现有的农业示范园区，逐步开发和利用农业系统，不断壮大农业信息化区域，建立河北省特色农业区域，构建“数字农业”基本框架，实现农业生产集约化。其次，推动农业产业升级。由于消费市场的升级和农业科技的发展，人们对于农业产品的质量及功能提出了新要求。河北省应积极开发省外市场，加强与京津地区的联系沟通，以满足消费者日益增长的消费需求。以提高社会服务意识为导向，利用技术创新等手段提高农业节水灌溉能力和防病虫技术，为消费者提供绿色、安全和生态的高附加值农产品，实现传统农业向现代农业的转变。最后，积极推进有河北特色的农业园区建设，不断完善各项配套服务设施，提高档次和水平，增强辐射带动能力，鼓励和引导发展休闲农庄、度假观光园、农家乐、农业科普园等农业休闲观光项目，提高经济效益。

(2)提高工业产业的创新能力，培育支柱产业

目前河北省仍属于“二三一”的产业结构，虽然第三产业比重近两年略高于第二产业，但河北省的经济发展高度依赖第二产业，重工业经济对于环境的破坏最为恶劣，河北省由于原来粗放式的经济发展模式已经对于周边生态环境造成了极大的压力，部分地区的生态

环境已经出现不可逆式的破坏，污染物的排放量远超环境承载力。究其根源，重工业比重较大首当其冲，特别是将高碳产业作为支柱产业的产业结构。同时，河北省工业创新能力明显不足。尤其是在2014年提出京津冀协同发展战略后，产业结构由传统工业向特色产业及服务业倾斜。2014年之前，京津冀三地人力投入相差不大，2014—2016年，天津市和河北省的工业企业R&D人员全时当量与北京拉大差距，2017年天津的绿色创新人力投入明显减少，河北省也有少量下降，这说明产业结构调整影响了工业企业绿色创新投入。

河北省的工业的优化升级需要同河北省的经济发展特色及生态环境保护情况结合起来进行调整，特别是面临资源日益枯竭、生态环境能力下降的情况下，河北省必须创新工业发展模式，将河北省的粗放型经济发展彻底消除，带动重工业率先实现绿色发展。整体经济的发展以及传统工业产品质量的优化，有利于加快发展高端装备制造业。因此，对工业产品的质量进行投资，即加大创新科技投入的资金，能够提升工业经济的稳定增长。

创新发展新动能的实现需要依靠创新驱动和大量资金投入创造新供给，从而培育新动能。比如，目前石家庄市高新区以培育生物医药、北斗导航、节能环保等新产业为主线，厚植区域竞争新优势，成为国家高新区域的典范。创新和绿色发展是十九大要求的重点发展方向，河北省面对如今自身情况和社会发展趋势，必须坚持自主创新，推动绿色发展。相较于京津地区来说，河北省在创新投入和环境保护方面都有一定的劣势。因此，河北省各城市的工业企业一方面应该重视对生产活动中各方面的绿色创新投入，优化绿色创新过程中各方面的资源配置、组织水平等，积极进行技术的革新和创造，以及转变传统的生产经营模式，通过对企业内部各部门进行统筹安排，建立完善的奖惩机制，推动企业的转型升级；另一方面绿色发展应该贯穿于生产经营活动的始终，工业企业应该建立完善的绿色生产体系，尤其是高耗能、高污染工业企业更应该始终贯彻绿色发展理念，在追求实现经济效益的同时，应该勇于承担社会责任，减少工业污染积极引入高级化、信息化的产业，促进产业在发展理念上彻底转变，用新的发展模式推动产业结构的优化。

(3)大力发展现代服务业，完善服务业体系

2019年的各省市第三产业GDP占比情况显示，河北省的第三产业占比位于全国的第十九名，第三产业的比重相对于目前全国的第二产业平均水平和环渤海经济圈的其他各省市的第三产业占比偏低，且第三产业增长速度缓慢。河北省的传统服务行业大体上呈现快速下降的趋势，新兴产品服务业的占比稳中有增，但是下降幅度很小，其中位于河北省的金融保险业与河北省房地产业的占比远远低于了全国同期的水平。目前，河北省第三产业的结构调整虽然取得了一定的进展，但还是意味着需要进一步的调整和优化。但河北省现代服务业增加值平均增速9.4%，在三产业中增速最快，对全省经济平均增长率的贡献率已将近70%。服务业的比重、增速和收入贡献率均明显超越了第二产业，并已成为推动全省国民经济快速增长不可或缺的发动机。但服务业的总体发展情况仍然存在诸多问题，一是现代新兴服务业总体上发展尚不成熟，整体发育不足。二是现有的服务业多为小微公司，难以形成标准系统化的经营。

在信息科学技术高速发展的时代，推动传统产业发生新的变革已是大势所趋，大力发

展新兴产业和信息技术服务业对于拉动经济增长显得尤为重要，服务业对于经济的引擎力不断增强。但河北省目前的第三产业发展情况仍低于全国平均水平，政府和企业不断深化第三产业领域的发展，构建完善的第三产业体系是尤为重要的。现代信息科学技术的发展催生了一系列科技含量高、经济效益高、就业容量大的战略性新兴产业，结合河北省快速发展第三产业的现状，深入挖掘和整合现有的经济优势，培育一批特色的服务业和新兴产业的文化品牌。

同时河北省也应主动探索和发展新的服务业发展模式，以促进产业更新消费为目标，以升级信息消费释放内需潜力，着力发展以科技服务、社区服务、会展、租赁和商务服务、中介服务等新兴服务业，充分发挥新兴服务业技术密集、知识密集、人才密集和高增值、低消耗、高集聚、广辐射、新兴性、发展性优势，不断提高新兴服务业比重。利用现代信息技术积极培育第三产业新模式、新业态，增强企业的自主创新能力，调整优化现代产业结构，加强核心竞争力，发展壮大新一代新兴服务业等对于提高经济发展水平十分重要。而能够依靠创新供给带动有效需求，依靠现代网络技术实现传统产业结构的升级，逐渐推动第三产业成为河北省的主导产业，才能够使得经济社会持续健康发展。

(4)做强传统支柱产业

目前，河北省经济得以发展的基础，河北经济发展的特色和优势是河北省传统支柱产业。对全省经济发展至关重要的三个传统产业是纺织业、钢铁产业和装备制造业，因此应抓住有利时机，发挥传统产业优势，优化河北省钢铁产业结构，不仅要做大还要做强。继续对纺织业进行改造升级，使其不仅在总量上扩张，而且保证技术上先进、质量上取胜。条件好的企业可以率先从国外引进先进的技术设备，不断淘汰原有落后的生产工艺，直接利用高新技术支撑经济的发展，从而使产业结构得到跳跃式改善。

(5)发展高新技术产业

从目前来看，河北省初级产品和原材料工业较多，高附加值产品很少，因此，河北省基本属于资源型经济。所以，当前建设现代化河北的必然选择就是，加快推进资源型经济向知识型、创新型经济转变，加快发展高新技术产业。河北省在地理位置上环绕在京津两大城市之间，河北发展高新技术产业的最大优势就是，北京天津有多所科研机构和很多的高水平人才。因此，要充分利用京津冀一体化的有利时机，积极搭建与京津科技成果转化对接平台，不断推进河北高新技术产业发展，为高新技术成果转化为生产力提供良好条件，促进河北省高新技术产业链的发展，不断优化产业结构。

2. 精准选择产业承接类型，优化资源要素配置

在京津冀一体化协同发展下，北京市非首都功能逐渐转移到天津、河北，津冀两地紧跟协同发展的步伐，积极建设承接平台、园区等承接北京市产业转移。目前为止，河北省建设协同创新平台 15 个(河北省 11 个)、服务业合作平台 8 个(河北省 6 个)、现代农业合作平台 3 个(全部位于河北省)、现代制造业合作平台 20 个(河北省 12 个)，承担着不同的功能定位，但由于经济发展与生态环境的差异性导致很多合作项目不能落地，同时由于河北省与北京市之间要素流动方式的差异性，河北省的要素流动相对低效，合作的项目不能产生

集聚效应。京津冀协同发展对于三地都具有良好的利益导向性,河北省必须选择适当的产业承接类型,打通京冀的要素流动渠道,优化资源的要素配置,发挥京津冀一体化的优势经济。

京津冀协同发展下,河北省所承接的产业转移大部分来自京津地区。如何对京津地区的产业转移更好地承接,是河北省承接产业转移过程中最重要的问题。河北省应明确自己的功能定位,主动对接,精准对接,做好对京津产业转移的承接工作。当然,这不是河北省一个省的努力就能完成的,同时需要京津冀三地共同的努力。

一方面,河北省应多层次有重点地建设承接平台,积极开展产业转移的承接工作。第一,对产业转移承接地进行多层次划分,因地制宜,实现差异化产业转移承接。根据地理区位、资本资源等要素的资源禀赋优势,对河北省的 11 个城市进行层次划分。在承接产业转移过程中,石家庄市、唐山市、保定市以及邯郸市,将要承担起区域性中心城市的责任与任务;张家口市、承德市、廊坊市、秦皇岛市、沧州市、邢台市以及衡水市等城市则将要打造节点城市。对于不同层次的承接地,应充分发挥各自比较优势,因地制宜。第二,以雄安新区为重点,打造北京市非首都功能集中承载地区。雄安新区特有的区位优势、稳定的地质条件、优良的生态环境以及较强的资源环境承载力,这些都为雄安新区高起点、高标准的开发建设奠定了基础。一般来说。城市发展都是先具备了磁力功能,之后才具备容器功能。目前,雄安的开发程度处于较低水平,因此,河北省应该将着力点放在雄安新区的规划及建设上。这就要求雄安新区建设优质公共服务体系,只有建立了优质的公共服务体系,才能吸引首都现有和新增人口;雄安与北京市两地之间建立合作机制,制定配套政策以鼓励在京单位向雄安新区转移发展,或建立分支机构,从而促进资源要素的流动。

另一方面,京津冀三地应打破行政区域壁垒,加快区域协调发展。只有当京津冀三地相互合作、同步发展,京津冀三地才能真正实现三地共同效益的最大化。因此,京津冀三地应加强政府间的互动合作,尽快实现机制和政策、基础设施建设以及生态环境一体化,进而引导人才、技术、知识等生产要素由京津向河北省的流动,实现经济与环境的协调发展。同时,应加强京津两地的联动。通过京津联动,全方位地拓展合作深度和广度,从而使得同城化进程加速,进一步更好地发挥高端引领和辐射带动作用。

京津冀之间的产业发展基本是竞争大于合作,由于地理位置之间的差异,北京市的高端服务业、现代服务业、金融业、信息业等有很强大的优势和竞争力。天津市的航运、航空航天、装备制造业、港口石化、电子信息产业、生物医药产业具有很强的优势。河北省的钢铁冶炼,采矿、水泥、玻璃、食品业,纺织业等具有优势,河北省产业结构以资源工业为主,现代服务业没有形成规模优势。京津冀协同发展是促进河北省完成产业结构升级的好时机,通过本地区产业优化升级,挖掘河北省经济发展的巨大潜力。当前河北省针对产业转移必须主动地、自发地提高自身对溢出产业的吸收能力,同时依据《京津冀协同发展规划纲要》,结合《河北省战略性新兴产业发展“十三五”规划》,创造有利的转移产业发展环境,准确定位产业类型,培育新兴产业园区,促进产业转移相关科技成果孵化转化,稳步有序快速提升产业升级转型,让承接的产业尽快产生效益,推动承接地的产业升级改造。

即使在承接产业转移过程中，河北省已经取得了一定的成效，但由于其所承接的产业仍然以制造业为主，其中多为高能耗高污染且附加值较低的企业，这就使得河北省持续发展的动力不足，产业结构现状并未取得根本性的转变。第一产业结构不合理，发展滞后，其中林业与渔业与全国水平仍有很大差距；第二产业较为发达，持续占据主导地位，但缺乏自主知识产权的制造技术、创新能力低，产业组织不集中，技术创新能力弱，产品附加值低，产业链分工不合理，内部结构有很大空间尚待优化；第三产业则是发展较为缓慢，缺乏创新，战略新兴产业发展较为缓慢，对第三产业贡献率非常低。因此，推进产业结构调整迫在眉睫。

河北省在承接产业转移过程中，应该坚持贯彻“绿色”理念，走可持续发展的道路。要对绿色环保低碳、使用综合能源拥有高附加值的产业进行重点的引进与发展，以改善当前较为不合理的产业结构。作为一只看得见的手，政府应该将眼光放得长远，不应该盲目追逐眼前的利益，用未来的资源来发展眼前的经济，而是应该支持与鼓励企业的技术升级，使用可再生的或者是清洁的能源，建设可持续发展的经济链。一方面，对承接产业进行过滤，合理选择移入产业。对于绿色产业以及技术含量高的新兴产业应该给予鼓励，而对那些对环境带来严重污染的高消耗低产能的产业应该拒绝接收。在最近几年的工作中，河北省应突出外部投资的带动作用，外资、民资、国资三资并举，引进龙头企业、“旗舰”项目，填补门类空白。与此同时，以二、三次产业齐头并进为原则，充分发挥资源禀赋优势，积极培育特色鲜明、具有国际竞争力和上中下游密切衔接的产业集群，做大做强支柱产业，促进传统产业的转型升级，培育一批具有战略意义的新兴产业。另一方面，着眼于未来，将创新融入产业承接。这就要求政府和企业同时发力。对于政府而言，应该大力支持当前企业自主创新，以增强企业自身创新创业的能力，提升自身竞争力，进而吸引大量外部资金的投入。对于企业而言，企业模式应该从劳动密集型、资源密集型向着技术密集型转换，河北省的核心竞争力来自技术进步，不是靠丰富的资源以及大量的劳动力就能取得的。只有将外资企业的优秀技术与本地企业的自身实力相互融合，并以此为基础，开发出新的投资项目，才能真正提高河北省的整体实力。

二、建立生态环境与资源的可持续利用约束机制

生态环境与经济协调发展要求在改善生态环境的前提下，提高经济的效益。资源 、环境与人口是当前世界上各个国家面临的首要问题，这三个世界性问题早已得到世界各国政府，包括全球人民的热切关注。处于当下这个快速发展的时代，世界上的各个国家，普遍面临着人口的快速增长，自然资源逐步稀缺，生态环境的变化也随着经济的快速发展而日趋严峻，严重影响经济与自然环境的协调发展，因此，世界各国都要进一步树立保护生态环境，合理开发自然资源的意识。党的十六大报告中明确指出：“可持续发展能力不断增强，生态环境得到改善，资源利用率显著提高，促进人与自然的和谐，推动整个社会走上生产发展、生活富裕、生态良好的文明发展道路”。这也同样诠释着全面建成小康社会的重要内容，充分向世界各国展示了我国坚定不移地保护生态环境，实施可持续发展道路的决心，

也同时为其他各国树立了榜样,为世界的环保事业发展指明了前进的方向。

1. 生态环境约束机制

自新中国成立以来,我国的发展逐步取得了日新月异的进步,但生态环境污染往往与经济社会的高速发展有着不可分割的联系,我们国家发展前期,大量地消耗生态环境以及自然资源来换取国家各方面的高速发展,随着这些自然资源的过度消耗,生态环境的日益破坏,我国的生态文明建设的力度也在不断加大,但资源消耗和污染物产生的强度仍然很高,生态环境也还未得到实质性的改变,有关生态环境的立法执法制度仍不完善,有利于生态建设和环境保护的生态文明系统还尚未建立。所以,要想获得生态环境与经济共同发展,需要不断建立完善的环境保障系统,并充分利用正向激励政策以及反向惩罚措施相结合,双管齐下,构建起生态环境高质量发展的约束机制。

(1)正向激励措施:构建生态环境高质量发展的激励机制

①加大政府财政支持

一个地区的生态环境的优劣,很大程度上取决于当地政府的积极引导,需要政府发挥积极发挥主观能动性,例如,应综合运用商品销售价格、财政收支等一系列政府经济手段,加大对生态文明建设的开发投入,通过地方政府财政,对那些居住在生态脆弱地区,或很大程度上依赖自然资源为生的居民进行补贴,根据每户生活状况,结合当地的自然优势,劝说他们转换谋生手段,为他们提供环保型就业岗位。这样既利于生态环境的改善,也有助于当地居民稳定就业,增加收入。增加生态文明建设的公共财政投入,政府要保证用于资源节约和环境保护的公共财政投入占财政总支出的比例不断增加。同时,避免对社会资金产生“挤出”效应,政府还应扶持和培育生态产品市场。

②完善生态补偿机制

不断完善相关的政策制度,提高生态补偿经费的标准,研究创立多元化的政府补偿措施,根据本地区的重点污染行为制定出一系列符合当地的政策制度。例如,秸秆回收集中回收补偿、清洁能源推广、对一些污染环境的职业进行转型升级、污水处理企业的专项补助、对生态环境影响较大的生态补偿,生态补偿机制可以通过直接补偿和间接补偿相结合的方式,还可以开展多种补偿方式,比如发放国债、设立生态环境保障基金和生态修复基地等。当然,生态补偿也不应只局限于当地政府,补偿方式也应进行创新,例如可以责任落实到单独的污染企业或个人,以此来减轻政府财政压力,并使企业加快向生态型企业转型的步伐。

(2)反向惩罚措施:构建生态环境高质量发展的约束机制

①推进环境污染第三方治理

明确环境污染责任,把社会公共设施、生态环境重点区域和重点企业作为本地区的环境整治管理中心,由地方政府牵头,吸引大量的社会资本投入环境保护中来,再通过加大财政税收的帮扶力度,地方各级政府有效的统一筹划综合财政资金,作用于环境治理的中心地带,通过政府统筹分配维护生态环境的相关服务或者下拨制定用于各项具体的生态环境资金,并且一对一地帮助重污染企业进行一系列转型升级。

②建立环境追究体系

各地区应根据本地区的实际环境情况，制定一系列规章制度，把地区生态环境权责层层细化，从政府到各级大中小企业，再到个人，进一步明晰每个个体在资源环境损害中应承担的责任与义务，形成一套完备的、适用于本地区的生态环境治理监管体系，并逐步完善环境损害资金保障机制。在环境损害费用方面，可以建立各级政府财政专项资金，以此来作为经费资金主要来源，逐步过渡到独立基金保障评估工作上来。针对具有重大危害的环境污染事件，除对责任企业、责任个人进行罚款之外，也要制定多种法规，加大对破坏生态环境等行为的惩罚力度。在环境损害赔偿资金保障方面，结合本地区的自然保护区、主体功能区等环境管理机制，构建不同类型、不同程度的环境治理保护措施，逐步形成生态环境恢复独立基金保障。

2. 资源可持续利用机制

当今全球化的进程加速了资本、信息等的流通，这种状态使得作为生产或者说是发展要素的资源显得更为重要。尤其是对于我国，劳动力人口十分充足，资源便成为限制我国发展的重要因素之一。然而，我国却面临着资源利用效率低下、资源利用形式单一等多种问题，结合国内外的资源使用经验来看，造成这一结果的重要因素主要在于政府管理不善，或者说是政府的自然资源节约制度不完善。制定出一套有效的资源可持续利用机制，既解决了资源利用率不高的问题，又可以兼顾生态环境保护方面的问题。对此，我国资源可持续利用，主要通过以下几点来实现。

(1)经济激励

当地政府可采用多元化的、多形式的减税降费激励政策，如对正在向节能方向转型升级的企业给予资金支持、提供低利率的贷款、对企业销售的节能类产品返还部分营业税额、对采用节能型技术的相关设备，可以减免税收、对节能合格或优秀的单位，财政纳税部门可以进行减免企业、个人所得税等方式，以提高社会节约资源的积极性。

(2)声誉激励

借助广播、电视、网络等新闻媒体，定期地对资源节约的先进单位、企业、个人进行表彰。这样不仅使节能企业的积极性更高，还能对该类企业做出免费的宣传工作，对企业的营业总额起到良性作用，对节能、节水、环保等产品进行标签认证和政府推荐。

(3)法律法规约束。

法律法规，作为最强有力的约束手段，也是得到了我国各地区普遍运用，例如，我国在今年新增了资源保护等税种，将各个企业过度利用自然资源的社会成本算入总的利息收入，增大纳税基础，这样让民众的节能意识得到很大程度的提高，基于我国目前的资源情况，当前最有效的办法是加大资源税的征收额度，用以补贴资源节约型产品的推广。

(4)监督约束

监督约束机制包括行政监督和社会公众监督，建立有效的举报、民主管理和民主监督机制，设立一定的经济奖励制度，使得企业、个人勇于检举那些不合理利用自然资源的违法行为，并结合当下越来越发达的互联网时代，充分发挥新闻、出版、广播、电影、电视等新闻媒体对节约生产的舆论监督作用。

(5)产权激励

产权的激励功能是基于经济人的人格假设,即假设人们从事经济活动的动力是为了追求自身利益的最大化。经济活动中的任何一个主体,也包括具有强制力的各种规划。德国于1996年颁布了《循环经济和废物管理法》,产品能耗标签制度是德国根据欧盟《能源消耗标示法规》制定的相应法规。日本也相继颁布了《促进建立循环型社会基本法》《资源有效利用法》《节能法》等一系列法规。我国也于1997年颁布了《节约能源法》(1998年元月1号开始实行),实施8年来取得了巨大的成就。但是不可否认,《节约能源法》的指导思想沿袭了计划经济的思路,没有形成符合市场经济要求的强制与激励相结合的机制,也忽略了市场机制指导下政府的定位问题。因此,国家有必要对此进行必要的修改。

(6)政策约束

政策约束主要是政府部门制定一系列的政策措施来约束本地区的人民,以达到引导社会节约利用自然资源的目的,如将节约资源列入日常管理和工作考核。就土地资源而言,基层政府保护耕地的收益很少,财政减收、GDP增速下降、就业率降低。但GDP增速、财政收入、社会稳定等正是评价官员政绩的主要指标。如何解决类似的节约与发展的矛盾也正是政府制定政策的关键,需要制定新的评价官员政绩的指标体系。

(7)经济约束

主要是指运用价格、税收等经济手段调节资源的分配,从而达到资源在社会各行业的有效配置和节约利用。如制定和推行不同类别(工业、民用、机关)、不同地域(农村、城市)、不同时段和季节的累进制水价、电价。

如何实现生态环境保护、自然资源的充分利用与经济协调发展,这三者的关系已经成为全球面临的一个重大问题。根据目前的经济与环境形势和国际大趋势,全面树立“经济与环境资源融合”的观念,以环境促进发展,以发展提升环境,实现环境与经济资源的双赢策略。要实现环境与经济社会的协调发展,唯一的选择就是始终坚持可持续发展战略。我们一定要正确认识可持续发展战略的深刻内涵和环境保护在可持续发展中的重要地位。

经济发展是人类自身生存和进步所必需的物质保证,也是保护和改善地球环境的物质保证,同时经济的发展不能脱离环境的承受能力。应该实行保持生态系统良性循环的发展战略,环境保护是关系到经济发展、社会稳定、人类生存的一件大事。环境、资源都是社会生产力的重要因素,保持环境和资源的永续利用是中华民族生存和发展的基本条件。并且社会经济发展必须是建立在产业结构优化、资源合理配置、资源有效保护基础之上的发展。最终实现经济建设和保护生态环境的协调发展。

环境资源建设与经济建设处于同等地位,我们在推动经济发展建设的同时,也不要忘记大力保护和合理开发利用自然资源,努力减少我们对大自然环境的破坏,把经济效益、社会效益和环境效益有机地结合起来。保护生态环境改善生存和发展条件是一项功在当代,惠及子孙的千秋伟业,是我们环保工作者的一项光荣而艰巨的任务。我们要高举邓小平理论伟大旗帜,贯彻十六大精神,认真实施可持续发展战略和环境保护基本国策,解放思想，振奋精神，与时俱进，积极进取，开拓创新，全面提升环保工作水平。实现全面建设社会主义现代化国家的宏伟目标，进而创造更加美好的环境。

三、加强国内区域圈交流，积极推进国际生态合作

1. 国内区域圈交流

京津冀一体化协同发展成为国家重大战略决策，对进一步优化生产力布局和区域发展空间结构，最大限度提升区域环境承载能力，具有重大的现实意义。在京津冀区域协同发展过程中，生态环境起到根本的保障作用。这就需要加强京津冀区域生态环境协同治理，拓展生态空间，扩大环境容量，推动京津冀区域经济一体化的深度发展。

京津冀区域生态环境治理缺乏一个可以增强地方政府互动、决策资源共享、三地密切合作的平台，导致地方间的信息交流不畅通。区域资源与环境综合治理存在各种体制、机制上的障碍，尚未形成区域生态环境建设空间格局。同时，对生态环境破坏严重的地区整治力度不够，对保护生态环境做出牺牲的地区生态补偿体系尚不完善。河北为保障京津地区的平稳快速发展，在资源与环境上做出较大的牺牲。在水资源方面，河北作为京津两地的水源地，在自身也面临缺水危机的情况下，尽其所能为京津两地供应水资源。在环境方面，河北在承接京津两地产业转移过程中也承担着环境污染转移风险。河北省没有提出明确的生态补偿要求，仅以政府合作补偿等形式获得环境治理资金，补偿标准没有按照市场化的运作方式进行科学计算，尚未建立京津冀区域生态补偿机制。目前，京津冀地区在生态环境治理中主要采取政府主导的模式，由政府直接签署相关备忘录与合作协议，确定生态环境治理投入。主要采取政府项目形式进行生态环境治理，企业与社会参与有限，很大程度上造成生态环境治理资金不足。京津冀三地在生态环境问题上面临着集体行动的困境和环境治理外部性的困扰，强制性的生态环境治理政策在现实中难以达到最优效果。政府难以监督所有个体的行为，在实际监管过程中总会存在漏洞。同时，由于缺乏环境污染责任保险，没有专门的保险机构与保险资金，直接导致京津冀企业在经营过程中风险加大，遭受生态破坏和环境污染的地区合法权益得不到维护。

京津冀区域生态环境协同治理的实质是实现不同地区政府、市场与社会的有效协同。这就需要突破单一的地区治理模式，构建政府主导、多种资本共同参与的区域生态环境共建共享机制，实行京津冀区域生态环境治理一体化。

(1)完善京津冀跨地区联防联控治理模式。

实施京津冀区域生态环境治理的联合立法和协同执法，建立陆海统筹的生态系统保护修复和污染防治区域联动模式。京津冀地方政府必须从京津冀区域生态环境治理的效益最大化出发，行使联防联控权力，履行联防联控义务，承担生态破坏和环境污染行为产生的各种连带责任。

逐步构建京津冀跨地区生态环境应急预警体系，全面治理沙尘暴、水体污染和大气污染。实行节约用水和节能减排，增强大气和水污染的专业化治理合力。打破地方利益格局，加强生态保护红线统筹，提高区域生态系统保护和环境污染治理成效。完善跨界河流

交接断面水质目标管理，制定跨界河流综合整治和生态修复规划，共享污染源监控信息，实现管网互联互通，联合开展河道综合整治。建立统一的区域空气质量监测体系，将重点污染城市全部纳入区域大气监控网络。

（2）构建京津冀区域生态补偿机制

按照“谁受益、谁付费”的原则，正确界定补偿主体和受偿主体。制定合理的补偿标准，采取资金补偿、实物补偿、能力补偿、政策补偿等方式，建立多维长效的区域生态补偿机制，实现京津冀区域生态环境治理的成本共担与收益共享。

充分考虑政策、制度和区位等因素，实施生态补偿创新模式，实行从纵向财政转移支付到横向转移支付和异地开发，引导京津冀地区生态环境受益城市和地区，对生态环境保护和建设重点城市和地区在经济社会发展上给予必要的扶持，使生态服务受益区为生态服务产出区提供产业发展空间。适时提高下游地区的水价和污水处理费的标准，用于补偿相关地区为保护水资源而受限制的传统行业发展权益损失和高耗水农业发展权益损失。同时，通过资源产权界定，建立跨区域水权交易市场，探索排污权交易，实行市场化水资源配置，对生态资源输出地区进行补偿，使京津冀区域生态补偿机制常态化。

（3）设立区域生态环境合作发展基金

设立京津冀区域生态环境合作发展基金，制定基金使用与管理细则。在保持中央政府、京津冀三地地方政府投入的基础上，扩大资金来源，多渠道、多方法引入社会资本。区域生态环境合作发展基金必须用于生态环境治理项目，包括生态服务提供区的饮用水源保护、天然林保护、生态脆弱地带的植被恢复、退耕还林（草）、防沙治沙、因保护环境而关闭或外迁企业的补偿等。对企业提供环保节能激励税收政策，对科研单位实行环保科技优先奖励制度，制定生态环保产业补助政策。在区域生态环境合作发展基金中，京津冀三地政府财政资金拨付比例应在综合考虑三地人口规模、财政状况、GDP 总值、生态效益外溢程度等因素的基础上来确定。三地政府按拨付比例将财政资金存入区域生态环境合作发展基金，并保证及时补充。

（4）强化区域生态环境治理机构建设

成立跨区域生态环境治理专项委员会。这个机构一方面负责京津冀地区生态环境建设规划的制定和完善，组织跨区域生态环境工程的建设，协调重大生态环境建设项目审批和落地选址等；另一方面协调不同地方利益，并监督区域内地方政府生态环境治理的效果。该委员会的成员应由京津冀地区各省、市政府的代表组成，在代表数量分配上应该保证各个省市地区的公平。京津冀区域内各地方原有的环保部门要进一步明确其职责，避免原有部门与跨地区生态环境治理专项委员会的管理出现冲突。不同地区环保部门通过跨地区生态环境治理专项委员会实现联动，实现监测信息共享和监管协同，共同解决京津冀区域跨省市生态破坏和环境污染纠纷。

（5）鼓励公众参与区域生态环境治理

加强公众对区域生态环境共建共享的认知并形成有效的监督力量，相关部门应该及时公布各项生态环境共建共享标准和指标，强化公众参与的公开性和透明度。通过鼓励公众参与,促进居民生活方式的转型。充分发挥大众传媒、环境保护非政府组织等社会公众机构的作用,保障公众的知情权,共同监督生态工程建设和环境保护项目实施,提高区域生态环境治理效率,形成京津冀地区政府、市场和社会共同参与生态环境治理的良好局面。

同时,在京津冀协同发展背景下,河北省的发展也可以借鉴国内区域圈的成功经验,例如长三角地区。

(6)要充分发挥区域特色优势。作为世界六大城市群之一的长江三角洲地区经济发达、科研资源丰富。要发挥长三角区域的优势,加大投入,开展生态环境保护跨区域、跨流域、跨学科重点问题研究、生态环境共性关键技术攻关。发挥长三角区域生态环境联合研究中心作用,加强联合环境科研。当前应着力推进大气专项科研,尽早为 PM2.5 与臭氧协同控制提供有效技术支撑。完善区域环保联合执法互督互学长效机制,针对区域共性环境问题,开展相关互督互学研讨。加强交流合作,同步推进依法严管,重点对夏秋季挥发性有机物管控、秋冬季治污攻坚开展专项执法检查。充分开展环保信用评价合作,统一构建环保信用评价系统、统一企业环保信用评价标准、统一在"信用长三角"平台发布评价结果,为推动四省市行政、社会、行业、市场等部门单位对环保失信企业开展联合惩戒提供信息化支撑。

2. 国际生态合作

作为发展中国家的重要代表,我国应积极表态发声,坚持共同但有区别的责任原则,坚决履行好自身在国际环境治理领域尤其是在环境国际公约履约方面的责任与义务。积极落实我国的减排承诺与责任,建设性地推动《巴黎协定》实施细则遗留问题谈判。按时提交国家自主贡献进展报告和 21 世纪中叶温室气体低排放发展战略。持续推动气候变化南南合作,共同打造应对全球气候变化的政策框架,为全球注入信心,也为发展中国家提供范例。与此同时,要继续深入推进绿色"一带一路"建设,为共建国家提供可借鉴、可复制的中国绿色方案,共谋实现可持续发展目标,引导传播全球生态文明理念,共同打造人类绿色命运共同体。

在我国以及京津冀生态环境治理的关键环节,要深化国际合作的广度和深度,一是要深入借鉴国际经验和技术,支持打赢污染防治攻坚战。进一步系统梳理发达国家发展历程中特别是经济转型阶段的经验教训,为打赢蓝天、碧水、净土保卫战等污染防治攻坚行动提供国际经验借鉴,为环境风险防范、环境应急、医疗废物处置、危险废物污染防治等焦点问题提供技术支持。二是拓展生态环境保护国际合作的领域。加强与相关国家、国际组织、研究机构、民间团体的政策对话和经验分享,扩展在共同应对气候变化、生物安全、海洋污染、微塑料垃圾、跨国界河流生态风险等领域的合作与交流。加强制度建设,不断优化国际环境合作方式方法,提高国际交流和履约能力,增强区域环境保护意识和企业社会责任,广泛开展在生态环境保护理念、管理制度政策、环保产业技术等方面的国际交流合作,引导构建政府、企业、社会组织和公众等主体多元共治、共同参与的全球环境治理格局,助力推进我国生态环境治理体系和治理能力现代化。为把河北省建设成资源节约型、环境友好型的经济强省而不断探索。

四、加强政府支持力度,建立完善相关政策机制

1.完善绿色技术支撑体系

要以发展高新技术为基础,开发和建立包括环境工程技术、废物再利用的资源化技术、清洁生产技术等在内的“绿色技术”体系,通过采用和推广无害或低害新工艺、新技术,降低原材料和能源的消耗,实现少投入,高产出,低污染,尽可能把污染排放和环境损害消除在生产过程中,实现“增产减污”,积极借鉴和充分利用国内外成功经验和“绿色技术”,重视本土人才的培养和引进激发高等院校科研单位研究和转化利用“绿色技术”的积极性。

(1)农业领域:应重点研究推广优质、高产、高效的动植物新品种和优势农产品产业带建设配套技术;水土保持,提高土壤肥力,防止盐碱及土壤沙化、防止有害生物入侵等技术;农业面源污染治理等技术;有利于生态平衡的“农牧结合”“农林结合”,“农林牧渔结合”的综合技术体系;无污染、无公害或减少环境污染的农业生产技术;减少资源消耗的节地、节水、节肥、节能、节材、节人农业生产技术等。此外,要加强农业高新技术的研究开发,加速技术成果的转化,尤要加强农业废弃物再利用技术的研发,主要涉及“数字农业”技术,农业绿色能源开发利用技术,农业废弃物及相关产业废弃物的资源化技术、沼气池研发技术、清洁生产技术、节水农业技术等领域,通过科技延伸农业循环产业链,深层次提高农业资源利用率,更大地减少废物排放,加强农业可持续发展实验区建设,充分发挥典型示范带动作用,研究探索新技术高效推广机制,使科技成果迅速化为现实生产力。

(2)工业领域:一方面,大力发展资源节约和替代技术、能量梯级利用技术、延长产业链和相关产业链接技术、“零排放”技术有毒有害原材料替代技术、同收处理技术、绿色再制造技术、新能源和可再生能源开发利用技术以及降低再利用成本的技术等,努力降低企业发展成本,从源头上缓解资源约束矛盾和环境的巨大压力;严格限制高耗能高耗水、高污染和浪费资源的产业以及开发区的盲目发展,限制和淘汰能耗高、物耗高、污染重的落后工艺技术和设备,另一方面加快低耗能低排放产业的发展,大力发展高技术产业,加快用高新技术和先进适用技术,改造传统产业,淘汰落后工艺技术和设备,实现传统产业升级、产品换代;推进企业重组,提高产业集中度和规模效益;对关键性循环技术的重大项目要吸引最优秀的科技人员进行科技攻关,将节能降耗清洁生产再生资源回收利用等作为技术创新和技术改造的重点,支持引导企业加大科技投入力度,支持循环经济共性和关键技术的研究开发,大力开展多种形式的产学研联合。

(3)服务业领域:开展服务业清洁生产,提高服务业环境管理水平,建立符合服务业发展的清洁生产体系和绿色认证体系,积极配合旅游战略的实施整合旅游资源,开展旅游区景点信息化管理和监控技术研究,通过提升配套能力和服务水平推进循环型旅游业的发展,在流通业和餐饮业要深入开展可降解塑料袋或纸袋,推行环保型一次性餐具,努力实现包装绿色化、餐饮绿色化、深入开展非降解资源再生技术,尽最大可能把生活中的垃圾“资源化”,提高资源利用率。

2. 探索和完善生态环境与资源可持续利用补偿机制

京津冀的生态环境问题比较严重，资源可持续利用要求突出。然而，生态环境的保护与改善具有完全公共产品的特性——非竞争性与非排他性，资源的可持续利用也表现出其利益共享性，在现行体制和制度安排下，生态环境与资源可持续利用的经济效益、社会效益和环境效益更多是从宏观角度和生态伦理的意义来体现的。

河北省的经济发展模式属于典型的“先污染，后治理”型，长期以来当地的政府和人民群众把效益简单地等同为经济效益，并把保护环境作为经济发展的对立面，片面地认为保护环境就是花钱的事，没有认识到生态环境和资源的全部价值，把“一切以经济建设为中心”错误地理解为不惜牺牲生态环境和资源价值换取经济的增长，事实上，经济效益的取得和经济发展的实现是建立在拟耗生态环境和资源价值基础上的，也就是说，人们看到的经济效益有很大一部分是由生态环境和资源的价值转移而来的，河北省对生态环境和资源采取的种种不合理利用行为，带来了今天严重的空气污染水源污染和能源高度消耗等生态环境和资源问题，其对社会和经济发展的阻碍也十分显著，因此必须建立起一套科学合理的生态环境价值补偿机制，弥补单纯追求经济效益而造成的生态环境在生态环境的利益补偿方面，世界各国很早就有了许多有益的尝试，目前发达国家普遍采用的“污染者付费原则”（PPP 原则）。

坚持保护者受益破坏者赔偿的责任原则将环境因素纳入经济主体的成本对为环境保护做出贡献和牺牲的个人企业、地区给予补偿，对造成环境污染生态破坏的予以追偿，坚持政府主导市场推动的组织原则，在资源分配和利益调整等方面积极引入并完善市场化运作机制，可以深入调查制定补偿和受偿双方都能够接受的合理补偿标准，采取多样化的补偿形式（可以是资金粮食树苗等实物型的，也可以是技术知识等非物质型的）拓宽补偿来源。综合运用财政、税收、价格、金融等手段和措施，加大对循环经济型企业和产业的扶持力度，利用市场调节手段，对不符合循环经济的行为加以规范和约束，严格执行建设项目环境审批制度，建立资源环境有偿使用制度，促进环境成本内部化。

3. 提高资源利用效率，努力创建节约型社会

以河北省可利用水资源为基准，在各市各地区之间合理分配水资源量，保证生活用水从农业、工业生活多层次多方位做好节水工作，合理配置工业、农业、生活生态用水，大幅度提高农业用水率提高水资源生产力，调整种植结构，改善农业水利基本设施，强化常规节水大，力推广高效节水，通过高新的灌溉技术，将提高水肥、农药利用效率和防止区域面源污染有机地结合起来，进一步提高工业用水循环利用率，加大工业废水和生活污水再生利用力度，减少输水漏失量，保证区域生态用水恢复地下水水位，遏制区域生态环境恶化趋势，建立以水权、水市场理论为基础的水资源管理体制，形成以济手段为主的节水机制，不断地提高水资源的利用效率和效益，促进经济资源环境协调发展，加大节水试点覆盖面，推动节水型社会建设，最终实现区域水资源可持续利用。

规范土地管理制度，严格控制建设用地规模，杜绝土地资源空置浪费，提高土地综合利用效率。大力整合消化、盘活存量建设用地问会和空置物业，积极利用地下空间，提高城市

综合承载能力，按照循序渐进节约土地集约发展、合理布局的原则，积极稳妥地推进发展。搞好矿产资源可持续开发，对于石材等大宗出口的矿产品进行深加工，以最低的资源代价换取最大的价值。对于省内储量不足或开发成本较高的石油、铁矿石等矿产资源，可以采取从省外、国外购买或到省外、国外建立供矿基地的办法，以满足经济建设和社会发展对此类矿产品的实际需求，并缓解本省矿产资源开发的压力，同时积极采用先进技术、工艺和设备提高矿产资源的综合回收率，并为大规模开发利用铁矿等储量丰富但开采难度较大或选冶工艺复杂产的矿产资源创造良好的条件，进一步加强矿产开发监督管理，维护正常的矿业秩序，加强矿产资源开发的环境管理，搞好矿区土地复垦利用，实现采矿废弃物无害化排放，促进矿区可持续发展。

4. 推进资源型经济地区循环社会建设

资源型经济地区的创新型社会有其自身特点，其发展和建设必然有自身特有的方式，资源型经济地区委建立创新型社会就要充分启动政府、企业和社会全方位的创新能力，增强创新理念，重点从政府管理念、创新企业技术、创新替代产业等多方面着手，展开资源型经济地区创新型社会建设，用循环经济理念武装起全新的管理创新理念。资源型经济地区的可持续发展要牢固树立和贯彻落实科学发展观，真正把注意力放在节约资源保护环境、追求可持续发展上，改进和完善政绩考核体系，确保政府施政的持续性和稳定性。防止片面追求短期经济增长的倾向，调整政府与市场的关系，逐步减少乃至取消政府对资源的过多占有垄断和配置，改变政府为了单纯提高所谓“竞争力”，而对企业实施过分保护和扶持的做法，以市场化的方式重估各种资源和要素的价格，把资源和要素价格与自然资源保护、环境保护及税收政策结合起来，以市场化的方式对一些产品、企业和行业优胜劣汰，以节约利用资源和提高资源利用率为核心，明确和严格企业节能降耗和资源综合利用的标准，规范市场准入条件和相关政策措施，强制企业遵守节能降耗污染治理和资源再利用标准，严格控制高能耗高污染项目，淘汰浪费资源、污染环境的落后生产工艺技术、设备和产品。

加快构建资源型经济地区“三位一体”的科技支撑体系，资源型经济地区是以本地特有资源的开采、加工和深加工为主导产业的地区，资源型经济地区的发展离不开资源开采技术、加工和深加工技术的支撑。因此，资源型经济地区要建立创新型社会离不开科学技术的支撑，离不开特有资源深加工核心技术的支撑，要在资源型经济地区建立创新型社会，必须采用高新技术和先进实用技能提高装备水平，改进生产工艺，提高加工能力，延长产业链条，提高产业层次积极开发新能源、可再生能源和新材料，推行清洁生产，发展环保产业加快推进资源综合利用和循环利用。

加快做好资源转型，培育替代产业，通过狠抓技术，改造开发新产品等方式，改造提升传统产业，使之适应市场挑战，转型初期，采用产业替代模式，重点发展劳动密集型产业和技术密集型产业实现经济复苏，大量安置工人就业，提高人民群众的生活水平。但随着转型的深入，应吸取产业结构单一带来的经验教训，以市场为导向，加快发展地方特色工业发展多元化地方工业，以延长产业链为重点，提高地区产品生产的深加工程度，增加产品的附加值为主积极发展接续产业，注重培育多元化支柱产业体系，使第一、第二、第三产业结构合理协调发展。

5.完善组织协调机构和协调政策

实现京津冀的协同发展,应建立横向协商与纵向协调相结合的组织协调机构,从管理层面上看可分为决策层、执行层、咨询参谋层和仲裁层。一是完善执行层,在遵循自主性与权威性有机结合、公平与效率兼顾的原则下不断地完善组织协调机构,执行层可以下设经济发展、基础设施建设、公共服务提供、生态环境保护等专项委员会,明确工作细则负责各项专门的工作。二是完善咨询参谋层,京津冀协同发展专家咨询委员会已经建立,建议在此基础上建立常设性的京津冀协同发展研究院。近几年随着京津冀合作进程的不断加快,作为智库的许多高校设立了各具特色的京津冀研究部门,举办了多届京津冀发展论坛,对促进京津冀发展作用巨大。京津冀协同发展研究院应加强与高校智库的联系与合作,研究协同发展中存在的问题,提供相应的解决方案。三是设立京津冀协同发展仲裁庭,仲裁庭作为调节、仲裁京津冀三地发展矛盾的主体,既要有相应的权利支撑,又要保持中立。应有中央政府组织设立,仲裁人员应由上层政府人员和社会各界专业人士组成。

组织协调政策的制定,不仅包括区域发展总体规划、专项规划,还包括推动区域协同发展的各方面政策的制定。当前《京津冀协同发展规划纲要》出台,对京津冀区域的产业转移升级、生态环境保护、要素市场一体化建设、交通基础设施建设等区域公共事务进行总体布局与安排。有关推动产业转型升级的规划、区域生态环境规划、土地利用规划等多个专项规划也在陆续出台。在总体规划和专项规划的基础上,要加快推动京津冀协同发展各项政策的出台,如推动产业转移升级的财税优惠政策,推动区域科技创新的投融资政策,推动京津冀区域公共服务共享的政策等。

建立合理公正的区域利益的协调机制就应该坚持公平竞争、机会均等、利益兼顾、适度补偿的基本原则。建立区域利益协调机制,也是京津冀区域经济和谐发展的核心内容。通过完善相关法律法规,制定协调和监督管理机制,形成完善统一的区域协调关系。例如,2008年3月份水利部联合京津冀三地就水权矛盾建立了专门协调机制以缓解用水矛盾。在京津冀区域产业合作中,只有制定科学合理区域发展规划,才能促进区域经济的协调发展。特别是要制定重要领域、重要产业的具体规划,以区域经济合作为目标,合理分工,整合区域产业布局,加强区域间的相互联合协作,逐步建立起既能发挥各自比较优势,形成自身产业特点,又能同区域相协调的产业结构体系。如“京津冀都市圈规划”以协调区域城市资源、经济发展,进一步推动京津冀区域经济的快速发展。

6.建立环境门槛准入机制,做好防污治污工作

在进行产业转移过程中,河北省应该掌握一定的选择权。尤其是在京津冀协同发展的大背景下,河北省应该与京津两地共同发展,而不是只做京津两地的污染接收地。河北省在承接产业转移过程中,对环境污染要以防为首,防治结合,对移入企业,首先行使的就是选择权。而选择权的行使,则需要规范的环境门槛准入机制来保障。作为防止污染转移的第一道亦是最重要的一条防线,环境门槛准入机制是污染防范的重要手段。在工业项目引进之初,提高环境准入门槛,可以从源头处阻止污染的发生与转移。

首先,坚持贯彻可持续发展的思想观念。在建立环境门槛机制时,应将技术、环境以及市场等对于防污治污有积极影响的因素考虑进去,而不是盲目追逐眼前的利益,仅仅根据引进项目资金的多少或者带动就业人口的多少来设定。

其次,针对不同行业设定不同环境准入门槛。对于不同的行业,应该按照自身产业布局以及功能定位,实施差异化的准入标准。对于那些污染较小的企业,可以适当降低准入标准,而对于像煤炭、化工等高耗能高污染的企业则应该提高准入门槛,严格执行“先算、后审、再批”程序。

最后,建立配套环境影响评价制度。在承接产业转移过程中,要对不同行业设置差异化的环境准入门槛,就必须对不同行业所带来的环境影响进行评价与测度。因此,环境影响评价制度必不可少。对转入项目严格测算相关能源消耗以及污染产生,并对此划分分段式标准。本着“谁受益,谁付费;谁污染,谁治理”的原则,建立生态补偿机制,在污染过程中进行治理。

7.建立有效的市场机制,吸引环保资金投入

新形势下,河北省政府应该将工作重点投放在对服务性产业的承接上,尽快从管理者的角色转换到服务者角色上来,完善相关法律、政策,为承接产业转移提供良好的环境。目前河北省经济快速发展,而随之而来的是环境的不断恶化。要想尽快摆脱这种处境,单凭政府财政力量是不可能也是不合理的,河北省必须建立有效市场机制,来吸引环保资金的投入。政府应该发挥自身的主观能动性,将各种激励性的政策运用到提高企业和个人投资环保领域的积极性上来,进而实现民间资本和国外资本对在环保领域的投入。

首先,完善和落实服务于产业转移方面的相关政策。由于不同的地市有着不同的经济状况、不同的生产要素状况以及不同的产业结构分布,所以制定措施时应该具有针对性,因地制宜,差异化对待,建立起适合于当地情况的扶持政策。同时,简政放权,减少政府对市场的操控,让市场这只“看不见的手”自我调节,还市场一个自然、稳定的产业承接环境,进而推动产业结构的进一步调整。

其次,加大环保资金的投入力度,以改善自身生态环境。环保资金的投入,不应该寄希望于外部资金。更重要的是从自身做起,发挥出自身带头作用,加大对环保企业以及污染治理的投资。只有这样,河北省的环境问题才能真正的得以改善。

再次,提供优惠政策,增加对外部环保资金的吸引力。为环保资金提供优惠政策,能够更加有效地吸引更多的外部环保投资。优惠政策的实施,可以从减免税收、政府补贴以及提供优先贷款三个方面来展开。对绿色环保的产品以及企业少征税,甚至免征税;对一些盈利较小的环境相关产业进行补贴;对环保投资公司实施优先贷款。

最后,加速市场开放的进程,降低环保资金进入市场的条件。一方面,应加速国内外市场接轨的进程,进而接收更多的国际资本,进一步地完善河北省的产业结构。最为重要的是逐步完善市场结构,为更多的外资以及先进技术提供一个承载的场所。多元化的市场结构,也可以缓解产业结构不合理所引起的环境污染问题。另一方面,降低环保资金的市场准入条件。准入门槛的高低,直接影响到外部投资的多少。门槛越低,越容易吸引投资,扩

大贸易。因此，对于环保资金的投入，应该给予宽松的门槛，以使得更多的外部资金投入到环保上来，从而实现经济与环境的协调发展。

五、加快沿海经济发展，带动全省经济开发开放

1. 建立低碳产业体系，推动河北绿色健康发展

河北省应转型产业结构，减轻对第二产业的依赖，依托沿海地理优势，大力发展第三产业，逐步转变经济发展方式，最终构建绿色低碳的产业体系。首先，要将发展重心逐步转移到第三产业上，尤其是文化教育产业和旅游产业。针对第二产业还应具体调整其内部结构。研究更加清洁的生产技术，使第二产业的耗能更低，并且效率更高，提高整体的经济效益。其次，调整能源结构，大力发展清洁能源 河北省的工业产业对能源的消耗主要以煤炭等碳基能源为主，且对能源的利用效率较低，所以对能源强度和能源结构的限制必定会降低河北省主导产业的产能，从而使经济增长变缓。河北省可以通过给予优惠政策、提供产业扶持的方式帮助清洁能源产业的发展。另外要鼓励各个产业加大对清洁能源的使用，尤其是高耗能产业，可以对其能源的消耗制定相关标准，来推动其自身能源结构的调整。此外还要提高能源的利用效率，降低能源强度，这是减少二氧化碳排放量最为有效的方式。要加速淘汰落后产能，鼓励企业进行技术革新，这样才能在对能源强度进行约束的情况下促进经济的增长。此外，提高低碳技术，也能助力河北省低碳经济发展，河北省要想在节能减排的同时保持经济的快速发展，则应把科技发展放在重要战略位置。政府要积极引进高新技术人才与先进的低碳生产技术，结合自身实际情况，发展最有利于自身的技术，用技术提高效率，带动经济发展。我国是发展中国家，在低碳技术方面的研究水平与发达国家之间还存在很大的差距。政府应努力促成我国与发达国家在低碳技术领域的合作与研讨，使我国的低碳技术可以有一个质的飞跃，从而将低碳技术应用于各个行业之中，助力低碳转型下的经济增长。

2. 融入一带一路建设，促进河北全面开放发展

2020 年河北省政府工作报告中表示：河北要想将“一带一路”建设走深走实，就要继续大力推动本省优势产能“走出去”，积极为产能企业提供相关信息，加强对产能企业的融资支持力度，建立相对完善的风险防范体系，促使河北重大产能合作项目做优做强。河北省要想促使“一带一路”建设长远推进，就要充分发挥本省的产能优势，破解问题，弥补不足，不断深化国际产能合作。首先，充分发挥政府主导作用，打造信息服务平台。深化国际产能合作就要掌握相关信息与动态。因此，打造信息服务平台是首要任务。第一，河北省政府要积极主动对接国家“一带一路”建设，借鉴和参考国家相关网站，打造属于本省的国际产能合作信息平台。通过这一平台，使得河北省产能优势企业能够准确了解和掌握沿线国家相关企业的信息，从而促进河北产能企业“走出去”。第二，河北省政府要加大对平台的宣传力度。平台建设初期时如果宣传和推广不到位，那么平台将犹如摆设。因此河北省政府部门要积极向相关企业宣传这一平台，提高平台的知名度和使用率，促使平台发挥最大作用。第三，河北省政府要完善信息服务平台的功能。平台的功能不能只局限于提供相关

合作信息,还要完善同国家政策和扶持资金等网站的链接,为河北产能企业提供更加便捷的信息服务。其次,充分调动企业积极性。第一,支持龙头企业发挥骨干作用。河北省开展国际产能合作的大多是龙头企业,而中小型企业的产能合作尚为不足。因此,河北省在引导大型企业"走出去"后,也要鼓励和支持中小型企业"走出去",使其参与到国际产能合作中来。积极发挥龙头企业的成功示范作用,使之引领和带动中小型企业,形成"抱团出海"的格局。此外,政府为了调动中小型企业的积极性和主动性,还要充分考虑到中小企业进行国际产能合作时可能存在的困难与阻碍,为中小企业与沿线国家企业"牵线搭桥",加强投融资平台建设,为中小企业提供更加完善的服务与支持。第二,积极谋划在境外建设产业园区。随着"一带一路"建设的快速发展,河北企业纷纷"走出去",与沿线国家开展国际合作。但是由于单个企业力量薄弱及勘察成本较高,促使河北不得不调整"走出去"策略,在开展国际产能合作的同时,也积极谋划在境外建设产业园区。产业园区是企业集聚的载体,它不仅可以降低单个企业的境外投资成本和风险,缓解投资给当地造成的环境压力,同时还可以促使企业实现资源共享、技术共享和成果共享。此外,产业园区的建设还可以大大提高企业的知名度,形成良好的规模效应。因此,河北省在深化国际产能合作时的重点工作就是打造境外产业园区,旨在以本省龙头产业为主导和依托,充分发挥合作地区的优势,在境外打造一批产业园区,随之引导本省中小型企业参与其中,实现河北企业在国外的"抱团发展",从而提高本省的国际产能合作水平。第三,拓展高新技术领域合作。河北省的国际产能合作主要针对钢铁、水泥、光伏等传统行业。但是随着科技的不断发展,国际合作更加注重高新技术领域。目前与河北开展产能合作的大多是发展中国家,而这些国家由于经济实力和发展水平的落后,导致其高新技术行业无法得到较好发展,从而也造成了河北省国际产能合作呈现出国家分布失衡的状况。基于这种现状,河北企业在与沿线国家进行产能合作时应由传统行业转向高新技术行业,增强同"一带一路"沿线发达国家的交流与合作,促进本省产能合作优化升级。最后,政府和企业应积极参与展会及活动。不论是国家还是地方,其为了促进国际产能合作都搭建了众多交流平台。"中国 - 拉美企业家高峰会""中国 - 中东欧国家产能合作论坛"等都为河北省深化国际产能合作提供着对外交流机遇。因此,河北省政府和相关企业要积极参与有关国际产能合作的展会及活动,通过相关交流平台展示自身的产能合作优势,与沿线国家政府及企业互相了解、增进交流,推动河北产能优势企业"走出去",促进本省与沿线国家的国际产能合作。

3. 主动优化出口结构,推进河北对外贸易畅通

2016 年河北省政府工作报告中曾指出:"促进对外贸易优化升级,创新跨境电商等外贸方式,提高利用外资规模质量。"2018 年河北省政府工作报告中指出:"优化外贸结构,积极培育对外贸易新业态新模式,推进贸易强省建设。"2019 年河北省政府工作报告中强调:"推动外贸高质量发展,推动出口市场多元化,落实出口退税政策,壮大外贸出口基地和龙头企业,培育自主出口品牌,提高国际市场竞争力。"河北省出口产品大多为重工业产品,此类产品高污染、高能耗且附加值低,不利于河北省高质量发展。因此,河北省亟须优化出口结构,推进多领域贸易畅通,改变以往出口结构较为单一的尴尬局面。首先,优化出口结构。

河北省作为钢铁大省，重工业一直处于优势地位。但重工业成本高、污染大、产品附加值低，大大降低了河北省出口质量和出口水平。因此，河北省应尽快优化出口结构，促使出口产品由传统重工业领域转向高新技术领域，提高产品附加值，促进产业结构优化升级。此外，河北省还要结合本地的优势和特色，出口具有本地色彩的商品，促进商品的多样化和优质化，进一步拓展海外商品市场。同时还要加大对出口产品的广告宣传力度以及完善出口产品的后期保障服务，树立良好的品牌形象，从而提升产品的市场竞争力。其次，推进多领域贸易畅通。大力发展旅游产业、文化产业，不断提高第三产业在对外贸易中的比重，提升河北省经济增长的稳定性。第一，大力发展旅游产业。随着经济发展和人民生活水平的提高，作为第三产业的旅游业大力发展起来，成为了人们休闲娱乐、陶冶情操的最佳方式。河北省要想推进多领域贸易畅通，就要实现旅游产业的兴旺发达。河北省应大力建设国际旅游城市，培育特色旅游名城，打造标志性大景区，把景区和当地特色相结合，带动住宿、餐饮和交通行业的发展，促进特色商品的流通，提高特色品牌的国际知名度。一个地区旅游产业的发展可以有效带动该地其他行业的发展。因此，河北省要想实现多领域贸易畅通，就要把旅游产业做强做大，使之发挥最大的作用和价值。第二，大力发展文化产业。文化产业和旅游产业互为依托、相辅相成。文化的传播离不开旅游的发展，文化为旅游增添了丰富内涵。河北省要想实现综合实力的提升，不仅需要经济硬实力，同时还需要文化软实力。河北应充分发挥本省文化会展、演艺、动漫和传媒等行业优势，将本省文化产业推向国际市场，促使沿线国家了解河北特色文化，实现本省文化品牌的传播与推广。同时，河北省还要以本省特色文化和优势企业为依托，掌握国际文化市场消费趋势，设立一批具有本地特色的文化产业强市或文化产业集群，构建文化产业发展框架。此外，河北省应将文化和旅游两大产业有效结合起来，积极开发具有鲜明特色的文化旅游景区及主题多元化的文化旅游项目，不断丰富和发展本省的文化旅游产业。

4. 加快科学技术进步，提高河北经济增长质量

河北省当务之急是要建立一支强大的、门类齐全的、高素质的科技人才队伍，同时要积极吸收、引进国外先进的技术，以此来提高自己的技术水平。首先，注重人口素质的提高。人口素质的提高是实现科技进步和文明程度不断提高的直接力量，为此，河北省政府要始终贯彻实施教育优先发展战略，不断提高公共教育的财政投入，完善公共教育经费保障机制，大力发展各类各级教育。同时通过电视、网络、报纸等媒体开展各类宣传和教育工作，从思想深处提高居民的可持续发展意识和危机意识，使居民从内心深处真正认识到当前所面临的资源危机和环境危机，处处从保护资源环境、实现可持续发展出发。其次，加强自主创新能力建设。自主创新能力建设的主体主要是各级企业，要想增强企业的自主创新能力，就必须让企业积极参与进来，从思想深处意识到科学技术水平对企业发展的重要性，促使其不断提高技术水平，用先进的生产设备取代落后的设备，从而提高资源的利用效率，减少资源的浪费，节约生产成本。同时在增强自主创新能力建设的过程中，一方面要积极发挥政府的宏观调控作用，控制其发展的大方向；另一方面也要重视市场无形手的调节作用，不断促进其发展。政府对进行技术创新的企业，要从资金、人力以及保护企业自主知识产

权方面给予较大的扶持力度,提供良好的创新发展环境。最后,积极地引进和利用国外先进的技术来改善环境。工业革命以来,美国、英国、俄罗斯等这些发达国家的经济发展十分迅速,他们充分利用技术的进步来发展经济,同时经济的发展又给技术的研发提供了资金支持,因此这些发达国家在技术水平方面优于我们的国家。通过引进国外先进的生产技术,一方面可以加速河北省企业技术水平的提升,更新换代生产设备,提高资源的利用效率;另一方面由于是引进的科学技术,是可以直接用来投入使用的,因此直接降低了河北省技术创新投入的成本以及可能产生的风险,加速其科技进步的步伐。

5. 加快调整产业结构,打造新区域经济增长极

首先,以科技创新推动产业结构优化升级。根据河北省产业结构调整的总体目标,推进产业结构优化升级,逐步形成以高新技术产业为先导、基础产业和制造业为支撑、服务业全面发展的产业格局,提高产业的整体国际竞争力。打破传统产业发展的路径依赖和经济发展的传统产业依赖,并积极寻找和培育新的产业增长点,加强对海洋资源的依托,体现沿海区域经济的特色,大力发展海洋产业、旅游产业及其产业关联度较高的高新技术产业。发展风能、海洋能等循环经济,构建节约型产业结构。加强技术研发和科技创新,加快新能源产业的发展,以助于河北省沿海区域经济的产业结构优化。其次,以沿海城市为载体,打造新区域经济增长极。发展沿海经济,应以城市建设为载体,使各种资源在沿海区域集聚。唐山市、秦皇岛市和沧州市是河北省三个主要的沿海城市,要将其培育成新的经济增长极,发挥龙头作用,拉动河北省沿海区域经济乃至全省经济的发展。唐山市沿海地区宜重点发展港口物流、石油化工、海洋化工、钢铁工业、建材工业、电力工业、重型装备制造业、出口加工业和滨海旅游业等。秦皇岛市沿海地区宜重点发展煤炭、石油、粮食及食品等港口物流业、食品加工业、修造船等机械装备制造业、玻璃等建筑材料工业、冶金和金属压延工业、汽车零部件加工业、电子信息器件加工及软件产业、滨海旅游业、海洋捕捞业等。沧州市沿海地区宜重点发展煤炭、散杂货、件杂货和液体燃料港口物流业、石油化学工业、精细化学工业、火电和核电工业、铸造和金属加工业、机电产品加工制造业、煤化和生物能源加工业、海洋捕捞和养殖业等。打造新的区域经济增长极,一方面,要充分利用沿海城市的便利条件及自身优势,加强对外联系,体现沿海经济的外向性,增加通达性,促进经济互动;另一方面,要充分体现科技在经济发展中的重要作用,促进外向型加工业发展,使粗放型、资源密集型和资源推动型的经济增长模式真正得以改变。最后,以沿海港口为依托,发挥临港产业集群的龙头作用。秦皇岛港是目前中国最大的能源输出港,也是我国主要对外贸易综合性国际港口之一;京唐港位于环渤海经济圈中心地带,全年港池、航道不封冻;曹妃甸港址水域辽阔、水深、锚着条件好,是渤海唯一不用开挖航道和港池就可建25万吨以上的超深水港港址;黄骅港是我国西煤东运的第二条大通道朔黄铁路的出海口。随着几大港口大规模、多功能、综合性的发展趋势,为河北省沿海区域经济增长提供了便利的条件。河北省应把高耗能、高耗水、大运量的电力、钢铁、化工等重化工业转向空间大、环境容量大、资源条件好、集疏便利的沿海临港地区,充分利用国际资本和技术等新竞争要素作为沿海临港现代重化工产业的支撑,加强临港产业集群建设。临港产业主要利用海洋运输和岸线资源进

行投资生产，依赖廉价的水运条件和港口物流对原材料和产成品进行进出口配送。通过在临港地区发展集中、集约、高效、生态的重化工及其相应服务业，整体提升河北支柱行业的科学发展水平。充分发挥临港产业集群的龙头作用，使产业集群所具有的集聚效应、节约成本效应和资源节约效应充分体现，延长产业链，增加产品附加值和科技含量，最终走产业集群与产业特色相互促进、循环发展的道路。培育新的示范区域，实现沿海区域经济提速发展。继续努力发掘和充分利用沧州渤海新区核心资源优势和巨大潜力，将其培育成为京津的外资流转扩散基地、产业转移承载基地、高科技产业配套基地、现代物流仓储基地、休闲旅游度假基地和传递枢纽，通过跨越式发展脱颖而出，充分发挥其示范性作用，依靠科技创新实现河北沿海区域经济的提速发展。致力于将曹妃甸新区建成国家科学发展示范区、国家转变经济发展方式先行区、国家增创对外开放新优势拓展区、区域与城乡协调发展先导区。一方面，要进一步加大科技创新力度，做优投资环境，为项目入区创造良好的条件，吸引一批科技含量高的重大项目、战略项目落地建设；另一方面，扩大对外开放，积极推动国内外科技经济交流合作，逐步增强自主创新能力，以科技创新推进曹妃甸新区的建设，使其成为拉动河北沿海区域经济发展的新引擎。

六、加强环保宣传，提高全民参与意识

生态环境的好坏直接关系到我们的生活质量，关系到未来的可持续发展。当前，全球性资源与环境问题是人类面临的最大威胁之一，生态环境日益恶化与经济高度增长已成为当今时代特征，对环境污染实施有效控制已变得越来越重要和紧迫。可持续发展成为了社会的焦点，我们要吸取“先污染，后治理”的教训，把实现可持续发展作为一项基本国策。而可持续发展战略的实施必须依靠科学技术和环境宣传教育，加强环境科学知识宣传教育，普及环境保护知识，增强全民保护环境知识是环境保护工作的一项重要内容。目前环境污染和生态破坏已成为经济社会可持续发展的制约因素。党的十七大报告明确指出，要建设生态文明，统筹城乡发展，推进社会主义新农村建设。为此，建设在全省范围内开展全民环保教育工作。

环境宣传教育的核心目标是，减少环境破坏行动主体，增加环境保护行动主体。这一减一增体现的是环境宣传教育的价值。全民环保思想的核心是众人拾柴火焰高，人人贡献自己的力量就能大大促进环境改善。全民不是模糊的整体，而是清晰的个体。“全民”可能被理解为模糊的“大家”。经验告诉我们，如果是大家的事情，就可能因为任务没有明确到个人而造成没人认为是自己的事情。从传播目标受众定位看，告诉具体的“我”比告诉模糊的“我们”更容易获得积极反馈。另一方面，全民中的人人在环境贡献力或环境破坏力方面存在很大差异性，环境宣传教育不仅要有面向全民传播的意识，更需要掌握细分目标受众进行有针对性传播的方法。受众注意力的有限性、具体环境问题的紧迫程度、环境宣传教育经费的投入力度等因素也决定环境宣传教育不可能采取以笼统目标进行一把抓的策略，而是必须制定传播战略优先顺序、目标受众优先顺序、传播区域优先顺序、传播内容优先顺序、传播渠道优先顺序，才有利于在既定时间内达成有限目标，使环境宣传教育见到实效。

环境意识:重要内容与培育目标。环境意识既是环境宣传教育的重要内容也是教育培养的核心目标。意识需要长期培育,而一旦形成将很大程度影响行动者的决策和行为。人们对环境意识的内涵有不同的理解。最重要的环境意识就是环境价值意识,即环境对于大自然、对于人类、对于政治、经济、社会文化的价值,环境与其他因素在比较中产生的价值优先顺序是影响环境行为决策的至关重要因素。此外,人们对优质环境标准的认知、对环境现状及成因的认知、对环境改善方案的认知都可以构成环境意识的不同维度。例如,同一种环境现状在一些人看来存在问题,但在另一些人眼里就可能没有问题,因为他们的环境质量标准可能不同;一些人对环境改善前景持乐观积极态度,而另一些人则可能认为环境已经不可救药。可见,环境意识教育需要基于环境意识现状调查、针对不同人群设计传播内容、选择传播方式。

为进一步提升公众环境保护意识,扩大环境保护社会影响,河北省不断加大力度,紧贴群众关心关注的热点问题,积极宣传生态文明建设和环境保护工作,全面营造良好的环境保护氛围。

1. 要开展主题宣传活动

利用“六五”世界环境日,设立行业环境保护咨询台,组织相关部门和企业干部职工现场为群众答疑解惑,发放《环保知识手册》《环保倡议书》及各类宣传资料,增强全民参与意识、节约意识、生态环保意识。扩大环保宣传教育层面,提高全社会环保意识。环境宣传教育在河北省虽已开展多年,但长期以来,环境宣传教育工作重点一直在城区、乡镇政府驻地和企业,对农村环境教育宣传工作普及覆盖面不广,农民的环境保护意识淡薄,造就了全民保护意识普遍不高的现状,这样的情况从根本上讲,主要是由于环保价值观的缺失。解决全民环境保护意识不高的问题,其中一项任务就是开展农村环境宣传教育。通过宣传教育,让农民树立强烈的环境意识,调动农民参与农村环境保护的积极性和主动性。只有农民行动起来,环境问题才有望解决,小康生活才能真正全面实现。因此,需要通过多方位、多层次的环境教育帮助农民树立科学的环境价值观,以适应建设社会主义新农村的要求。在农村人群文化水平相对不高的情况下,通过开展环境宣传教育工作提高广大农民群众的环境意识和认识水平,提高他们参与保护家园的意识。保护环境,宣传教育为本。由于环境保护的宣传教育在农村相对薄弱,农民普遍缺乏环境意识,由此,化肥、农药、秸秆、家禽粪便等造成的环境问题日益突出,农民们却对破坏环境的行为及其产生的后果浑然不知。因此,环保宣传工作要适应新的形势,应将提高农民环境意识作为今后宣传工作重点,面向乡镇和农村,运用电视、广播、短信、报纸、传单、板报等形式,加大对农村居民环境知识的宣传工作,让居民了解农村环境工作的重要性,帮助减少在生产、生活中所产生的污染。帮助农村居民了解农村环境存在的问题、发展趋势及其危害,唤起农民的生态意识和可持续发展意识,增强全民生提案环境保护的责任感和使命感。创新环境保护宣传教育形式,大力提倡文明生产、生活方式和绿色消费观念。坚持从实际出发,因地制宜开展形式多样的宣传教育,采取灵活多样、通俗易懂,群众喜闻乐见的形式,充分利用广播、电影、电视、图书、报刊、幻灯、网络等各种载体,采用专访、系列报道、专题片、培训以及文艺表演等形式,广泛宣传和普及环境保护知识，大力宣传生态恶化对生存环境的危害和加强生态环境保护的重要性、紧迫性，着重宣传有关节水、节电、节肥、节约的生态农业使用的环保科普知识，围绕打造绿色食品供应基地，向群众宣传绿色食品知识，大力宣传生态农业，努力优化农业产业结构，引导农民发展绿色高效农业，促进农业增收、农民增收。积极引导广大群众自觉培养健康文明的生产、生活、消费方式，培养良好的生活习惯，动员广大农民自觉参与环境保护，从自身做起，自觉地维护、建设良好的农村环境，形成全社会生态环境保护的整体氛围。基层党组织中的每一个党员、干部特别是领导干部要发挥共产党员先进性作用，不仅要参与生态环境意识教育，而且要在生活和工作中严格要求自己，以身作则，起到模范表率作用，以此带动整个社会生态环境意识教育的顺利进行。

2. 举办环保开放日活动

邀请广大市民、小记者和小学生参观实验室、污染源在线监控平台、空气自动监测站、污水处理厂、垃圾填埋场等，让他们充分了解环境保护的重要性，提高广大市民对环境保护的认知度，激发公众自觉参与环境保护工作的责任感。

3. 召开环保工作座谈会

由县环保局召集各类企业，围绕当前环保的新形势、新措施和绿色发展进行座谈，现场讲解和学习《环境保护法》《大气污染防治法》《水污染防治法》等相关的法律法规，并指导企业在工程建设、生产经营等各个环节做好环保工作。加强环保政策教育，提高群众的环保的意识，要全面落实“预防为主，防治结合”的方针。要把环境保护法律法规的宣传教育作为全民法制宣传教育的重要内容，组织开展形式多样的环保法律法规宣传教育活动。要在全社会以内，特别是在农村中大力普及环保法律法规和科技知识，宣传环保工作方针政策，增强环保国策意识，树立科学发展和环保法制观念，普遍提高民众保护环境、防治污染和平衡生态的自觉性和责任感。要针对基层环境保护工作现状和民众的特点，采取符合实际、贴近民众的形式，把环境保护法律法规送到群众身边、农户家中，使环保法律法规家喻户晓、深入人心，在全社会营造浓厚的法制氛围。结合经济发展中出现的各类污染事件，加强对民众的警示教育，加大对环境违法案件的曝光力度，摄制、制作一些以破坏环境为题材的警示教育片到企业、农村巡回放映，将查处的典型环境违法案件公之于众，以案说法，教育广大群众，唤起环境忧患意识，使民众进一步加深对遵守环境法律法规重要性的认识，增强民众的环境保护意识、法制意识和文明意识，提高群众遵守环境保护法律法规的自觉性，从而在现实生活中更加珍惜环境、珍爱家园。

4. 开展生态环保专访活动

电视台、政府网站等新闻媒体组成联合工作组，深入挖掘新闻线索，重点宣传报道全县打好蓝天、碧水、净土、青山四大保卫战的先进典型、经验做法、具体工作，不断凝聚正能量，让生态文明理念深入人心，合力打好污染防治攻坚战。开展环保宣传活动，营造珍爱环境的良好社会氛围。

5. 要充分利用各种“生态活动日”，广泛开展主题鲜明、形式新颖、丰富多彩的环境宣传活动由政府、环保部门或村(社区)委会组织开展环境实践体验活动,组织企业、农(居)民参与“世界地球日”“中国爱鸟周”“中国植树节”“保护野生动物宣传月”“保护母亲河行动”等系列科普、纪念与实践活动,让群众亲自参与、亲身体验。在农闲时期可以组织农民对照参观生态环境良好的地区和生态环境恶化的地区,既借鉴先进的生态模式,又吸取惨痛的经验教训,让农民有切身的体会,在生产生活中自发地保护环境,自觉形成环保意识,从而创建资源节约型、环境友好型社会,着力营造一个人人珍爱自然、保护环境的社会氛围。

6. 环保教育,从小抓起

教育部门要开展环保渗透教育,把学校环境专题教育和绿色学校创建工作结合起来,在学校里大力普及环境知识和环保理念,教育孩子从小树立环境保护意识,以点带面,吸引父母邻里关注环保,在这种潜移默化的影响下提高居民的生态环境意识。将中小学生纳入环保宣传队伍,充分挖掘学生作为环境保护的宣传队和生力军的作用,提高学生的环保意识、环境文明素养和参与积极性。中小学阶段是接受人生教育的黄金时期,加强农村中小学生的环保知识教育,成本低、效果好。当他们成为社会的中坚力量时,全社会居民的生态环境意识将会有极大的改观。

7. 培育典型,以点带面

加大新闻媒体宣传报道力度,及时报道宣传生态建设和环境保护的先进典型和成功经验,调动群众参与农村环境保护的积极性和主动性。用身边事教育身边人,使群众有榜样、有目标、有信心,逐步推进全社会环境保护科普工作的深入开展。保护环境人人有责。开展保护环境宣传教育是解决环境问题不可缺少的一个环节,提高全民的环境意识是一项刻不容缓、复杂的、长期的任务,任重而道远。唯有社会全方位协调与合作,齐心协力,建立健全环境意识的长效机制,才能切实提高全社会群众的环境意识,只有这样才能使全社会各界都积极参与到环保中来,人人具备环保意识,自觉履行环保义务,从自己做起,从身边的每一件小事做起,实时注意环境保护,才能真正解决环保问题,更好地保护和美化我们的家园。

参 考 文 献

[1] 鞠昌华. 中国环境与经济协调发展 70 年的探索[J]. 鄱阳湖学刊,2019(5):34 - 39,125.

[2] 曹雪宏. 京津冀协同发展背景下河北省高等教育发展对策研究[D]. 石家庄:河北科技大学,2018.

[3] 俞会新,宋立娟. 河北省经济与环境协调发展研究[J]. 现代商业,2016(19):90 - 92.

[4] 陆媛媛. 基于京津冀协同发展的河北省主导产业优化调整研究[D]. 石家庄:河北经贸大学,2016.

[5] 李琳. 京津冀协同发展背景下河北省产业结构优化研究[D]. 保定:河北大学,2016.

[6] 陈丽红,高国明,曹振环. 河北省经济增长与环境质量耦合协调发展评价[J]. 商业经济研究,2015(13):141 - 143.

[7] 周雪娇,杨琳. 基于创新驱动的区域经济与生态环境协调发展的研究[J]. 经济问题探索,2018(7):174 - 183.

[8] 李虹,王娜,袁颖超. 京津冀森林资源 - 经济 - 环境系统协调发展动态评价[J]. 统计与决策,2019,35(1):106 - 109.

[9] 万鲁河,张茜,陈晓红. 哈大齐工业走廊区域开发与生态环境协调发展研究[J]. 经济地理,2011,31(10):1710 - 1717.

[10] 李雪松,龙湘雪,齐晓旭. 长江经济带城市经济 - 社会 - 环境耦合协调发展的动态演化与分析[J]. 长江流域资源与环境,2019,28(3):505 - 516.

[11] 徐盈之,管建伟. 金融发展影响我国环境质量的实证研究:对 EKC 曲线的补充[J]. 软科学,2010,24(9):18 - 22.

[12] 闫兰玲,徐海岚,唐伟,等. 城市大气污染物排放与产业发展关系研究:基于杭州市 EKC 曲线的实证分析[J]. 中国人口 · 资源与环境,2014,24(2):147 - 150.

[13] 王家庭,高珊珊. 城市规模对城市环境的影响:基于我国 119 个城市 EKC 曲线的实证研究[J]. 学习与实践,2011(12):18 - 25.

[14] 陈晓红,周宏浩,王秀. 基于生态文明的县域环境 - 经济 - 社会耦合脆弱性与协调性研究:以黑龙江省齐齐哈尔市为例[J]. 人文地理,2018,33(1):94 - 101.

[15] 马文会. 山东省沂水县旅游经济与生态环境耦合协调发展研究[D]. 成都:成都理工大学,2019.

[16] 杜鹤民. 基于耦合理论的企业创新设计方法研究[J]. 广东工业大学学报,2013,30

(3):70 - 74,100.

[17] 傅威,林涛. 区域社会经济发展与生态环境耦合关系研究模型的比较分析[J]. 四川环境,2010,29(3):102 - 1.

[18] 王建春. 济南市城市化与水环境及大气环境耦合关系研究[D]. 青岛:中国海洋大学,2015.

[19] 王语嫣. 欠发达地区生态环境与区域经济协调发展的耦合度分析[D]. 阿拉尔:塔里木大学,2019.

[20] 郑梦婕. 湖北经济与环境协调发展研究[D]. 武汉:湖北工业大学,2014.

[21] 田玉川. 传统经济和循环经济的理论研究[J]. 山西农经,2019(1):28 - 29.

[22] 石少坚,陈从喜,刘彩欣,等. 2017 年河北省矿产资源开发利用形势分析[J]. 矿产保护与利用,2018(6):14 - 19.

[23] 陈安国,周吉光,胡方,等. 河北省矿产资源综合利用政策效果及对策[J]. 中国矿业,2018,27(2):97 - 100.

[24] 崔丙志,韩锐仙. 河北省战略性新兴矿产资源现状[J]. 世界有色金属,2019(23):110 - 111.

[25] 张璐,蒲莹,陈新云,等. 河北省森林资源现状评价分析:基于第九次全国森林资源连续清查河北省清查结果[J]. 林业资源管理,2018(5):25 - 28.

[26] 肖永青. 河北省天然林资源保护现状浅析[J]. 绿色科技,2018(11):101 - 102.

[27] 孙双印. 塞罕坝林场森林资源特点及评价[J]. 绿色科技,2019(3):158 - 159.

[28] 孙国龙. 塞罕坝林场天然次生林综合效益分析[J]. 河北林业科技,2016(1):98 - 100.

[29] 陈雪英. 创新驱动河北省水资源可持续发展[J]. 科技风,2017(23):185.

[30] 杨明全,董卫爽. 河北省地表水资源与环境评价研究[J]. 水利科学与寒区工程,2018,1(10):56 - 58.

[31] 陈雪英. 浅谈河北省水资源存在的问题及保护措施[J]. 科技风,2017(21):155.

[32] 卢秀茹,张倩,周耀利,等. 新常态下提升河北省水资源承载力对策研究[J]. 中国水利,2017(9):9 - 11.

[33] 张敏. 河北省自然资源配置效率研究[J]. 山东农业大学学报(自然科学版),2018,49(6):1084 - 1087.

[34] 姜玉婕,王伟青,王晓华. 河北省借力雄安新区扩大对外开放的路径研究[J]. 现代商业,2020,(11):76 - 77.

[35] 李萍萍. 河北省现代服务业发展中的问题与对策[J]. 合作经济与科技,2018,(18):28 - 29.

[36] 张彩霞,李杰娜. 河北省生产性服务业发展现状、问题成因及优化对策[J]. 河北企业,2019,(11):90 - 92.

[37] 马安怡. 浅析新常态下河北省经济发展现状[J]. 全国流通经济,2018,(35):67 - 68.

[38] 杜倩文. 河北省低碳经济发展现状及问题剖析[J]. 经营者,2018,32(9):10-11.
[39] 王彦. 河北省产业结构与生态环境的协调发展研究[D]. 保定:河北大学,2018.
[40] 杨惠智. 河北省产业结构与生态环境之间的关系研究[D]. 天津:河北工业大学,2016.
[41] 张冰. 京津冀一体化背景下的河北省生态环境治理研究[D]. 秦皇岛:燕山大学,2016.
[42] 车高红,刘辉,赵元杰. 河北省生态环境安全评价及可持续发展对策[J]. 江苏农业科学,2017,45(7):272-276.
[43] 彭建交,李雪莲. 京津冀生态环境协同治理体制机制建设研究[J]. 智库时代,2019(9):280,285.
[44] 张圆圆,谷雨,刘娟. 京津冀一体化背景下的河北省生态环境保护现状分析[J]. 中国商论,2019(21):170-171.
[45] 曹紫业,牛健峰. 京津冀协同发展背景下的河北省生态环境研究[J]. 智库时代,2019(26):9,12.
[46] 李莉. 河北省水资源利用与经济增长的协调发展评价研究[D]. 北京:中国地质大学,2019.
[47] 张璐,蒲莹,陈新云,等. 河北省森林资源现状评价分析:基于第九次全国森林资源连续清查河北省清查结果[J]. 林业资源管理,2018(5):25-28.
[48] 田严杰. 河北省环境污染和经济增长之间的关系研究[D]. 延吉:延边大学,2019.
[49] 胡九龙. 深入理解京津冀协同发展战略[J]. 前线,2019(7):7-11.
[50] 陆相林,申强,王有年. 城市群城市农业共生关系分析与协同发展对策:以京津冀城市群为例[J]. 石家庄学院学报,2019,21(3):41-49.
[51] 毕杰,殷乐. 浅谈京津冀协同视角下农业信息化发展与生态文明建设[J]. 中国管理信息化,2019,22(23):127-128.
[52] 秦静,李浩,周立群. 京津冀现代农业协同发展进展与展望[J]. 中国农业资源与区划,2018,39(9):279-284.
[53] 严文杰. 京津冀工业如何实现协同发展[J]. 中国统计,2019(1):17-19.
[54] 赵云峰. 京津冀服务业发展现状分析研究[J]. 环渤海经济瞭望,2019(7):62-63.
[55] 沈洁. 京津冀地区非首都功能转移承接能力评价[J]. 河北学刊,2020,40(4):162-170.
[56] 孙锦,曹秀丽,张凤仪. 京津冀协同背景下河北省现代服务业发展对策研究[J]. 河北工程大学学报(社会科学版),2019,36(4):21-24.
[57] 王春艳. 天津现代服务业水平提升路径研究:基于京津冀协同发展背景[J]. 天津商务职业学院学报,2019,7(2):31-36.
[58] 王琴英,周文倩. 京津冀服务业分行业的结构差异与发展潜力研究[J]. 当代经济,2019(2):4-7.

[59] 王兆宇.京津冀服务业协同发展的现状特征与优化导向[J].领导之友,2016(21):66－72.
[60] 李勇坚,周游,姜源.提升北京服务业发展质量的对策[J].投资北京,2017(1):24－26.
[61] 薄文广,殷广卫.京津冀协同发展:进展与展望[J].社会科学文摘,2018(2):52－54.
[62] 彭源超,史亚军.北京都市型现代农业供给侧结构性改革进展及推进思路[J].农业展望,2017,13(11):88－92.
[63] 严文杰.京津冀工业如何实现协同发展[J].中国统计,2019(1):17－19.
[64] 王德利.京津冀城市群新型工业化发展方向及重点[J].中国市场,2018(2):16－20.
[65] 王科,杨亚芹,吴振华.现代服务业发展与产业结构升级:基于京津冀产业融合视角[J].商业经济研究,2020(9):39.
[66] 王必锋,赖志花.科技服务业促进京津冀协同创新发展的实现路径与政策研究[J].统计与管理,2020,35(6):52－55.
[67] 于晶晶.京津冀区域生态环境多元治理体系构建[J].河北经贸大学学报(综合版),2020,20(2):10－14,70.
[68] 李锐,杜治洲,杨佳刚,等.中国水电开发现状及前景展望[J].水科学与工程技术,2019(6):73－78.
[69] 李淑华,王继业.中国水电发展概况[J].水电站机电技术,2009,32(3):105－107.
[70] 王敏.河北省兴隆县水电资源开发利用探讨[J].中国水能及电气化,2011(6):21－24,62.
[71] 封春林.浅谈秘家会水电站创建“绿色小水电”的一点认识[J].小水电,2016(2):37－39,60.
[72] 石少坚,陈从喜,刘彩欣,等.2017 年河北省矿产资源开发利用形势分析[J].矿产保护与利用,2018(6):14－19.
[73] 赵玉玲,孙秀云,刘海新.河北省太行山区矿产资源开发与生态环境协调发展对策:以土地生态为例[J].河北工程大学学报:社会科学版,2018,35(3):10.
[74] 王琪.矿产资源开发生态补偿机制研究:以河北省为例[J].河北企业,2016(4):56－57.
[75] 胡鑫娟.关于矿产资源与经济发展关系的思考[J].赤子,2018(35):125.
[76] 李文哲.新时期河北省旅游业发展的 SWOT 分析及融资模式设计[J].江苏商论,2012(3):105－107.
[77] 杨建朝,和文征,张新社,等.河北省旅游扶贫绩效评估工作机制优化研究[J].价值工程,2020,39(12):78－81.
[78] 王立鑫,宋杨,朱志刚.河北省旅游业对区域经济贡献分析[J].现代营销(下旬刊),2020(6):121－123.
[79] 王剑,吴艺璇.关于旅游业促进区域经济发展的统计研究:以河北省为例[J].经贸实

践,2018(6):189.

[80] 王碧琳. 浅谈河北生态旅游与环境的协调可持续发展[C]. 山西省环境科学学会.《河北环境科学》-华北五省市环境科学学会第十七届年会论文集. 山西省环境科学学会:河北省环境科学学会,2011:128-129,132.

[81] 张喆. 区域生态环境可持续发展对环境保护的促进作用浅析[J]. 内蒙古煤炭经济,2020(2):104-105.

[82] 宣之强. 北京城的变迁与自然及矿产资源利用概述[J]. 化工矿产地质,2015,37(3):187-192.

[83] 北京市政协提案委课题组. 充分发挥服务业对北京经济增长的引擎作用[J]. 前线,2020(5):69-72.

[84] 汪涉一. 北京城市总体规划(2016—2035年)[C]. 廊坊市应用经济学会. 对接京津:战略实施 协同融合论文集. 廊坊市应用经济学会:廊坊市应用经济学会,2019:69-75.

[85] 费琪,李双江,任炜冬. 石家庄市鹿泉区 资源环境承载力评价[J]. 国土与自然资源研究,2020(3):67-68.

[86] 韩瑞玲,杨光,张晓燕,等. 石家庄市经济—交通—环境系统耦合协调研究[J]. 生态与农村环境学报,2019,35(12):1541-1549.

[87] 康爱彬,李燕凌,张滨,等. 石家庄市雾霾产生的原因及其治理[J]. 河北经贸大学学报(综合版),2015,15(4):89-90,100.

[88] 中共石家庄市委党校课题组. 疫情下石家庄市经济高质量发展着力点分析[J]. 中共石家庄市委党校学报,2020,22(8):25-27.

[89] 刘琼芳,方菊庄. 河北省产业结构与经济增长的协同关系分析[J]. 河北北方学院学报(社会科学版),2018,34(5):64-69.

[90] 冯奥云. 创新驱动背景下河北省工业产业结构优化研究[D]. 石家庄:河北科技大学,2019.

[91] 黄啸鸣,杨烜,李建敏. 信息网络时代河北产业结构升级思考[J]. 合作经济与科技,2020(15):38-39.

[92] 何海臣,康玉林,张永立,等. 产业结构大调整,转型升级新选择:河北省产业结构现状与优化路径[J]. 统计与管理,2018(9):9-14.

[93] 李桂. 河北省集聚式承接北京市产业转移的行业选择和路径优化[D]. 石家庄:河北经贸大学,2020.

[94] 魏震. 京津冀协同发展下河北省产业转移调控研究[J]. 智库时代,2019(15):173-174.

[95] 张凯. 京津冀地区产业协调发展研究[D]. 武汉:华中科技大学,2007.

[96] WORLD BANK. World development report 2010:development and the environment[M]. London:Oxford University Press, 2010.

[97] 冯杰. 京津冀地区经济与环境协调发展问题的统计研究[D]. 天津:天津财经大学,2015.

[98] 杨喆,石磊,马中. 污染者付费原则的再审视及对我国环境税费政策的启示[J]. 中央财经大学学报,2015(11):14－20.

[99] 于金方. 山东省经济与生态环境的协调发展研究[D]. 济南:山东师范大学,2007.

[100] 王雪莹. 基于协同理论的京津冀协同发展机制研究[D]. 北京:首都经济贸易大学,2016.

[101] 陈凤新,贾启庆,邱凤霞. 京津冀区域产业结构协调发展探讨[J]. 网络财富,2010(4):84－85.

[102] 金博文. 1952 年英国伦敦烟雾事件原因探析[J]. 安庆师范学院学报(社会科学版),2014,33(2):87－90.

[103] 李希宏,廖健. 雾霾形成原因分析及对策[J]. 当代石油石化,2013,21(3):1－5.

[104] DRINKER P. Deaths during the severe fog in London and environs, Dec. 5 to 9, 1952. [J]. A. M. A. archives of industrial hygiene and occupational medicine,1953,7(4):20－22.

[105] 李丰帆. 伦敦空气污染治理政策研究[D]. 北京:北京工业大学,2018.

[106] 邓力. 国际大气污染环境立法的研究[D]. 上海:华东政法大学,2014.

[107] 张璐晶. 伦敦:治霾 60 年仍任重道远[J]. 中国经济周刊,2014(1):21－25.

[108] 杨拓,张德辉. 英国伦敦雾霾治理经验及启示[J]. 当代经济管理,2014,36(4):93－97.

[109] 胡国洪. 新加坡经济发展的模式及经验管窥[J]. 中国城市经济,2012(3):16－17.

[110] 曹智勇. 新加坡环境保护制度借鉴研究[D]. 北京:中国地质大学,2011.

[111] 赵洁敏. 新加坡特色的环境治理模式研究[D]. 长沙:湖南大学,2011.

[112] 黄德林,李明起,李千惠, 等. 神农架国家公园生态旅游 SWOT 分析与发展战略[J]. 安全与环境工程,2019,26(6):50－55.

[113] 吴帅帅,刘锦. 神农架国家公园生态补偿机制研究[J]. 湖北第二师范学院学报,2018,35(7):44－48.

[114] 赵雪雁. 甘肃省产业转型及其生态环境效应研究[J]. 地域研究与开发,2006,27(2):102－106.

[115] 佟剑杰,廉喜旺,李秀明. 大连市水生态环境体系建设探索[J]. 黑龙江水利,2016,2(11):74－76,79.

[116] 李梦影. 河北省服务业发展水平评价及提升策略研究[D]. 保定:河北大学,2019.

[117] 田玉川. 传统经济和循环经济的理论研究[J]. 山西农经,2019(1):28－29.

[118] 党慧. 刍议循环经济的发展模式[J]. 中国工程咨询,2016(8):46－47.

[119] 李梦娜. 循环经济理论研究[J]. 山西农经,2018(21):12－13.

[120] 虞羽天,丁岳,邵卓. 循环经济理论在海岛环境管理中的应用探索[J]. 农村经济与

科技,2020,31(1):51－52,60.

[121] 李英. 京津冀协同发展下唐山经济可持续发展对策研究[D]. 成都:西南交通大学,2018.

[122] 冯杰. 京津冀地区经济与环境协调发展问题的统计研究[D]. 天津:天津财经大学,2015.

[123] 王崧. 东北振兴以来地区经济—社会—环境系统协调发展格局及影响因素[D]. 长春:东北师范大学,2019.

[124] 喻水仙. 民族地区资源、环境与经济协调发展的影响因素研究[D]. 成都:成都理工大学,2019.

[125] 马文会. 山东省沂水县旅游经济与生态环境耦合协调发展研究[D]. 成都:成都理工大学,2019.

[126] 阿司古力·艾百. 乌鲁木齐县旅游经济—生态环境协调发展研究[D]. 乌鲁木齐:新疆大学,2019.

[127] 孙语泽. 陕西水环境与经济耦合协调发展研究[D]. 西安:西安理工大学,2019.

[128] 李茜,胡昊,李名升,等. 中国生态文明综合评价及环境、经济与社会协调发展研究[J]. 资源科学,2015,37(7):1444－1454.

[129] 王淑佳,任亮,孔伟,等. 京津冀区域生态环境—经济—新型城镇化协调发展研究[J]. 华东经济管理,2018,32(10):61－69.